RECENT DEVELOPMENTS IN TEXTUAL CRITICISM

STUDIES IN
THEOLOGY AND RELIGION
(STAR)

EDITED ON BEHALF OF
THE NETHERLANDS SCHOOL FOR
ADVANCED STUDIES IN THEOLOGY AND RELIGION
(NOSTER)

VOLUME 8

2003 ⋙ ROYAL VAN GORCUM

RECENT DEVELOPMENTS IN TEXTUAL CRITICISM

New Testament, Other Early Christian
and Jewish Literature

PAPERS READ AT A NOSTER CONFERENCE
IN MÜNSTER, JANUARY 4-6, 2001

EDITED BY

WIM WEREN & DIETRICH-ALEX KOCH

2003 ⋙ ROYAL VAN GORCUM

NUR 703

ISBN 90 232 3985 7

Printing: Royal Van Gorcum, Assen, The Netherlands

Contents

Preface

From 4 to 6 January 2001, a three-day international conference on textual criticism took place in Münster. The meetings were held in the Institutum Judaicum Delitzschianum. The conference was organised by the Literary Section (New Testament Studies and Judaica) of the Netherlands School for Advanced Studies in Theology and Religion (NOSTER), in cooperation with the Protestant Theological Faculty of the Westfälische Wilhelms-Universität Münster. The conference was part of the broader cooperation between NOSTER, the Protestant Theological Faculty of Münster and the Theological Faculty of the Catholic University of Louvain.

This conference was remarkable for its multi-disciplinary set-up. The speakers included experts in the field of New Testament textual criticism as well as researchers who specialise in preparing critical editions of documents from early-Jewish and rabbinic literature. The text-critical problems concerning the study of early-Christian literature other than the New Testament were also on the conference programme.

This book contains the often thoroughly revised versions of a number of papers presented at the conference. Still, it is not purely a volume containing the proceedings. Some speakers have published their papers elsewhere and this book also contains two papers by authors who did not participate in the conference. This last category includes the contributions by Dr. Uwe-Karsten Plisch and Dr. Lieve M. Teugels.

The editors of this book owe much thanks to Dr. Door Brouns-Wewerinke and Mrs. Jantje Bax, both employed at the Tilburg Faculty of Theology (Netherlands), who have put a great deal of time and energy into making the documents in this volume ready for publication. A special word of thanks also to NOSTER's board for publishing this book in its *Studies in Theology and Religion* (STAR) series.

Wim Weren
Dietrich-Alex Koch

Abbreviations

All abbreviations of series, handbooks and journals in this volume are according to: Patrick H. Alexander, John F. Kutsko, James D. Ernest and Shirley A. Decker-Lucke, eds., *The SBL Handbook of Style: For Ancient Near Eastern, Biblical, and Early Christian Studies.* Peabody, Mass., 1999. For the Books of the Bible and early Jewish or Christian works commonly accepted abbreviations were used. In addition the following abbreviations occur:

CWE	Collected Works of Erasmus
FilNeo	*Filología Neotestamentaria*
JBTR	*Journal of Biblical Text Research*
JCPS	Jewish and Christian Perspectives Series
KAV	Kommentar zu den Apostolischen Vätern
SHCT	Studies in the History of Christian Thought
SUC	Schriften des Urchristentums

Part I

Introduction

Textual Criticism: Mother of All Exegesis

Wim Weren (Tilburg Faculty of Theology/Tilburg University)

In the past decades, biblical exegesis has experienced a stormy development. The historical-critical methods, developed since the eighteenth century, have been further refined and new approaches that link up with recent developments in linguistics and literary theory have been increasingly experimented with.[1] The study of Jewish literature has also received a new impulse. Researchers active in this field often face the task of firstly creating a sound basis for further research by publishing new critical text editions.

In the past few years, the rich variety of exegetical methods has been the object of study within the post-graduate programme of the Literary Section (New Testament Studies and Judaica) of the Netherlands School for Advanced Studies in Theology and Religion, in cooperation with the theological faculties of Münster and Louvain. It was in this framework that a conference was held on textual criticism and textual history in January 2001. This meeting was remarkable due to the participation of prominent scholars from various disciplines: in addition to scholars of biblical studies, there were specialists from the broad field of Jewish studies. The papers and the ensuing discussions showed that textual criticism is an academic discipline with a wide range of applications. What is a matter of course within one area may not be so in another. Textual criticism also proved to be in constant development and to be continually refined through the work on new editions.

The need for textual criticism is beyond discussion. We are struggling with the problem that the *autographon*, the original produced by the author(s), of New Testament, Jewish, and early-Christian documents has been lost or is no longer known, and that only copies, or *antigrapha*, of the original are available to us. In the case of New Testament documents, there is a particularly large number of manuscripts. A limited number of

---

[1] Overviews relating to the New Testament can be found in, amongst others, S.E. Porter, ed., *Handbook on Exegesis of the New Testament* (Leiden: Brill, 1997); W. Weren, *Windows on Jesus: Methods in Gospel Exegesis* (London: SCM Press, 1999). Italian translation: *Finestre su Gesù: Metodologia dell' esegesi dei Vangeli* (Strumenti Biblica 8; Torino: Claudiana, 2001).

them go back to the second and third centuries, but from the fourth century onwards, when Christianity became a *religio licita* under the emperor Constantine and state religion under Theodosius, and when papyrus was replaced by more durable parchment, the number of surviving manuscripts increased dramatically. Currently, we have approximately 5,500 Greek manuscripts at our disposal, approximately 60 of which contain the complete New Testament, while the others relate to only a particular part of it. In addition, we have ancient translations or versions which sometimes represent a text that is older than the text that can be found in many Greek manuscripts. The situation is completely different with respect to Jewish and early-Christian literature other than the New Testament. Of the documents that are part of these categories, very few manuscripts have come down to us, they are often from later centuries, and, as a rule, the mutual differences between the manuscripts of a particular document are very great, although it is plausible that the different textual witnesses go back to one archetype.

The conclusion is that there are many questions which must be resolved by text-critical research before actual exegesis or interpretation of a particular document can begin. Textual criticism can arguably be called the mother of all exegesis. The application of this academic method must take precedence over the use of any other approach, irrespective of whether this approach is synchronic or diachronic in design. However, it must immediately be added that a strict division between textual criticism and other research methods is not fruitful. As the textual witnesses become more scarce, methods aimed at interpreting texts will already have to play a role in the phase of text-critical research. In view of the complex genesis of certain documents, it is also inevitable that often no strict distinction can be made between typical text-critical issues and questions relating to the classical method of literary criticism (*Literarkritik*) and redaction criticism. Hence, textual criticism cannot only be considered as the mother of exegesis, but also as its twin sister.[2]

As a result of the multi-disciplinary set-up of the Münster conference, it became very clear that textual criticism is a many-sided discipline. Like every branch of study, contemporary textual criticism is determined to a certain extent by the developments that it has undergone in the past. It is a study with a long tradition that constantly reconditions itself. Long-

---

[2] According to J. Delobel, textual criticism and academic exegesis are so closely linked that he refers to them as "Siamese twins." See J. Delobel, "Textual Criticism and Exegesis: Siamese Twins?" in *New Testament Textual Criticism, Exegesis and Church History: A Discussion of Methods* (ed. J. Delobel and B. Aland; CBET 7; Kampen: Kok Pharos, 1994), 98–117.

established ideas and concepts are integrated within new models and critically adjusted. The aim of textual criticism has been defined in different ways. Within the field of New Testament studies, the aim is to achieve as sound a reconstruction of the original Greek text as is possible on the basis of the many manuscripts and early translations available.[3] In other areas, including other early-Christian and Jewish literature and the Apocrypha, this aim is not quite as important. Here, researchers prefer to focus on the reconstruction of the oldest stage of the textual history that is achievable to us, which can be referred to with the term "archetype," meaning a (hypothetical) textual version to which all extant textual witnesses may be traced back. In terms of time, there may be a great distance between this archetype and the period in which the original probably came into circulation.

This difference in the aim of textual criticism has direct consequences for the character and set-up of the critical edition that is the result of this type of research. Although diplomatic text editions[4] are not lacking, research in the field of New Testament textual criticism is usually aimed at producing an eclectic edition. The text printed in such an edition cannot be found in full detail in any of the individual manuscripts, but represents a sound choice from the various textual witnesses, and obvious errors are corrected. The user of such an edition may judge the choices made by means of the apparatus criticus, which contains many divergent readings, including references to the textual witnesses in which they can be found. Nowadays, exegetes from various Christian denominations worldwide make use of the Nestle-Aland text, *Novum Testamentum Graece*.[5] The Greek text printed there has been identical, since the 26th edition of 1979 (NA[26]), to the text that can be found in the third edition of 1975 of *The Greek New Testament* (GNT).[6] Because of its broad acceptance, the NA[26] has been referred to as the new "standard text," a designation that may be

---

[3] A clear definition is given by E.J. Epp, "Textual Criticism in the Exegesis of the New Testament, with an Excursus on Canon," in S.E. Porter, *Handbook*, 51: "New Testament textual criticism may be defined as the science and art of assessing the transmission of the New Testament text by (1) evaluating its variations, alterations, and distortions, and then attempting its restoration—its earliest recoverable forms—and (2) seeking to place variants within the history and culture of the early Church."

[4] The text of a diplomatic edition is completely identical to the text in one particular manuscript, including any obvious errors.

[5] The text in the 26th edition is similar to that of the 27th edition: Nestle-Aland, *Novum Testamentum Graece* (27th ed.; Stuttgart: Deutsche Bibelgesellschaft, 1993), published by B. Aland, K. Aland, J. Karavidopoulos, C.M. Martini and B.M. Metzger.

[6] Most recent edition: *The Greek New Testament* (4th ed.; Stuttgart: Deutsche Bibelgesellschaft, 1993), published by B. Aland, K. Aland, J. Karavidopoulos, C.M. Martini and B.M. Metzger.

understood as an allusion to the well-known statement of Bonaventura and Abraham Elzevir (Elzevier): *textum ergo habes nunc ab omnibus receptum.* However, despite these achievements, it is important to maintain a critical attitude: this standard text, too, must constantly be researched with a view to periodical further refinement. This process is in full swing. The first issues of the *Editio Critica Maior*[7] show that the Nestle-Aland text is not regarded as sacrosanct and that in some places other readings are preferred. Still, faith in the reconstruction of the original text of the Greek New Testament that has so far been achieved is so great that some researchers conceive the Nestle-Aland text as the *Ausgangstext*, indicated with the italicized siglum of *A*, which in its turn can be compared to the texts of actually existing manuscripts. All in all, the question of whether, given the scarcity of the available material, it is possible to provide a reconstruction of a text from the period before the third or fourth centuries with any degree of certainty remains a topical issue. Because few witnesses from the second century have survived, there is still a certain distance between the time in which the New Testament documents acquired their final redactional form and the period to which authoritative manuscripts containing the entire New Testament text can be dated back.

In many respects, the text-critical problems which researchers of other early-Christian and Jewish literature are confronted with are totally different. In their field of study, textual criticism began to flourish later; broadly supported critical editions are often lacking; in some cases, new material has become available that remains to be made accessible; many manuscripts have been lost so that the study of genealogical relations suffers from many hiatuses. Given this situation, the only feasible option is a synoptic presentation whereby many different recensions are printed side by side, since a conscientious attempt at reconstructing the probable *Vorlage* cannot be made. This state of affairs has not only led to a situation in which conjectures are unavoidable in certain cases, it also stimulates renewed reflection of the internal criteria used in text-critical research. An important current issue is to what extent unintentional but irreparable errors give researchers something to go by in reconstructing the probable archetype.

After the Introduction (Part I), this book elaborates the problems roughly indicated above in a choice of case studies. The second part of the book contains six articles on text-critical problems relating to the New Testament. This part also contains a study on the basis of an exemplum from the epistle of Barnabas; it offers an orientation on text-critical

---

[7] B. Aland et al., eds., *Novum Testamentum Graecum: Editio Critica Maior* (Stuttgart: Deutsche Bibelgesellschaft, 1997–).

questions concerning early-Christian literature. The third part of this book contains three studies dealing with various documents from the broad field of Judaica.

The book opens with a contribution by Barbara Aland (Westfälische Wilhelms-Universität Münster, director of the Institut für neutestamentliche Textforschung) on the usefulness for textual criticism and textual history of the many small papyri available to us from before the year 300. She deals with this issue on the basis of early papyri containing textual fragments from the Gospel of John. She assesses these fragments in four steps: a) the texts of the papyri are thoroughly collated; b) they are compared with the hypothetical *Ausgangstext* (abbreviated as *A*), a scholarly reconstruction of which can be found in the *Novum Testamentum Graece*; c) the fragment is compared with manuscripts that (partly) make the same choices; and d) the variants are contrasted with already known variants.[8]

In Aland's contribution, a total of fourteen papyri pass under separate review, including the extensive and challenging $\mathfrak{P}^{45}$. The result of her meticulous research into the early John papyri is that, in her opinion, they should be valued as fairly reliable copies of an earlier original and that they all go back to the hypothetical *Ausgangstext*. $\mathfrak{P}^{45}$ in particular shows that early variants arose mostly due to lack of care, caused by the speed with which the copyist worked. Still, the old papyri generally present good texts. There are very few indications to suggest that the copyists consciously aimed at making changes.

The next paper is by Gerd Mink (Westfälische Wilhelms-Universität Münster, a researcher of the Institut für neutestamentliche Textforschung). His contribution is aimed at the further development of New Testament textual criticism. On the basis of the generally accepted rule that not the age of the manuscript but the quality of the text is relevant to textual criticism, he presents a new and refined model to describe the relationship or connection between texts from the manuscripts available to us, and to set up stemmata and substemmata to attempt an explanation of this relationship.

He defines the mutual relationship between the various textual witnesses as coherence. This study begins with mapping the similarities in

---

[8] This approach is described in B. Aland, "Kriterien zur Beurteilung kleinerer Papyrusfragmente des Neuen Testaments," in *New Testament Textual Criticism and Exegesis. Festschrift J. Delobel* (ed. A. Denaux; BETL 161; Leuven: Leuven University Press, 2002), 1–13.

the text; thus, the pre-genealogical coherence emerges, which does not yet give conclusive evidence as to how the different textual witnesses are historically ordered with regard to each other. This ordering becomes clear when the differences that we come across in connected textual witnesses are also scrutinized. The study is necessarily hypothetical in character because we do not have all the textual witnesses that ever circulated at our disposal.

The question is how two or more textual witnesses relate to each other in places where they diverge. Their mutual relationship is therefore determined by the genealogical relation between the *Lesarten*. In determining this, use can be made of internal but mainly of external criteria. In applying the external criteria, the genealogical coherence of the witnesses cannot be taken as a point of departure, since they are after all the subject of research. To overcome this problem, Mink chooses the *Greek New Testament* and the Nestle-Aland text as his point of departure and subsequently investigates to what extent the various textual witnesses coincide with this *Ausgangstext* (indicated as *A*), i.e., *A* is seen as the potential predecessor of all actually existing textual witnesses.

Mink elaborates this for 1–2 Peter and for the letter of James. This procedure yields lists that show which textual witnesses are closest to *A*. The manuscripts at the top of this list show strong correspondence. This is an indication of pre-genealogical coherence, while manuscripts that are further away from each other lack this coherence. By linking these results to the study of the stemmata, we get an idea of the possible direction of the textual history (*Textfluss*). By repeating the various steps that are necessary in this investigation several times, the risk of circular arguments can be minimized. Mink explains the approach advocated by him on the basis of two examples: 1 Pet 1:6, 18 and 1 Pet 4:16, 24–28.

At the end of his contribution, he answers the question in the title of his paper: what is the added value of focussing on genealogical coherence? He also indicates the new results which his approach has yielded for the Catholic Letters discussed in his contribution. A remarkable result of his study is that the usually low appreciation of the Byzantine text deserves urgent reconsideration.

As a continuation of his earlier work on the text of Acts, Joël Delobel (Catholic University of Leuven) devotes his study to the nature of "Western" readings in this bible book. Until recently, the "Western" text was generally considered as a later adaptation, but in the past few years, various studies have been published which again defend the originality or the Lucan character of this text. For Delobel, this was a reason to begin new research into the question of whether the "Western" readings (especially in D, sy[hmg], and 614) are primary or secondary in nature in comparison to the Alexandrian text which we mainly find in B. Delobel has also explored whether these variants contain idiom that is characteristic of Luke.

To answer these questions, he focuses on a number of test cases: some narrative sentences in Acts 15. The following passages are reviewed: 15:1–5; 15:6–7; 15:12–13; 15:22–23 and 15:30–41. All differences between the "Western" and Alexandrian texts are listed and analysed. The test cases indicate that the "Western" text is not homogeneous, but represents a hypothetical text that is the result of a reconstruction based on various "Western" variants. The manuscripts that represent this type of text show minor mutual differences. The various "Western" witnesses may best be understood as secondary changes compared to the Alexandrian text. They can usually be explained as attempts to strengthen the internal logic in the text, to clarify the content, or to add details to the text taken from other passages in Acts. The changes suggest an adaptation of the original text that started fairly early. The secondary character of these changes also appears from the fact that they often result in rather awkward sentences. That the "Western" readings contain a number of lucanisms is not a convincing argument in favour of their originality. Any linguistic Lucan elements rather indicate that the adaptors (redactors) were familiar with the language and theological motifs of Acts and, in the changes they introduced, that they were guided by Lucan language and style.

The aim of the contribution by Uwe-Karsten Plisch (Humboldt-Universität Berlin) is twofold: to find out, on the basis of a number of examples, what the importance of Coptic translations is for textual criticism and to show that these translations can contribute to the understanding of difficult passages in the New Testament.

First, he discusses the Greek text of Mark 6:22 as it can be found in NA[26] (= NA[27]), in which the daughter of Herod bears the same name as her mother: Herodias. We also come across this phenomenon in Matt 14:6 in the Schøyen Codex (= mae 2). Plisch subsequently discusses a number of remarkable differences between this Codex and the rest of the pericope in Matthew (14:7–12).

The next passage that he explores is Jesus' statement about John the Baptist in Matt 11:11b // Luke 7:28b. A number of Coptic translations shed new light on the way in which this statement can be understood: who (here and now) is less than John the Baptist will be greater than John in the kingdom of heaven (instead of: the least in the kingdom of heaven is greater than John). The Greek text can also be understood in this way.

The third example is the parable of the father and the two sons (Matt 21:28–34). In the Schøyen Codex, already mentioned, the first child says yes and the second says no. This is also the order in some Greek manuscripts, the best-known being the Codex Vaticanus. It is striking that mae2 considers the son that does *not* suit the action to the word as the one who did the will of his father (Matt 21:31). On this point, mae2 corresponds to the choice in the Greek Codex D, a choice that Metzger characterises as "nonsensical."[9] The variant found in D can therefore also be found in mae2.

Next, the eulogy in Rom 9:5 is dealt with. In the sahidic translation, this eulogy refers to God, and not to Christ. It is also interesting that the sahidic tradition in Rom 16:7 opts for the proper name of Junia and thus includes a woman in the enumeration of male apostles.

Plisch's contribution is concluded with a discussion of 1 Peter in the Crosby-Schøyen-Codex (= CS). This codex is probably older than is generally thought. This can be deduced from the fact that 1 Peter is referred to, in the *inscriptio* as well as in the *subscriptio,* as "the letter by Peter": so the existence of 2 Peter was still unknown! The paper concludes with observations on some interesting passages (1 Pet 1:20b; 2:3; 3:18).

The contribution by Jan Krans (Free University Amsterdam) is about a special part of textual criticism. He discusses the conjectures proposed by Theodorus Beza in (the successive editions of) his *editiones maiores* of the New Testament text. Beza was not aiming at a new Greek text of the New Testament, but wanted to demonstrate the accuracy of the new Latin translation that he had made. In his *Annotationes,* he elucidates divergencies in this translation from the Greek text and, in the process, he sometimes resorts to conjectures, even though, in principle, he is of the opinion that thorough knowledge of the manuscripts reduces the need for conjectures. Beza sometimes explained the proposed emendations with text-critical arguments.

In his paper, Krans confines himself to the conjectures in the various editions by Nestle and Nestle-Aland that are attributed to Beza. In NA[25], there are ten (Matt 8:30; Mark 10:46; 14:36; Luke 9:53; Acts 6:9; 8:26; Rom 4:12; 8:15; Gal 4:6; 2 Tim 4:20), two of which (Matt 8:30 and Mark 10:46) were removed in NA[27]. The results of Krans' research into the history of these conjectures are very diverse. The conjectures proposed

---

[9] B.M. Metzger, *A Textual Commentary on the Greek New Testament* (rev. ed.; London: United Bible Societies, 1975), 55.

by Beza for Matt 8:30 (οὐ μακραν instead of μακραν) and for Luke 9:53 (πορευομενου instead of πορευομενον) are based on the Vulgate (which have *non longe* and *euntis*, respectively). In a number of other cases (Mark 14:36; Rom 8:15; Gal 4:6), there are no conjectures at all; here, Beza merely observes that ὁ πατηρ is an explanatory addition to the word ἀββα. Later, this remark was wrongly understood as a conjecture and as such recorded by Nestle-Aland. Krans also came across the phenomenon that Beza proposed a conjecture (on Mark 10:46 and Acts 6:9; 8:26) in an early edition (from 1565) which he later deemed unnecessary when he came up with a suitable explanation for a passage that was initially considered as problematic. Another phenomenon is that Beza proposed two different conjectures to explain the meaning of Rom 4:12 which were actually formulated by Erasmus. The only real conjecture that remains after this study and which must be attributed to Beza is the proposal to replace Μιλήτῳ by Μελίτη in 2 Tim 4:20. Beza considered this emendation necessary to be able to make the content of this verse consistent with other data elsewhere in the New Testament.

All this goes to prove that Beza was extremely cautious with conjectures. They were usually suggested by the idea, still prevalent in his time, that the text of the New Testament could not contain inconsistencies.[10] The contribution by Krans clearly shows that the history of Beza's conjectures is very complex. On the basis of this finding, he encourages future publishers of critical editions to be even more conscientious in referring to conjectures and in mentioning their *Urheber*.

John Keith Elliott (University of Leeds) gives a critical assessment of the issues of *Novum Testamentum Graece: Editio Critica Maior* (ECM) which have appeared so far and which deal with the letter of James and with 1 and 2 Peter. He is full of praise on the detailed and clearly structured critical apparatus that is not burdened by observations on obscurities in the different textual variants, since they are discussed separately in Part 2. A comparison with NA[27] and GNT[4] shows that the ECM, which—as the name indicates—is an "edited" text, only has few changes. These changes are listed by Elliott and briefly assessed. He finds that the changes in the ECM make clear that the text in NA[27] is not beyond discussion. However, he would have preferred the changes for commentators and

---

[10] Present-day textual criticism is distrustful of conjectures. Cf. K. Aland and B. Aland, *Der Text des Neuen Testaments: Einführung in die wissenschaftlichen Ausgaben sowie in Theorie und Praxis der modernen Textkritik* (Stuttgart: Deutsche Bibelgesellschaft, 1982), 282: "Die Lösung von Schwierigkeiten im Text durch eine Konjektur . . . an Stellen, wo die Textüberlieferung keine Brüche aufweist, ist nicht gestattet."

bible translators to have been marked with a special siglum, comparable to the siglum in NA²⁶ and NA²⁷ to indicate changes with respect to NA²⁵. Furthermore, the printed text sometimes contains black dots which draw the attention to an alternative reading in the apparatus criticus which deserves attention. Elliott specifies all places where this indicator in used. An advantage is that no square brackets are used in the text where it is difficult to choose between the longer or the shorter text. In the ECM, either the longer or the shorter text is printed, while the alternative is included in the apparatus criticus. The most remarkable substantive change can be found in 1 Pet 4:16 (ἐν τῷ μέρει). The majority of the other changes relates to the choice of the longer or the shorter text, word order, and orthographical or grammatical variations. The paper is concluded with detailed information concerning the number, the nature, and the age of the manuscripts that were used for the ECM. Despite his criticism of details, Elliott's assessment of the new edition is extremely positive.

The second part of this volume contains one contribution—by Dietrich-Alex Koch (Westfälische Wilhelms-Universität Münster)—on an early-Christian document that is not part of the New Testament, i.e., the epistle of Barnabas. In the introductory section, Koch enumerates the handful of manuscripts containing Barnabas' epistle that have come down to us. In his article, Koch shows that, owing to this fact, the solution of text-critical decisions in the case of a non-canonical text such as this epistle, is determined by exegetical questions concerning the meaning of the text to be reconstructed to a larger extent than is the case with a contemporaneous text like 2 Peter, which does belong to the New Testament canon and which has therefore survived in numerous manuscripts.

Koch clarifies the special text-critical problems on the basis of an example. He has opted for *Barn* 1:6, where three δόγματα κυρίου are discussed. There are three textual witnesses for this verse: the Codex Sinaiticus (= S; from the fourth century), the Codex Hierosolymitanus 54 (= H; from the year 1056), and a Latin translation (= L) in the Codex Petropolitanus Q. v. I. 39 (from the ninth or tenth centuries).

In S, *Barn* 1:6 is provided with punctuation, apparently to give structure to the complex sentence. The three δόγματα are differentiated as three distinct concepts (ζωή, πίστις, and ἐλπίς), although it remains unclear how the rest of the sentence links up with this. In H, the structure of the verse is totally different: here, the δόγματα are explained by the three nominal clauses that follow and which relate to ἐλπίς, δικαιοσύνη, and ἀγάπη, respectively. In L, the third textual witness, *Barn* 1:6 is strongly abridged, probably because the Greek sentence was not clear to the Latin translator. The words that were translated correspond to the Greek text in H, so that L is in fact a supplementary witness for the reading offered there. In his assessment of the different textual versions, Koch therefore limits himself to a comparison between S and H, which are almost the same as concerns vocabulary and word order but differ where the structure of the challenged sentence is concerned. On the basis of a careful weighing of data, Koch draws the conclusion that the vocabulary of H best represents the original text, but that the punctuation in H needs to be emendated. *Barn* 1:6 originally mentioned three δόγματα. These are elucidated on the basis of three concepts (ζωῆς ἐλπίς, δικαιοσύνη and ἀγάπη), all three explained by means of a nominal clause. The text in S may be valued as a secondary modification, which probably emerged because the syntactic structure of the sentence was not understood.

The third part of the book contains contributions on text-critical research into (early-)Jewish texts that is aimed at the publication of new critical editions of Flavius Josephus' *Vita*, of the Greek text of the *Life of Adam and Eve*, and of a homiletic midrash *Aggadat Bereshit*, which is in Hebrew.

The paper by Folker Siegert (Westfälische Wilhelms-Universität Münster, Institutum Judaicum Delitzschianum) describes some of his experiences in preparing a new critical edition of Josephus' *Vita*, that was published in 2001.[11] The choice for a critical (eclectic) edition and not for a diplomatic one is based on the fact that the available manuscripts of the *Vita*, six of which may be seriously considered, are related to each other: they go back to the same *Vorlagen* and the copyists sometimes even used more than one original. The manuscripts contain many errors, that is to say, readings which are grammatically incorrect or impossible from the point of view of meaning. It may even be questioned whether the original by Josephus, which has not come down to us, was free from such errors. If it was not, that would explain why the copyists made so many "emendations" or formulated conjectures. Still, the edition prepared in Münster took as its point of departure the hypothesis that the original was faultless (this is why it is a critical edition).

Because the number of manuscripts is relatively small, internal criticism had to be used on quite a large scale. In Münster, a new internal criterion has been developed: in judging the variants, and also in formulating

---

[11] *Flavius Josephus: Aus meinem Leben <Vita>*. Kritische Ausgabe, Übersetzung und Kommentar von F. Siegert, H. Schreckenberg, M. Vogel und dem Josephus-Arbeitskreis des Institutum Judaicum Delitzschianum Münster (Tübingen: Mohr Siebeck, 2001).

conjectures, the question of how the text must have sounded in Josephus' time is taken into account. The reason behind this is that Josephus wrote a literary text that was meant for oral presentation by elocutionists. This new criterion entails that much attention must be paid to accepted rules of euphony and sentence rhythm in Josephus' time and to the way in which Greek was pronounced at the time. This is a complicated undertaking, since pronunciation shifts not only through time, but within one period it also differs from one social group (for example, the elite) to another. This diversity emerges with later copyists: they, too, do not all belong to the same social class and they are not of the same intellectual level.

Siegert concludes his article with information on the graphical presentation of the critical edition prepared in Münster. A strict distinction has been made between the text and the apparatus criticus, which, besides references to Josephus' sources, to other parts of his oeuvre, and to the reception of his work, contains text-critical information that is restricted to variants which deserve serious consideration and to material that allows readers to judge the conjectures incorporated into the text.

Johannes Tromp (Leiden University) discusses the problems those who exercise textual criticism are confronted with when editing apocryphal texts. He makes his observations concrete with examples from the Greek texts of the *Life of Adam and Eve*.

At present, 28 manuscripts with the Greek text of this document are available to us and 106 manuscripts with the Latin text. Not only are there considerable differences between the Greek and Latin versions, within both the Greek and the Latin textual histories, different recensions can also be discovered. This indicates an especially free and dynamic textual history. The copyists have always taken the liberty to make the book applicable to the contemporary social context of the readers of the copy prepared by them. As a result, the textual history of the *Life of Adam and Eve* is totally different from the much more static textual history of canonical documents from the Bible or other authoritative texts from classical antiquity or of the old Church.

Of course, this has important consequences for the theory and practice of the text-critical research that is necessary to produce a critical edition. Such an edition cannot claim to offer a reconstruction of the original, the *autographon*. The best that we can do is to uncover the oldest of the stages in the textual history accessible to us. Tromp refers to this as the "archetype," that is the source of all the manuscripts available to us. He resists the idea that our only option is preparing a "synoptic edition," in which different (groups of) manuscripts are simply printed side by side, with an indication of which is the earlier or later one. No, the textual critic must hold on to the idea that each manuscript is a copy of an earlier one. Arguing back will ultimately lead to the archetype, which, incidentally, may be centuries younger than the original. In this type of research, the rules of classical textual criticism break down. For example, the rule that the *lectio brevior* is more original offers little foothold since, within the free textual history of the apocrypha, abridgement was as common as elaboration. An additional complicating factor is that contamination and harmonisation hardly occur. In determining what is later and what is earlier, however, we can benefit from the phenomenon that certain manuscripts sometimes have the same significant, preferably unintentional, error that is not easy to rectify (e.g., 25:1 and 2:2). The manuscripts in which such an error occurs belong together and are younger than the manuscripts in which the error is lacking. It will be clear that the number of errors of this type is rather small. Nevertheless, it indisputably offers the possibility of determining the connection between the manuscripts.

By means of this new criterion, Tromp raises the issue of the accepted distinction between shorter and longer textual versions of the *Life of Adam and Eve*. The shorter one can supposedly be found in manuscripts D, S, and V, and the longer one in A, T, L, and C. But which group deserves priority? Only a robust criterion, such as the occurrence of mutual errors, will constitute a solution here. Tromp shows that manuscript V forms a branch of its own beside the two groups of DS and ATLC, i.e., there are three mutually independent branches in the history of the Greek text. This enables us to demarcate the point of departure of these developments, the archetype. Not until the Latin manuscripts have undergone similar research can the question of the relation between the Latin and Greek *Life of Adam and Eve* be adequately answered.

Text-critical research of late rabbinic or medieval midrashim pose similar problems. Lieve Teugels discusses these in her study of *Aggadat Bereshit*, a (tenth-century?) homiletic Hebrew midrash on Genesis, with related comments on prophetic passages and Psalms.

From the nineteenth century onwards, it has become clear that the paradigms of classical textual criticism cannot simply be applied to text-critical research of rabbinic literature. Since often no precise boundary between the written and oral tradition of a certain work can be made and because many manuscripts have been lost, general rules of textual criticism offer too little help. Every work must be judged on its own merits. An important question is what type of edition is most suitable for late rabbinic or medieval midrashim: a diplomatic, an eclectic, or a synoptic one?

After she has given an overview of the six most important textual witnesses of *Aggadat Bereshit*, Teugels undertakes a comparative study of four passages, based on two important textual versions, i.e., the Editio Princeps from 1618 and Ms. Oxford 2340. She has also included other versions (e.g., Ms. T-S Misc. 36.121 from the Cairo Geniza), that are related to the two above-mentioned versions. The following passages are discussed: *Aggadat Bereshit* 21 A; 31 C; 40 A; 80 A. The results do not point in one single direction: in the case of 21 A and 40 A, the Editio Princeps probably offers the most original text and in the case of 31 C, Ms. Oxford may be primary while, as regards 80 A, the Geniza fragment is probably older than the Editio Princeps and Ms. Oxford 2340. Only in the last case does Teugels offer a hypothetical reconstruction of the text that could form the basis of the two other versions.

The conclusion of her study is that the text of *Aggadat Bereshit* can be regarded as a unity, i.e., it was not an "open book," that was freely adapted time after time. Two different recensions of this document were in circulation. It is hard to pinpoint the moment at which the split between the two traditions occurred. At the end of her contribution, Teugels presents two genealogical stemmata which show that the Editio Princeps and Ms. Oxford represent two branches within the textual history of this late midrash. A critical edition of the original text is beyond reach. Instead, a hybrid form may be recommended: in some parts, the differences between the two versions are so great that they may best be synoptically printed side by side (each with its own apparatus criticus) whereas, in other parts, where the text is more or less identical, one of the two versions may be used, with the variations in the other version being incorporated in the critical apparatus. What remains to be studied is whether the other textual witnesses may be grouped among one of these two families.

Part II

New Testament and Other
Early Christian Literature

Der textkritische und textgeschichtliche Nutzen früher Papyri, demonstriert am Johannesevangelium

Barbara Aland (Universität Münster)

Wozu nützen uns frühe Papyri? Zum Beweis der Ursprünglichkeit bestimmter Lesarten, nur weil sie früh bezeugt sind? Gewiß nicht. Wir wissen, daß die große Menge der Varianten schon im 2. Jahrhundert entstanden ist. Ein früher Beleg mehr ist interessant, aber nicht ausschlaggebend. Das gilt nicht für die sog. großen, umfänglichen Papyri.[1] Hier können wir die Schreibergewohnheiten der Kopisten studieren. Wir können erkennen, wie und warum sie Varianten produzierten bzw. wir können mit einiger Sicherheit erkennen, welche ihrer Lesarten aus ihrer Vorlage übernommen und welche selbst geschaffen sind.

Bei den 5 großen Papyri, die wir besitzen, wird ein wirklicher Beitrag zur Textgeschichte möglich—umso wichtiger, wenn sich später bezeugte Textformen eindeutig zurückdatieren lassen, wie das bei $\mathfrak{P}^{75}$ und B der Fall ist. Aber wozu nützt die große Menge der kleinen Papyri? Wie sind sie methodisch einzusetzen, ohne daß der individuelle Schreibstil der Kopisten erhoben und damit auch nicht die Varianten, die nicht auf die typische Nachlässigkeit eines Schreibers zurückgehen, erkannt werden können?

Oder noch differenzierter gefragt: Was nützt uns die frühe Papyrusüberlieferung eines Textes, selbst wenn sie relativ reich ist wie im Johannesevangelium, da ja kaum angenommen werden kann, daß sie über den bisherigen fragmentarischen Charakter je wesentlich hinausgehen wird?

Ich habe schon an anderer Stelle dargelegt, wie eine methodisch begründete Beurteilung kleiner Papyrusfragmente vorgehen könnte.[2] Auf jeden Fall müssen die Texte der Papyri vollständig kollationiert,

---

[1] Papyri 45, 46, 47, 66, 72, 75. Von diesen Papyri wird allein $\mathfrak{P}^{45}$ hier mit in die Untersuchung einbezogen.

[2] Vgl. B. Aland, "Kriterien zur Beurteilung kleinerer Papyrusfragmente des Neuen Testaments", in A. Denaux, *Textual Criticism*, 1–13.

und nicht nur die Singulärlesarten behandelt werden. Sie müssen zweitens mit dem hypothetischen Ausgangstext (*A*) der Überlieferung, d.h. dem Text des Novum Testamentum Graece, verglichen werden. Das birgt Unsicherheiten in sich, wie ich mir wohl bewußt bin, es ist aber vernünftiger, sich die Erfahrung der Textforschung von 100 Jahren in der Konstitution des Textes zunutze zu machen als, wie es sonst stets geschieht, mit beliebigen einzelnen Handschriften zu vergleichen. Selbstverständlich muß drittens das Papyrusfragment auf charakteristische Mitzeugen, mit denen es einigermaßen regelmäßig liest, untersucht werden. Wir werden aber solche Mitzeugen selten antreffen. Schließlich müssen viertens die Varianten des Papyrusfragmentes in Beziehung zur Schwierigkeit des abzuschreibenden Textes und dementsprechend zur schon bekannten Menge von Varianten insgesamt gesetzt und beurteilt werden.

Nach diesen Gesichtspunkten bespreche ich im folgenden sämtliche frühen Papyri des Johannesevangeliums, d.h. die Papyri bis zum 3. Jh., mit einer Ausnahme ($\mathfrak{P}^6$, 4. Jh.). Ich lasse die beiden großen Papyri $\mathfrak{P}^{66}$ und $\mathfrak{P}^{75}$ aus. Von ihnen ist so viel Text erhalten, daß sie wie normale umfängliche Handschriften behandelt werden können. Ziel ist es, den Wert der frühen fragmentarischen Papyri im Rahmen der Gesamtüberlieferung des Johannesevangeliums zu bestimmen.

$\mathfrak{P}^{22}$ Joh 15,25–16,2.21–32   Mitte 3. Jh.

Nur ein schmaler Mittelstreifen des ursprünglich sehr breit laufenden Papyrus ist erhalten. Dennoch lassen sich eine Reihe von txt-Lesarten an im übrigen variierten Stellen identifizieren (15,25 εν τω νομω αυτων γεγραμμενος; 15,26 om δε; 16,21 θλιψεως; 16,22 ουν νυν μεν λυπην; 16,22 εχετε; 16,25 απαγγελω; 16,28 εξηλθον παρα του πατρος; 16,28 παρα; 16,31 om ὁ; 16,32 εληλυθεν). Dem stehen nur zwei unbedeutende Varianten gegenüber, bei denen sich der Papyrus ebenfalls nicht weit vom txt entfernt:
Joh 16,23 αν τι txt] ο τι (οτι?) εαν $\mathfrak{P}^{22\text{vid}}$ A D^2 (N) W
Joh 16,32 καμε txt] και εμε $\mathfrak{P}^{22}$ A C^3 D W Γ ... $\mathfrak{M}$
Beide Varianten können unabhängig von anderen Handschriften entstanden sein. Worauf es ankommt, ist, daß der Text im ganzen ausgezeichnet ist, weil er nahezu immer den hypothetischen Ausgangstext wiedergibt.

Ein ähnliches Ergebnis weist auf:

$\mathfrak{P}^{28}$ Joh 6,8–12.17–22 3. Jh.

Es ist ebenfalls nur ein schmaler Streifen jeweils am Ende der Zeile erhalten. Dennoch sind eine Reihe von txt-Lesungen an im übrigen variierten Stellen auszumachen (Joh 6,9 ταυτα τι εστιν; 6,10 om δε p. ειπεν $\mathfrak{P}^{28\text{vid}}$; 6,10 οι vid; 6,11 om τοις μαθηταις, οι δε μαθηται; 6,17 και σκοτια ηδη εγεγονει; 6,19 σταδιους; 6,21 της γης). Dem steht an Abweichungen vom *A*-Text eine Umstellung gegenüber: Joh 6,17 προς αυτους εληλυθει ο Ιησους $\mathfrak{P}^{28.75}$ (εγεγονει) B N Ψ 579, also mit bemerkenswerten Mitzeugen. Das gleiche gilt von 6,10 ωσει $\mathfrak{P}^{28\text{vid}}$ mit $\mathfrak{P}^{66}$ A Θ f$^{1.13}$ 33 $\mathfrak{M}$ statt ως (txt). Statt eines Verbum compositum (διεδωκεν txt) liest $\mathfrak{P}^{28}$ in 6,11 das Verbum simplex εδωκεν mit $\mathfrak{P}^{66}$ N Γ 69.579. Dazu kommt die singularische Verbalform (ε)ιδεν (nach οχλος) in 6,22 statt ειδον (txt).

Das ist nicht viel. Sämtliche Abweichungen von *A* sind nicht so charakteristisch, daß man daraus auf Verwandtschaft mit anderen Zeugen schließen könnte. Der Text steht *A* nahe. Er ist wahrscheinlich von einer Vorlage abgeschrieben worden, die schon Unachtsamkeiten kleinerer Art enthielt. Dazu gehören alle genannten Varianten. Der Schreiber von $\mathfrak{P}^{28}$ fügte eigene Schreibfehler hinzu (6,11 ελεβεν statt ελαβεν). Das entspricht insgesamt dem, was man von einem frühen Urkundenschreiber erwarten darf.

$\mathfrak{P}^{39}$ Joh 8,14–22 1. Hälfte 3. Jh.

Ein in schöner Bibelunziale sorgfältig geschriebener Papyrus, der sich wegen der schmalen Spalten gut rekonstruieren läßt. Außer einer einzigen Umstellung, die $\mathfrak{P}^{39}$ mit $\mathfrak{P}^{75}$ B W u.a. liest, und die von dort her übernommen sein oder aber als Ausgangstext angesehen werden kann, liest der Papyrus immer mit *A*. Das ist ein sehr gutes Ergebnis, obwohl es in dem von $\mathfrak{P}^{39}$ abgedeckten Text nicht allzu viele variierte Stellen gibt. Der Papyrus ist ein gutes Beispiel dafür, daß es im 3. Jahrhundert Handschriften gab, die den Ausgangstext hervorragend bewahrten. Nur deswegen konnten als Grundlage für die Handschriftenbestellung Konstantins im 4. Jahrhundert von klugen Philologen so gute Vorlagen gefunden werden. Es gab den Ausgangstext auch im 4. Jahrhundert noch in guter Qualität.

𝔓⁵²   Joh 18,31–33.37–38   1. Hälfte 2. Jh.

Geschrieben von einer "reformed documentary hand". Nur wenig ist sicher zu rekonstruieren. Dennoch bezeugt der Papyrus an drei sicher zu lesenden bzw. zu entziffernden Stellen den Ausgangstext (18,33 παλιν εις το πραιτωριον; 18,33 ὁ ante Πιλατος; 18,38 keine Einfügung nach λεγει). Abweichungen von *A* gibt es nicht, es sei denn in 18,37 sei das zweite εις τουτο ausgelassen, was wegen der Länge der rekonstruierten Zeile möglich ist (s. so auch das Urteil des Ersteditors C.H. Roberts). Eine solche Omission wäre bei dem Schreibstil der frühen Papyri, die nicht verändern wollen, aber Auszulassendes auslassen, möglich.

Fazit: Ein guter Text, der auf *A* beruht.

𝔓⁸⁰   Joh 3,34   3. Jh.

Ein mit einer kurzen ερμηνεια versehener Text in Urkundenschrift. Der Papyrus enthält, obwohl er so klein ist, zwei interessante Varianten: ο θεος (vid) το πνευμα (statt om ο θεος) mit sehr vielen gegen die Menge der sogenannten alexandrinischen Zeugen. Vor allem aber liest er statt εκ μετρου (txt) εκ μερους mit sehr wenigen: 𝔓⁸⁰ 𝔓⁶⁶⋆ U. Die Variante ist schwer zu beurteilen. Sie kann aus Flüchtigkeit, unabhängig von den Mitzeugen entstanden sein, wie wahrscheinlich 𝔓⁶⁶⋆, oder aber übernommen sein. Jedenfalls lassen die beiden Varianten in dem sehr kurzen Textstück darauf schließen, daß hier eine Handschrift vorliegt, die sich—wohl ohne ausreichende Korrekturvorgänge—schon weit von *A* entfernt hat.

𝔓⁹⁰   Joh 18,36–19,7   2. Jh.

Geschrieben von einer "reformed documentary hand". Auch dieser frühe Papyrus folgt dem Ausgangstext an mehreren Stellen (vgl. außer richtigen Artikelvarianten besonders 18,36 οι εμοι ηγωνιζοντο αν; 18,38 ευρισκω εν αυτω αιτιαν; 18,39 απολυσω υμιν; 19,2 στεφανον εξ ακανθων; 19,3 keine Omission von και bis αυτον; 19,5 keine Omission von και λεγει bis ἀνθρωπος). Dagegen stehen eine Reihe von Varianten im Vergleich mit *A*, von denen eine einzige singulär ist (18,37 συ ει 𝔓⁹⁰, ει συ txt). An den übrigen Stellen liest 𝔓⁹⁰ mit mehreren Mitzeugen an meist reich variierten Stellen

18,39 ινα p. ουν $\mathfrak{P}^{90}$ ℵ U W 054 al | txt: om rell.

19,1 λαβων ο πιλατος τον ιησουν $\mathfrak{P}^{90\text{vid}}$ ℵ W | ο πιλ. λαβων
τον ιησουν L 33. 579 | ο πιλ. ελαβεν τον ιησουν και $\mathfrak{P}^{66\,\text{vid}}$
Ψ | txt: ελαβεν ο πιλατος τον ιησουν και A B D^s Θ f$^{1.13}$ $\mathfrak{M}$

19,4 εξηλθεν (om και) $\mathfrak{P}^{90\,\text{vid}}$ D^s Γ f^1 565 | εξηλθεν ουν $\mathfrak{P}^{66}$ W Θ
Ψ 0250 f^3 $\mathfrak{M}$ | txt: και εξηλθεν $\mathfrak{P}^{66*\text{vid}}$ A B K L 33 al

19,4 om εξω $\mathfrak{P}^{90\text{vid}}$ al | ο πιλ. εξω ℵ L W f^{13} 892^s | txt: εξω ο πιλ.
$\mathfrak{P}^{66}$ A B D^s ... rell $\mathfrak{M}$

19,4 αιτιαν εν αυτω ουχ ευρισκω $\mathfrak{P}^{90}$ $\mathfrak{P}^{66\text{vid}}$ W | viele Umstel-
lungsvarianten zur Stelle | txt: ουδεμιαν αιτιαν ευρισκω εν
αυτω B f^1 33. 565

19,6 εκραζαν $\mathfrak{P}^{90}$ ℵ* | txt: εκραυγασαν rell.

19,6 σταυρωσον semel $\mathfrak{P}^{90.66*}$ 054^c | txt: bis rell.

19,6 add. αυτον p. σταυρωσον $\mathfrak{P}^{90\text{vid}}$ ℵ A D^s Θ ... $\mathfrak{M}$ | txt om $\mathfrak{P}^{66}$
B L W Ψ f^1 al

19,6 λαβετε υμεις αυτον και $\mathfrak{P}^{90\text{vid}}$ D^s L W Ψ | λ. υμεις αυτον
$\mathfrak{P}^{66\,\text{vid}}$ | txt: λ. αυτον υμεις και rell.

19,7 om αυτω p. απεκριθησαν $\mathfrak{P}^{90\text{vid}}$ ℵ W f^1 565. 579 | txt: αυτω
rell.

An keiner der variierten Stellen ändert der Schreiber den Sinn der
Vorlage. Die Varianten bestehen aus nicht sehr schwerwiegenden
Umstellungen mit einer glatteren Umformung eines finiten Verbs in
ein Partizip (19,1; vgl. außerdem 19,4; 19,6). Dazu kommen drei
Omissionen (sinnvoll in 19,4 om εξω wegen der ohnehin schon
gegebenen Doppelung; wohl aus Flüchtigkeit in 19,6 die Auslassung
des einen σταυρωσον und des αυτω in 19,7). Sinnvoll und
naheliegend ist auch die Zufügung des Akkusativobjekts in 19,6
σταυρωσον αυτον. Dazu kommt eine Wortvariante, die den Sinn
nicht ändert εκραυγασαν txt] εκραζαν in 19,6.

Bei sämtlichen Varianten ist es nicht zu erkennen, ob sie von $\mathfrak{P}^{90}$
kreiert oder von einer Vorlage übernommen worden sind, wofür aber
wegen der Menge der Mitzeugen einiges spricht.

Fazit: $\mathfrak{P}^{90}$ ist eine relativ sehr frühe Handschrift, die den Charakter
auch der Papyri des 3. Jahrhunderts zu verstehen lehrt: Sie basiert
eindeutig auf dem Ausgangstext. Der Schreiber ist ein berufsmäßiger
Kopist, der den Text schnell überblickt und erfaßt. Er will ihn korrekt
wiedergeben, wie das seiner Berufsauffassung entspricht. Dabei
unterlaufen ihm im schnellen Fluß der Arbeit eine Reihe von Fehlern,
die sämtlich den Textsinn nicht ändern. Der Charakter der Abschrift ist

der von $\mathfrak{P}^{45}$ ähnlich. Wichtig ist einerseits, daß es im 2. Jahrhundert Papyri von so relativ guter Textqualität gibt, andererseits daß die Entstehung von Fehlern—aus Flüchtigkeit oder leichtem stilistischen Besserungswillen—beobachtet werden kann.

$\mathfrak{P}^{95}$ Joh 5,26–29.36–38   3. Jh.

Geschrieben von einer "reformed documentary hand". Der Papyrus enthält zwei offensichtlich schwerwiegendere Fehler, die nicht endgültig geheilt werden können, so 5,27 eine Lücke von ca. 12 Buchstaben zwischen και und εξουσιαν. Der Herausgeber J. Lenaerts vermutet eine Dittographie. In 5,28 liest der Papyrus nicht sehr glatt wohl singulär ακουσαντες statt ακουσουσιν (txt), ακουσωσιν oder ακουσονται. In 5,36 wird αυτα² versehentlich wegen der Dittographie im Text ausgelassen (mit 33. 1241, aber sicher unabhängig davon). Das sind in dem kleinen erhaltenen Textbereich relativ viele Fehler, die alle aus Unachtsamkeit erwachsen, nicht aus bewußtem Änderungswillen. Der Papyrus paßt damit in die Reihe der bisher betrachteten hinein, auch er gründet auf dem Ausgangstext, er gehört aber, was seine Kopierqualität betrifft, zu den letzten dieser Reihe.

Sämtliche bisher besprochenen Papyri stimmen darin überein, daß sie offensichtlich auf dem Ausgangstext basieren, auf jeden Fall nicht mit einem der sog. Texttypen und auch nicht mit bestimmten einzelnen Handschriften übereinstimmen. Alle weisen mehr oder weniger einen Textcharakter auf, der den Kopisten des "reformed documentary style" entspricht: man will die Vorlage korrekt wiedergeben, erfaßt ihren Sinn auch genau, kommt aber im schnellen Schreibfluß zu einigen den Sinn insgesamt nicht ändernden Fehlern.

Wir überprüfen dieses Ergebnis jetzt an den umfänglicheren Papyri des Johannesevangeliums. $\mathfrak{P}^{66}$ und $\mathfrak{P}^{75}$ werden nur gelegentlich herangezogen, wenn sie als Mitzeugen einer Lesart Bedeutung haben.

$\mathfrak{P}^5$ Joh 1,23–31.33–40; 16,14–30;   3. Jh.
             20,11–17.19–20.22–25

Geschrieben von einer "reformed documentary hand". Der Papyrus ist sehr schlecht erhalten und kann nicht sicher rekonstruiert werden. Dennoch läßt sich urteilen, daß er ein typisches Produkt eines professionellen, tendenziell sorgfältigen, aber eiligen Schreibers, also einer "reformed documentary hand" ist. Für diese Charakterisierung spricht die erstaunlich hohe Zahl von 15 Omissionen (möglicherweise in ergänzten Partien noch mehr), davon 11 singulär oder nahezu singulär:[3]

1,25 om και ειπαν αυτω $\mathfrak{P}^{5vid}$ sing.

1,35 om παλιν $\mathfrak{P}^{5vid}$ 75. Γ Ψ und Versionen

1,37 om αυτου $\mathfrak{P}^{5vid}$ sing

1,38 om οι δε $\mathfrak{P}^{5\star}$ sing; txt: οι δε $\mathfrak{P}^{5c}$ rell.

1,38 om αυτω $\mathfrak{P}^{5c\,vid}$; txt: $\mathfrak{P}^{5\star}$ rell.

1,40 om Πετρου $\mathfrak{P}^{5vid}$? Die Omission von Πετρου ist wahrscheinlicher als die des rein paläographisch auch möglichen Σιμωνος

16,18 om ο λεγει $\mathfrak{P}^{5.66}$ ℵ$\star$ D$\star$ W f^{13} 1. 565. 579 al | txt ο λεγει ℵ^2 A B D^2 L Θ Ψ 0250 33. $\mathfrak{M}$

16,19 om ὁ a. ιησους $\mathfrak{P}^5$ B L W; ουν ο A (Θ 579. *1*844) Ψ f^{13} $\mathfrak{M}$; txt: ο ιησους ℵ D 1.33. 565

16,23–24 om εως αρτι ουκ ητησατε ουδεν εν τω ονοματι μου (hom.) sing | txt $\mathfrak{P}^{5c}$, rell.

16,26 om περι υμων $\mathfrak{P}^{5vid}$ b c e ac^2 | txt (περι υμων) rell.

16,27 om εγω $\mathfrak{P}^5$ sing | txt rell.

16,27 om του a. θεου $\mathfrak{P}^5$ ℵ$\star^{.2}$ A N Θ 33. 579 al | του (- ℵ^1) πατρος ℵ^1 B C$\star$ D L *1*844 | txt: του θεου C^3 W Ψ f$^{.13}$ $\mathfrak{M}$

20,19 om και ante λεγει $\mathfrak{P}^{5\star}$ sing | txt $\mathfrak{P}^{5c}$ rell.

20,25 om αλλοι $\mathfrak{P}^{5vid}$ ℵ$\star$

20,25 om αυτου $\mathfrak{P}^{5vid(?)}$

Diese Omissionen sind typisch für eine Handschrift des frühen "reformed documentary style". Die allermeisten von ihnen sind reine Versehen, ohne daß dadurch der Text bewußt geändert werden soll. Nur zwei Omissionen liest der Papyrus mit einer größeren Anzahl von Mitzeugen (16,18 und 16,27^2). An beiden Stellen ist der konstituierte Text nicht sicher. $\mathfrak{P}^5$ könnte also durchaus den Ausgangstext wiedergeben.

Zu diesem Gesamtbild passen die wenigen übrigen Varianten:

16,29 add αυτω p. λεγουσιν $\mathfrak{P}^{5c\,vid}$ (ℵ$\star$) A C^3 D L W f^{13}.33 $\mathfrak{M}$ | txt (sine αυτω) $\mathfrak{P}^{5\star}$ rell.

Eine naheliegende Addition. Sie umfaßt nur ein Wort, wie auch die Omissionen nur ein oder wenige Worte umfassen. Auch das läßt auf Flüchtigkeit schließen.

---

[3] S. dazu schon E.M. Schofield, *The Papyrus Fragments of the Greek New Testament* (Louisville: Kentucky, 1936), 107–17, bes. 112.

Eine Umstellung, die ebenfalls naheliegt:

16,23   δωσει υμιν εν τω ονοματι μου $\mathfrak{P}^{5\text{vid}}$ ℵ B C⋆ L Δ *f* 844 | txt
        3–6. 1. 2

Es liegt nahe, das Prädikat vorzuziehen, wie die schwach bezeugte Variante zur Stelle δωσει υμιν (om 3–6) 118 zeigt. Dennoch könnte hier der Papyrus wegen der Menge der Mitzeugen einer schon vorgegebenen Variante folgen.

Schließlich sind noch zwei Änderungen der Verbalform zu nennen, die ebenfalls den Textsinn nicht wesentlich ändern:

1,38   ερμηνευομενον $\mathfrak{P}^{5\text{vid}}$ (sehr unsichere Lesung) ℵ⋆ Θ *f*13 $\mathfrak{M}$ |
        ερμηνευεται *f*1 | txt: $\mathfrak{P}^{66.75}$ ℵ2 A B C L N Ws Ψ al

16,22   αρει $\mathfrak{P}^5$ B D⋆ Γ | αφαιρει W | txt (αιρει) rell.

Fazit: Der Papyrus liest da, wo er zuverlässig zu rekonstruieren ist, sehr häufig mit dem Ausgangstext. Die Varianten umfassen im allgemeinen nur kleinste Texteinheiten, meist einzelne Worte. Die Omissionen überwiegen bei weitem. Aus ihrer Eigenart läßt sich schließen, daß der Schreiber durchaus nicht bewußt ändern wollte, sondern im eiligen Fluß der Abschrift und im vollen Verständnis der Vorlage halbbewußt Umständliches vereinfachte und Überflüssiges wegstrich (vgl. z.B. 16,26.27). $\mathfrak{P}^5$ ist damit ein typischer Vertreter des professionellen Dokumentenschreibers aus dem 3. Jahrhundert, der prinzipiell sorgfältig kopiert. Es ist keinerlei Neigung zu eigenständigen Änderungen, auch kaum zu stilistischen Verbesserungen, festzustellen. Damit bestätigt also dieser umfängliche Papyrus das Ergebnis, das wir schon anhand der sog. kleinen Papyri gewonnen hatten: Die prinzipiell sorgfältige Arbeit der professionellen Dokumentenschreiber bringt zwar Fehler hervor, nicht aber bewußte Textveränderung.

Man ahnt schon hier, daß sich der Text in Papyri dieser Art so gut erhalten hat, daß er durch sorgfältige philologische Reinigung in eine Textform zurückgeführt werden konnte, die den großen Pergamenthandschriften des 4. und 5. Jahrhunderts zugrundeliegt: prinzipiell genau, teilweise, wie im Vaticanus, hervorragend genau, aber im allgemeinen mit Fehlern durchsetzt, doch auf *A* beruhend.

$\mathfrak{P}^6$ Joh 10,1–2.4–7.9–10; 11,1–8.45–52   4. Jh.

Der Papyrus weist zeitlich schon über die Jahrhunderte hinaus, deren Handschriften hier untersucht werden. Er ist aber im Charakter den bisher behandelten, insbesondere $\mathfrak{P}^5$, ähnlich, so daß er kurz Erwähnung finden soll.

$\mathfrak{P}^6$ weist, so weit zu erkennen, fast nur Singulärlesarten auf:

10,5   την φωνην των αλλοτριων $\mathfrak{P}^6$ sing | txt: 3 4 1 2 rell.

10,6   τι ην α $\mathfrak{P}^6$ sing | τι $\mathfrak{P}^{66*}$ | τινα ην L | txt τινα ην α rell.

10,10   add δε p. ὁ $\mathfrak{P}^6$ sing

11,1   add εκει p. τις $\mathfrak{P}^6$ sing

11,5   την μαριαμ και την μαρθαν την αδελφην αυτης $\mathfrak{P}^{6vid}$ sing

Dazu kommen zwei Schreibfehler (11,2 μαριζαμ und 11,2 ται statt ταις). Nur in einer Variante folgt $\mathfrak{P}^6$ einer größeren Reihe von Mitzeugen:

10,5   ακολουθησωσιν $\mathfrak{P}^{6vid.66.75}$ ℵ L W Θ Ψ 0250 f$^{1.13}$ $\mathfrak{M}$ | txt: ακολουθησουσιν rell.

Fazit: Der Papyrus weist keine Omissionen auf wie $\mathfrak{P}^5$, ist aber in seinem unordentlichen Schreibstil mit seinen vielen Singulärlesarten ohne intentionale Textänderung dem Charakter von $\mathfrak{P}^5$ ähnlich.

$\mathfrak{P}^{45}$ Joh 4,51.54; 5,21.24;   3. Jh.
             10,7–25.30–11,10.18–36.42–57

Es handelt sich um den umfänglichsten und schwierigsten der hier zu besprechenden Papyri. $\mathfrak{P}^{45}$ weist nicht nur im Johannesevangelium, sondern auch in den übrigen erhaltenen Partien eine Fülle von Varianten auf. Von ihnen werden einige, nicht allzu viele, von einer größeren Anzahl von Mitzeugen gelesen: 10,38 πιστευσατε $\mathfrak{P}^{45.66}$ A Ψ f^{13} $\mathfrak{M}$ gegen txt: πιστευετε; 10,38 αυτω $\mathfrak{P}^{45}$ A Θ Ψ f$^{1.13}$ $\mathfrak{M}$ statt txt τω πατρι; 11,19 τας περι $\mathfrak{P}^{45vid}$ A C^3 Θ Ψ 0250 f$^{1.13}$ $\mathfrak{M}$ statt txt την; 11,21 ο αδελφος μου ουκ αν απεθανεν $\mathfrak{P}^{45.66}$ C^3 Θ 0250 f^{13} $\mathfrak{M}$; 11,29 εγειρεται und ερχεται $\mathfrak{P}^{45.66}$ A C^3 Θ 0250 f$^{1.13}$ $\mathfrak{M}$ statt Aor. bzw. Ipf. an beiden Stellen; 11,30 om ετι $\mathfrak{P}^{45}$ A D L Θ 0250 $\mathfrak{M}$. Dazu gehört vielleicht auch 10,7 om παλιν $\mathfrak{P}^{45.66}$ ℵ^2 W 1.565. 1241 al. Da an diesen Stellen nicht sicher entschieden werden kann, ob $\mathfrak{P}^{45}$ die Lesart übernommen oder selbst erfunden hat, schließen wir diese Stellen zunächst aus der weiteren Untersuchung aus. Immerhin ist es bemerkenswert, daß bei insgesamt 55 Varianten in dem belegten Textabschnitt nur so relativ wenige von einer großen Menge von Mitzeugen gelesen werden.

Dagegen steht eine größere Anzahl von Varianten, die singulär oder nahezu singulär gelesen werden. Es gibt 25 reine Singulärlesarten. Dazu kommen 6 nahezu singuläre Varianten, die von höchstens zwei zusätzlichen Zeugen gelesen werden. Bei kaum einer Handschrift trifft es so zu wie hier, daß der Charakter des Schreibstils anhand der Singulärlesarten bestimmt werden kann. Wir können daher früheren Untersuchungen folgen, in denen übereinstimmend die Schreibweise des $\mathfrak{P}^{45}$ als die eines professionellen Dokumentenkopisten beschrieben wird.[4] Die Schreibweise des Kopisten ist klug und großzügig. Klug, weil der Sinn des zu Kopierenden rasch erfaßt und sinngemäß genau wiedergegeben wird, großzügig, weil umständlich Ausgedrücktes und doppelt Gesagtes, auch Überflüssiges, ausgelassen wird. Wir können davon ausgehen, daß die Vorlage bei allen oder den meisten der Singulärlesarten der Normaltext war.

Ich nenne nur einige Singulärlesarten, bei denen der Charakter der flüchtig-großzügigen, aber prinzipiell genauen Wiedergabe der Normalvorlage deutlich wird.

10,15   και ante καθως $\mathfrak{P}^{45}$ | txt (om και) rell.

10,16   απερ $\mathfrak{P}^{45}$ | txt (α) rell.

10,22   χειμων δε $\mathfrak{P}^{45}$ | και χειμων A f^{13} $\mathfrak{M}$ | txt (χειμων) rell.

10,39   εζητουν δε $\mathfrak{P}^{45}$ | και εζητουν D | εζητουν $\mathfrak{P}^{75vid}$ B Γ Θ. 700 pm | txt (εζητουν ουν) rell. Die Menge der Varianten zeigt, daß der Kontext nach einer passenden Partikel verlangte, die jeweils verschieden ausgewählt wurde.

11,4   αυτου $\mathfrak{P}^{45}$ | του ανθρωπου 0250 | om $\mathfrak{P}^{66}$ | txt (του θεου) rell. Sinnvolle Verkürzung

11,7   om τοις μαθηταις $\mathfrak{P}^{45}$

11,9   εν τη ημερα περιπατη $\mathfrak{P}^{45}$ | txt (περιπ. εν τη ημ.) rell. Naheliegende Umstellung

11,25   om και η ζωη $\mathfrak{P}^{45}$ | txt rell. Durch den Kontext bedingte Auslassung?

11,51   om του ενιαυτου εκεινου $\mathfrak{P}^{45}$ | του ενιαυτου $\mathfrak{P}^{66}$ D | txt: rell. Bedingt durch die schon in 11,49 gegebene Auskunft, daß Kaiaphas der Hohepriester jenes Jahres war.

11,57   πρεσβυτεροι $\mathfrak{P}^{45vid}$ | txt: φαρισαιοι rell. Eiliges Versehen.

Dazu kommt der schwierige Satzzusammenhang in 10,34–35, der schon an anderer Stelle behandelt wurde.[5] Der Kopist bringt es hier fertig, eine schwierige Periode, in der er sich verwirrt hat, durch eine

---

[4]   Vgl. E.C. Colwell, "Method in Evaluating Scribal Habits, A Study of $\mathfrak{P}^{45}$, $\mathfrak{P}^{66}$, $\mathfrak{P}^{75}$", in *Studies in Methodology in Textual Criticism* (Leiden: Brill, 1969), 106–24. Vgl. vor allem auch J.R. Royse, *Scribal Habits in Early Greek New Testament Papyri* (Ann Arbor: University Microfilms International, 1982), 80–181.

[5]   S. dazu den oben in Anm. 2 genannten Aufsatz.

sinnvolle Umstellung und eine passende Omission zu einem Satz[6] zusammenzufügen, der die Aussage der Vorlage richtig wiedergibt und einen Text produziert, der eher noch glatter und klarer verständlich ist, als die Vorlage selbst.

Zu dieser Deutung der Singulärlesarten als rasche, im eiligen Fluß der Abschrift produzierte Varianten, ohne Absicht zur Änderung des Sinns, nur in der Intention, einen glatten, lesbaren Text auf der Grundlage des Ausgangstextes herzustellen, passen nun auch die Varianten, die $\mathfrak{P}^{45}$ mit wenigen anderen Zeugen liest.

Wir beginnen mit den wenigen Stellen (9 insgesamt), an denen $\mathfrak{P}^{45}$ mit der Mehrheit aller Zeugen vom hypothetischen Ausgangstext abweicht. An 4 Stellen liest $\mathfrak{P}^{45}$ gemeinsam mit $\mathfrak{P}^{66}$ (um 200) gegen den konstituierten Text. Man wird aber weder hier noch an einer der übrigen Stellen sagen können, ob einer der frühen Papyrus-Belege die abweichende Lesart kreiert hat oder sie, was vielleicht wahrscheinlicher ist, noch früher entstanden ist. Es handelt sich um folgende Stellen:

10,38 πιστευσατε $\mathfrak{P}^{45.66}$ A Ψ f[13] $\mathfrak{M}$ | πιστευσετε Δ | txt πιστευετε
$\mathfrak{P}^{75}$ ℵ B D K L W Θ 1. 33. 579. 1241 al

11,29 εγειρεται $\mathfrak{P}^{45.66}$ A C[3] Θ 0250 f[.13] $\mathfrak{M}$ | txt ηγερθη $\mathfrak{P}^{75}$ ℵ B
C* D L W Ψ 33. 579. 1241 al

11,29 ερχεται $\mathfrak{P}^{45.66}$ A C[3] D Θ 0250 f[.13] $\mathfrak{M}$ | txt ηρχετο $\mathfrak{P}^{75vid}$ ℵ B
C* L W Ψ 579. 1241

11,54 διετριβεν $\mathfrak{P}^{45.66c}$ A D Θ Ψ 0250 f[.13] 33 $\mathfrak{M}$ | txt εμεινεν
$\mathfrak{P}^{66*.75}$ ℵ B L W 579. 1241

Sowohl der ingressive Imperativ Aorist in 10,38 als auch das zweimalige Praesens historicum in 11,29 wie die unterschiedliche Wortwahl in 11,54 gehören nicht zu den Varianten, die beliebig oft erfunden werden. Es ist also anzunehmen, daß sie wahrscheinlich früh entstanden und dann getreu abgeschrieben worden sind.

Auch die übrigen Varianten, die $\mathfrak{P}^{45}$ mit der Mehrheit und gegen den txt liest, sind wahrscheinlich nicht unabhängig von den Mitzeugen entstanden, aber von minderer Bedeutung. Es handelt sich um eine Artikelzufügung in 11,32 vor Ιησους (so regelmäßig in $\mathfrak{P}^{45}$) und eine Artikelomission in 10,22 vor Ιεροσολυμοις sowie um eine Vereinfachung durch Austausch von τω πατρι txt durch αυτω ($\mathfrak{P}^{45}$). Ebenso wirkt glättend eine leichte Umstellung in 11,32: ουκ αν απεθανεν

---

[6] Der Text in $\mathfrak{P}^{45}$ lautet: "Ist nicht in der Schrift, im Gesetz, geschrieben: ich habe gesagt: ihr seid Götter? Wenn er jene Götter nennt und [das] nicht aufgelöst werden kann, dürft ihr dann von dem, den der Vater geheiligt und in die Welt gesandt hat, sagen, du lästerst . . . ?"

μου ο αδελφος 𝔓⁴⁵ᵛⁱᵈ A C³ Γ Δ 𝔐 statt der starken Sperrung des Possessivpronomens im txt: ουκ αν μου απεθανεν ο αδελφος (cf. 11,21). Schließlich ist die Omission des ετι in 11,30 wohl fehlerhaft und aus dem schnellen Fluß einer Schreiberhand, eventuell als Haplographie (ετι εν τω τοπω), zu erklären.[7] Grundsätzlich ist diese wie auch die vorige Variante in 11,32 typisch für den Schreibstil von 𝔓⁴⁵, der vereinfacht, wo es möglich ist ohne den Sinn zu ändern, aber es wäre leichtfertig, ohne weitere Beweise die Urheberschaft der Variante von 𝔓⁴⁵ zu behaupten. Es handelt sich um eine früh entstandene Lesart. In 11,19 wird την Μαρθαν ersetzt durch τας περι Μαρθαν, wohl um die danach erwähnte Maria mit in den Kreis derer, denen Beileid ausgesprochen wird, einzuschließen.

11,19   τας περι 𝔓⁴⁵ᵛⁱᵈ A C³ Θ Ψ 0250 f¹·¹³· 𝔐 | om D | txt την rell.

Ich übergehe die Orthographica in 11,20. 28. 32. 45 (μαρια statt μαριαν txt) mit sehr vielen; 11,1 βηθανιαμ 𝔓⁴⁵ sing statt βηθανιας rell.; 11,49 καιφας 𝔓⁴⁵·⁷⁵ᵛⁱᵈ statt καιαφας txt rell.—Ebenso erwähne ich hier 11,51 ημελλεν 𝔓⁴⁵·⁶⁶ A B L Δ 1. 33. 69, das sich nur durch sein anderes Augment vom txt (εμελλεν) unterscheidet.[8]

Die übrigen 14 variierten Stellen, an denen 𝔓⁴⁵ mit einer begrenzten Zahl von Mitzeugen liest, zeigen das gleiche Bild. Nirgendwo wird der Sinn des Textes bewußt geändert, auch da nicht, wo schwerwiegendere Varianten vorzuliegen scheinen (10,8 om προ εμου; 10,42 om εκει; 11,54 om εκειθεν). Es ist charakteristisch, daß es sich bei allen drei genannten Varianten um Omissionen handelt, die in frühen Papyrushandschriften im "reformed documentary style" außerordentlich häufig vorkommen, insbesondere in 𝔓⁴⁵.

Die mit wenigen gelesenen Varianten sind daher hauptsächlich als Flüchtigkeiten einzustufen oder aber als halbbewußte Glättungen einer umständlichen Vorlage. Wer die Varianten geschaffen hat, läßt sich

---

[7] Auch eine bewußte Glättung ohne Sinnänderung ist zu erwägen, denn durch ουπω am Anfang von 11,30 ist der Sachverhalt schon ausgedrückt, den ετι im txt wiedergibt.

[8] Ich übergehe folgende Kleinigkeiten bzw. stilistische Verbesserungen

10,8   ηκουσεν 𝔓⁴⁵ nach Neutr. pl. | txt ηκουσαν

10,20 add οτι post ελεγον . . . 𝔓⁴⁵ D

11,47 om οτι ante ουτος 𝔓⁴⁵ D

10,41 ουδε εν 𝔓⁴⁵ W Θ f¹·¹³ 565 | txt: ουδεν rell.

Artikelvarianten:

11,30 om η ante μαρθα 𝔓⁴⁵ DW

Dagegen wird bei Ιησους regelmäßig der Artikel zugefügt (vgl. 11,9.32).

kaum sagen. Angesichts der Fülle der singulären Veränderungen in $\mathfrak{P}^{45}$, ohne Eingriff in den Textsinn, kann man vermuten, daß zumindest einige Varianten auf $\mathfrak{P}^{45}$ bzw. eine seiner Vorlagen zurückgehen.

Zu den Glättungen ohne Eingriff in den Textsinn zähle ich:

11,6   επι τω τοπω $\mathfrak{P}^{45}$ D | txt: εν ω ην τοπω rell. Parallel dazu ist:

11,30   επι τω τοπω $\mathfrak{P}^{45.66}$ Θ f^{13} | txt: εν τω τοπω rell.

11,45   εωρακοτες $\mathfrak{P}^{45.66}$ D | txt: και θεασαμενοι rell. Als Anpassung an den johanneischen Sprachgebrauch kann gelten:

10,40   το προτερον $\mathfrak{P}^{45}$ ℵ Δ Θ f^{13} 579 | om 33. 1241 al | txt: το πρωτον rell.

10,11   διδωσιν $\mathfrak{P}^{45}$ ℵ* D | txt: τιθησιν rell.

10,15   διδωμι $\mathfrak{P}^{45.66}$ ℵ* D W | τιθημι rell.

An den folgenden Stellen (10,17 und 10,18, 2 x) steht auch in $\mathfrak{P}^{45}$ und den übrigen genannten Zeugen das Verbum τιθημι. Es muß eine sehr frühe variatio des johanneischen Sprachgebrauchs vorliegen.

Zu den halbbewußten Flüchtigkeiten, die teilweise auch aus dem Wunsch nach Vereinfachung und Glättung entstehen, zähle ich

10,7   αυτοις $\mathfrak{P}^{45.66}$ ℵ^2 W 1. 565. 1241 al | παλιν αυτοις D L Θ Ψ $\mathfrak{M}$ | αυτοις παλιν ℵ*·c A K 0250 f^{13} 33. 1424 | txt: παλιν $\mathfrak{P}^{6vid. 75}$ B

Die natürliche Ergänzung zu ειπεν (11,7) ist αυτοις und wohl daher in einem frühen Stadium der Überlieferung in den Text eingedrungen.

10,8   ηλθον (om προ εμου) $\mathfrak{P}^{45vid.75}$ ℵ* Γ Δ 892^s. 1424 pm | προ εμου ηλθον Θ f^1 565. | txt ηλθον προ εμου $\mathfrak{P}^{66}$ ℵ^2 A B D K L W Ψ f^{13}. 33. 579. 700. 1241 pm

Schwierige Textentscheidung,[9] zumal nur an dieser Stelle $\mathfrak{P}^{45}$ von $\mathfrak{P}^{75}$ unterstützt wird. Da mit der Auslassung von προ εμου aber allenfalls eine gradmäßige Abschwächung der Gesamtaussage, die zudem unscharf wird, erreicht ist, nehme ich eine Omission aus Flüchtigkeit an, die $\mathfrak{P}^{45}$ übernommen hat.[10] Die Aussage bleibt auf jeden Fall hart. Es kann deshalb—mit den unzureichenden Mitteln einer Omission— eine Milderung versucht worden sein.

10,39   om παλιν $\mathfrak{P}^{45vid}$ ℵ* D 579. 1241 al | txt: αυτον παλιν πιασαι ℵ^2 A K L W Ψ f^1. 33. 565. 1424 al

---

[9] S. dazu B. Ehrman, *The Orthodox Corruption of Scripture: The Effect of Early Christological Controversies on the Text of the New Testament* (New York: Oxford University Press, 1993), 240.

[10] Die Lesart von D, die zusätzlich παντες ausläßt, klärt den Gesamtzusammenhang nicht; so anders als Ehrman, *The Orthodox Corruption of Scripture*, 240.

Die unschöne Alliteration im Text, die andere Handschriften durch Umstellungen vermeiden (παλιν αυτον πιασαι $\mathfrak{P}^{66}$ B Θ f¹³ $\mathfrak{M}$), könnte zu der Omission geführt haben. Auf jeden Fall ist das παλιν im Gesamtkontext des Johannesevangeliums notwendig (vgl. 7,30. 32. 44; 8,20).

10,42   om εκει $\mathfrak{P}^{45vid}$ 1241 Flüchtige, fehlerhafte Vereinfachung bei Aufrechterhaltung des Sinns.

11,54   om εκειθεν $\mathfrak{P}^{45vid}$ D Γ 0250. 579 al | txt: εκειθεν rell. Wiederum flüchtige, fehlerhafte Omission bei Aufrechterhaltung des Textsinns, parallel zu 10,42.

11,52   εσκορπισμενα $\mathfrak{P}^{45.66}$ D 700 | διεσπαρμενα 0250 | txt: διεσκορπισμενα rell. Anpassung an den weiteren johanneischen Kontext und Sprachgebrauch, vgl. Joh 10,12; 16,32. Flüchtigkeit.

Schwer einzuordnen sind schließlich folgende Varianten:

10,18   ηρεν $\mathfrak{P}^{45}$ א* B | txt: αιρει $\mathfrak{P}^{66}$ rell.

11,47   ποιησομεν $\mathfrak{P}^{45}$ 249 | ποιησωμεν 28 | ποιωμεν S 33 | txt: ποιουμεν $\mathfrak{P}^{45c}$ rell.

Fazit: Ungewöhnlich viele Singulärlesarten bestimmen das Bild von $\mathfrak{P}^{45}$ im Johannesevangelium. Sie allein schon zeigen, daß hier ein schneller und flüchtiger Kopist am Werk war, jedoch beweist der Charakter der Singulärlesarten, daß kein bewußter Änderungswille vorliegt. Der Schreiber will den Sinngehalt der Vorlage erhalten. Seine Arbeit spiegelt insofern die Professionalität des Kopisten wieder, als keine nonsense-readings vorliegen. Der Sinngehalt wird vielmehr rasch und zuverlässig erfaßt, die Singulärlesarten machen den Text glatter lesbar, Überflüssiges wird ausgelassen, umständlich Ausgedrücktes wird vereinfacht. Die Vorlage von $\mathfrak{P}^{45}$—und das ist am wichtigsten—war allerdings kein reiner *A*-Text mehr, sondern war bereits verschmutzt. Wegen der relativ häufigen Übereinstimmungen mit Handschriften wie $\mathfrak{P}^{66}$ א* und D in den Varianten, die $\mathfrak{P}^{45}$ mit wenigen anderen Mitzeugen liest, kann vorsichtig vermutet werden, daß die Vorlage in die Richtung dieser Handschriften "verunreinigt" war, obwohl die Übereinstimmungen mit den Lesarten dieser Handschriften keineswegs gleichmäßig über den Text verteilt sind. Andererseits liest $\mathfrak{P}^{45}$ immer noch häufig mit der txt-Lesart (*A*), so daß die ursprüngliche Herkunft von *A* noch zu erkennen ist. $\mathfrak{P}^{45}$ ist damit mit seinen Singulärlesarten und den mit wenigen Mitzeugen gemeinsamen Lesarten ein Beispiel für die Art und Weise einer frühen Handschrift, die prinzipiell auf *A* basiert, aber schon Variationen übernimmt. Die Singulärlesarten zeigen die "unordentliche" Freiheit der frühen Überlieferung. Aus Handschriften wie $\mathfrak{P}^{45}$ kann man die Entstehung von Varianten, die dann auch weiter überliefert werden, verstehen.

$\mathfrak{P}^{106}$ Joh 1,29–35.40–46   1. Hälfte 3. Jh.

Der Papyrus enthält ein Fragment aus dem Zeugnis des Johannes und aus den ersten Jüngerberufungen. Er enthält insgesamt nur wenige kleinere Versehen, die meist wohl unabhängig von den wenigen anderen Mitzeugen entstanden sind (so eine Umstellung εγω ηλθον in 1,31, eine Omission von λεγων in 1,32, eine Addition von τω vor υδατι in 1,33) oder aber singulär sind (om τον vor Ιησουν in 1,42 und—wahrscheinlich aus syntaktischen Gründen fälschlich—die finite Verbform ηκολουθησαν αυτω statt des entsprechenden Gen. abs. in 1,40). Das ist nicht viel und spricht für die Zuverlässigkeit der Abschrift.

Umso wichtiger ist die eine bedeutende Variante, die der Papyrus im Zeugnis des Johannes 1,34 enthält: "Und ich habe es gesehen und bezeugt, daß dieser der Erwählte Gottes ist", statt υιος liest $\mathfrak{P}^{106}$ mit אּ* b e ff²* sy^{s.c} ο εκλεκτος.[11] Die Variante ist bekannt und berühmt und häufig besprochen worden. Vom textkritischen Standpunkt her ergibt sich, daß mit $\mathfrak{P}^{106}$ ein frühes, ja das früheste Zeugnis, für die Variante εκλεκτος bekannt geworden ist. Der Papyrus ist so sorgfältig kopiert, daß man ihm nicht zutrauen kann, die Variante erfunden zu haben, diese muß also mindestens schon in seiner unmittelbaren Vorlage gestanden haben.

Was allerdings die Frage der Ursprünglichkeit angeht, so spricht vom textkritischen und, wie mir scheint, auch vom exegetischen Standpunkt aus, alles für die Lesart υιος. Vom textkritischen Standpunkt aus: Die große Menge der textbegründenden, großen Papyri und Majuskeln lesen υιος, die Gegenbezeugung von εκλεκτος bleibt schmal und einseitig (die Bezeugung von אּ*, den Altlateinern und den Altsyrern paßt zueinander). Die Bedeutung von υιος ist an dieser Stelle nicht wesentlich verschieden von der von εκλεκτος. Beides verweist auf den einzigartigen messianischen Rang Jesu. υιος tritt in dieser Bedeutung an die Seite der feierlichen christlichen Bekenntnisse zu Jesus, dem Sohn Gottes in 1,49; 11,27; 19,7 und

---

[11] Die Angabe $\mathfrak{P}^{5vid}$ aus früheren Auflagen des *Novum Testamentum Graece* muß als eine zu unsichere Lesung gestrichen werden.

20,31. Textkritisch könnte der Weg sowohl von υιος zu εκλεκτος gehen, was als Parallele von Lukas 23,35 (der Sterbeszene) oder 9,35 (εκλελεγμενος aus der Verklärungsszene) in das Johannesevangelium eingetragen sein könnte, als auch umgekehrt von εκλεκτος zu υιος gehen, wobei man mit der Übernahme des für Johannes gebräuchlichen Titels υιος statt εκλεκτος argumentieren müßte. Sicherheit ist bei der Argumentation nach inneren Kriterien nicht zu gewinnen. Das überwältigende äußere Kriterium ist ausschlaggebend. Ein kluger Textkritiker, Bart D. Ehrman, plädiert geistreich für εκλεκτος als ursprünglichen Text, weil εκλεκτος adoptianisch als Erwählung zu einem bestimmten Zeitpunkt verstanden werden konnte und daher im Zuge der "Orthodox corruption of Scripture" in das für Johannes gebräuchlichere υιος umgewandelt worden sei. Diese Argumentation ist nicht unmöglich, aber doch nicht zwingend. Denn das Johannes-Zeugnis 1,29–34 setzt den synoptischen Taufbericht voraus und damit ohnehin die Gefahr des Mißverständnisses, daß Jesus erst zum Zeitpunkt der Taufe mit dem Geist begabt worden sei. Die Gefahr dieses Mißverständnisses besteht auch bei der Lesart υιος, wenn auch möglicherweise nicht so ausgeprägt. Keineswegs wird aber die adoptianische Mißinterpretation im Kontext der Verse 29–34 gänzlich vermieden. Wohl aber kann man umgekehrt sehr wohl verstehen, daß auf diesem Höhepunkt der Rede des Täufers die Messianität des Ausdrucks υιος noch gesteigert wird, indem aus dem weiteren Kontext bei Lukas εκλεκτος / εκλελεγμενος übernommen wird, womit noch deutlicher auf den messianischen Rang Jesu verwiesen wird. Einfache Erklärungen haben zudem immer viel Wahrscheinlichkeit für sich, und Harmonisierung (Konformation) mit dem Kontext ist eine einfache Erklärung.

𝔓¹⁰⁷   Joh 17,1–2.11   3. Jh.

Dieses sehr kleine Bruchstück aus den Abschiedsreden ist schwer zu kopieren, da der Text wiederholungsreich ist. Entsprechend begegnen mehrere kleinere Varianten mit unklarer Mitbezeugung, die wir hier übergehen können. Eine wichtige große Variante ist aber zu nennen.

Joh 17,11   add p. καγω προς σε ερχομαι] ουκετι ειμι εν τω
              κοσμω και εν τω κοσμω ειμι 𝔓¹⁰⁷ D

"Ich bin nicht mehr in der Welt, aber sie sind in der Welt und ich gehe zu dir", so der Text. Dann folgt die betonende, wiederholende Addition: "ich bin nicht mehr in der Welt und ich bin in der Welt.

Heiliger Vater, bewahre sie in deinem Namen (jetzt ohne Einfügung), den du mir gegeben hast, damit sie eins seien, wie auch wir" (so ebenfalls ohne weitere Zufügungen).

Der Papyrus bezeugt damit eine der D-Varianten, und zwar sehr früh. Sie ist sicher nicht ursprünglich, sondern aus dem Wunsch entstanden, den feierlichen Abschiedstext noch mehr zu prononcieren. Wiederum charakteristisch ist, daß durch $\mathfrak{P}^{107}$ eine von drei D-Varianten in Vers 11 früh bezeugt ist. Die Entstehung dieser Variante geschieht gewiß nicht unabhängig, sondern es wird wieder einmal deutlich, daß D auf einer frühen, schon charakteristisch erweiterten Textform aufbaut, deren Tendenzen dann in D weiter ausgebaut werden. Der Weg geht hier eindeutig von $\mathfrak{P}^{107}$ (und ähnlichen Frühformen) zu D.

Ein anderer Papyrus aus dem 17. und 18. Kapitel des Johannesevangeliums ist aus anderen Gründen interessant:

$\mathfrak{P}^{108}$ Joh 17,23–24;18,1–5   3. Jh.

Der Papyrus enthält mehrere kleinere Varianten, die an sich kaum bemerkenswert (Zufügung oder Auslassung von Artikeln, Partizip statt finitem Verb, δε statt ουν) sind, wohl aber durch ihre Mitzeugen einige Bedeutung erlangen. Denn alle Varianten sind sehr ähnlich bezeugt, durch ℵ A W Θ f¹·¹³ und dreimal auch den byzantinischen Text. Es könnte sich hier also um eine sehr frühe Form des byzantinischen Textes handeln, die dann ebenfalls sehr sorgfältig kopiert worden wäre.

Ein letzter Papyrus aus dem Johannesevangelium enthält ein Fragment aus dem 21. Kapitel:

$\mathfrak{P}^{109}$ Joh 21,18–20.23–25   3. Jh.

Der Papyrus ist der früheste Beleg für das 21. Kapitel. Er weist trotz mehrerer variierter Stellen im Novum Testamentum Graece nur zwei Varianten auf, davon eine bedeutungsvolle, wenn auch sicher sekundäre Joh 21,18 αλλοι [ζωσουσιν και οισ]ουσιν σε. Die Ergänzung ist nicht sicher, weil etwas zu wenig Raum für die angenommene Buchstabenzahl zur Verfügung steht. Die vorgeschlagene Ergänzung wäre so auch singulär. Ganz sicher überliefert ist die plurale Form "andere werden [dich] gürten und dich schleppen, wohin du nicht willst" (mit ℵ* ℵ¹ D W 1. 565). Die zahlreichen Variationen der pluralen Form stimmen wieder zu einer frühen

Bearbeitung des Textes, aufgrund derer der vorliegende Text durch
kleinen Eingriff (Plural statt Singular) anschaulicher und realistischer
wird (mehrere werden dich wegschleppen, so eindeutig auf die
Kreuzigung des Petrus bezogen). Sog. westliche Zeugen u.a.
übernehmen das und formen den Text weiter um (z.B. D αλλοι σε
ζωσουσιν και απαγουσιν).

Fazit: Was ergibt sich aus den frühen Papyrusfragmenten des
Johannesevangeliums an textkritischem und textgeschichtlichem
Gewinn? Wir behandeln die Frage unter drei Aspekten: den wichtigen
Varianten, einer Bestandsaufnahme des gesamten Befundes und seiner
Deutung und eines Ausblickes.

1. *Wir haben nur wenige wichtige Varianten feststellen können.* Dazu
gehören

$\mathfrak{P}^{106}$	Joh 1,34 υιος] εκλεκτος
$\mathfrak{P}^{80.66}$★	Joh 3,34 εκ μετρου] εκ μερους
$\mathfrak{P}^{45.75}$	Joh 10,8 om προ εμου
$\mathfrak{P}^{45}$	Joh 10,42 om εκει
$\mathfrak{P}^{45}$	Joh 11,54 om εκειθεν
$\mathfrak{P}^{107}$	Joh 17,11 die wiederholende, betonende Addition nach ερχομαι
$\mathfrak{P}^{109}$	Joh 21,18 αλλοι ζωσουσιν και οισουσιν σε

Die Varianten der Papyri 106, 107 und 109 stammen aus
Fragmenten, die nur wenige Nachlässigkeiten aufweisen. So scheint die
Annahme berechtigt, daß sie übernommen und nicht selbst erfunden
sind. Wenn aber schon hier Sicherheit nicht erreicht werden kann, so
ist das noch weniger der Fall bei $\mathfrak{P}^{45}$ (und dem sehr kleinen Fragment
$\mathfrak{P}^{80}$). Hier ist die allgemeine Nachlässigkeit der Kopisten so groß, daß
alle genannten Varianten auch darauf zurückgeführt werden können.
Das gilt vielleicht dann nicht, wenn Papyri mit noch früheren
handschriftlichen Mitzeugen gemeinsam lesen. Die Variante mag dann
übernommen sein (Joh 3,34; 10,8). Grundsätzlich muß jedoch fest-
gehalten werden, daß frühe Papyri nicht erfinden und auch nicht ihre
Vorlage interpretieren, sondern kopieren. Das entspricht der
Berufsauffassung ihrer Schreiber, die zum großen Teil Dokumentenschreiber sind. Sie sind nicht befugt und auch ohne Interesse daran zu
verändern. Dementsprechend sind insgesamt die genannten
"wichtigen" Varianten (wir faßten den Begriff sehr weit) auch nur
wenige angesichts des immerhin 244 Verse abdeckenden Gesamt-
bestandes.

2. *Allgemeine Bestandsaufnahme*: Das wichtigste Ergebnis scheint mir darin zu bestehen, daß nahezu alle Papyri erkennbar auf dem hypothetischen Ausgangstext beruhen. Sie kopieren diesen jedoch mit unterschiedlicher Sorgfalt. Sehr genau gibt $\mathfrak{P}^{39}$ seine *A*-Vorlage wieder, die von hervorragender Qualität gewesen sein muß. Am anderen Ende der Genauigkeitsskala stehen $\mathfrak{P}^{95}$, $\mathfrak{P}^{80}$ und $\mathfrak{P}^{45}$. Dazwischen sind, soweit das zu erkennen ist, die Handschriften $\mathfrak{P}^{5}$, $\mathfrak{P}^{6}$, $\mathfrak{P}^{90}$, $\mathfrak{P}^{106}$, $\mathfrak{P}^{109}$, $\mathfrak{P}^{22}$, $\mathfrak{P}^{28}$, $\mathfrak{P}^{52}$ einzuordnen.

Gerade die zahlreichen Singulärlesarten von $\mathfrak{P}^{45}$ zeigen, daß nicht die Vorlage diese schon enthielt, sondern der Kopist sie durch seinen intelligenten, aber flüchtigen Schreibstil erst produzierte. Auch die Vorlage von $\mathfrak{P}^{45}$ beruht auf dem Ausgangstext der Überlieferung, wenn sie auch schon von einer Reihe von Verunreinigungen belastet war. Gerade $\mathfrak{P}^{45}$ läßt uns das Zustandekommen früher Varianten verstehen lernen. Sie entstehen nicht, weil Schreiber den Text der Vorlage redaktionell in der einen oder anderen Richtung verändern wollen, sondern sie entstehen, wie die Varianten aller hier betrachteten Papyri und insbesondere die von $\mathfrak{P}^{45}$, durch schnelle "unordentliche" Nachlässigkeit.

Es ist nicht erstaunlich, daß die Mitzeugen der frühen Papyri, soweit es sie gibt, am häufigsten unter den Handschriften $\mathfrak{P}^{66}$ D $\aleph\star$ W Θ f$^{1.13}$ zu finden sind. Das liegt nicht etwa daran, daß die Papyri (man könnte insbesondere $\mathfrak{P}^{107}$, $\mathfrak{P}^{108}$ und $\mathfrak{P}^{45}$ nennen) schon eine Art westlichen Charakter haben, sondern umgekehrt wird der Schluß überzeugend: Die genannten Handschriften D $\aleph\star$ Θ f$^{1.13}$ u.a. bewahren von der Majuskelzeit bis zu den späten Minuskeln noch Elemente jenes rasch und zuweilen nachlässig, aber prinzipiell auf *A* beruhenden Frühtextes. Weil das so ist, finden wir sie (und nicht byzantinische Handschriften) unter den Mitzeugen der frühen Papyri.

Wir halten also fest: Der Text sämtlicher früher Johannes-Papyri beruht prinzipiell auf dem hypothetischen Ausgangstext der Überlieferung, als den wir den Text des Novum Testamentum Graece (mit allen Kautelen) ansetzen. Der Text wird mit unterschiedlicher Sorgfalt abgeschrieben, aber nie mit eindeutiger Änderungstendenz.

3. *Wert des Befundes und Ausblick*: Insgesamt liefern die Papyri also einen guten Text, der dem Ursprung nahe ist. Die Schwierigkeit für ihren Einsatz in der Textkritik und die Konstitution des sog. Urtextes liegt in ihrer nachlässigen, Fehler produzierenden Kopierweise. Man kann diese Schwierigkeit vorerst nur dadurch zu beheben versuchen, daß die

Papyruslesarten dann als von textkritischer Bedeutung angesehen werden, wenn sie mit anderen zuverlässigen Zeugen gemeinsam gelesen werden.[12] Die Zahl der erwiesenermaßen zuverlässigen Handschriften der Evangelienüberlieferung ist jedoch bisher zu gering. Das muß nicht so bleiben. Mit Hilfe der in der Editio Critica Maior des Neuen Testaments anhand der Gesamtüberlieferung der Katholischen Briefe entwickelten und dort kurz skizzierten Methode[13] können die späten Minuskeln bestimmt werden, die in ihrer Qualität den bekannten ursprungsnahen Handschriften nicht nachstehen. Dadurch kann die Anzahl der textbegründenden zuverlässigen Handschriften entscheidend erweitert werden. Der bisher nur begrenzte Wert der frühen Papyruszeugnisse kleineren Umfangs wird dann im Vergleich zu sämtlichen erhaltenen ursprungsnahen Handschriften bis ins Einzelne noch genauer bestimmt und textkritisch und textgeschichtlich ausgewertet werden.

---

[12] Vgl. z.B. die txt-Lesarten von $\mathfrak{P}^{45}$ mit $\mathfrak{P}^{66.75}$ ℵ B.

[13] B. Aland, K. Aland, G. Mink und K. Wachtel, Hrsg., *Novum Testamentum Graecum: Editio Critica Maior IV, Die Katholischen Briefe* (Institut für Neutestamentliche Textforschung; Stuttgart: Deutsche Bibelgesellschaft, 1997/2000), vgl. IV. 2.1, S. 21*– 24* (Teil 1: Text; Teil 2: Begleitende Materialien). Vgl. auch G. Mink, "Was verändert sich in der Textkritik durch die Beachtung genealogischer Kohärenz?" in diesem Band.

Was verändert sich in der Textkritik durch die Beachtung genealogischer Kohärenz?

Gerd Mink (Universität Münster)

Mit dem Alter und der Qualität einer Handschrift zu argumentieren, ist in der neutestamentlichen Textkritik alles andere als ungewöhnlich. Allerdings nimmt man damit schon eine begriffliche Unschärfe in Kauf. Man meint tatsächlich das paläographische Alter der Handschrift, aber nicht eigentlich ihre Qualität, die in ihrer handwerklichen Ausführung und in der Güte der Kopie (gemessen an der Vorlage) bestehen würde. Vielmehr ist gemeint die Qualität des *Textes* (gemessen an seiner textgeschichtlichen Position, seiner Entfernung vom Original). Infolgedessen müsste auch das Alter des Textes und nicht das der Handschrift relevant sein. Dass die *codices recentiores* nicht automatisch *deteriores* seien, ist gewiss allgemein anerkannt, aber die Neigung ist doch groß, mit dem Alter von Handschriften zu operieren, mit ihrer Schriftform (als sei eine Majuskel bedeutender als eine Minuskel) oder ihrem Beschreibstoff (als sei ein Papyrus wichtiger als eine Pergamenthandschrift, die ja nicht einmal in jedem Fall jünger sein muss). In Wahrheit gibt es jedoch nur ein Kriterium für die textkritische Relevanz: die Qualität des Textes.

Daher werde ich streng zwischen Handschriften und Texten unterscheiden. Der Zeuge ist in meiner Terminologie nicht die Handschrift, sondern ihr Text. Neben der Handschrift 03 aus dem vierten Jahrhundert gibt es also den Zeugen 03, bestehend aus dem Text von 03. Ein Text ist ja im Wesentlichen älter als die Handschrift. So kann der Text bei einer jüngeren ganz oder überwiegend einen älteren Zustand aufweisen als bei einer älteren Handschrift. Das paläographische Datum sagt nur, wann der Text spätestens zum ersten Mal aufgetreten ist. Wenn es um genealogische Kohärenzen gehen wird, so sind die Kohärenzen der Texte gemeint. Nur in einer vollständig erhaltenen Überlieferung sind sie identisch mit den Kohärenzen der Handschriften. Ein Stemma wäre demnach ein Stemma von Zeugen, d.h. von Texten.

Auch zum Begriff "Stemma" möchte ich eine Erläuterung vorausschicken. Ich werde ihn nicht nur für die Stammbäume gebrauchen, die wir gewöhnlich finden, wenn die Überlieferungsgeschichte eines Werkes dargestellt werden soll. Sie verbinden reale (Handschriften) und eventuell hypothetische (Hyparchetypen) Überlieferungselemente. Solche Stammbäume können gerade bei kontaminierten Überlieferungen nur wenige Aspekte darstellen. Sie können eine zwar nützliche, weil anschauliche Darstellungsform sein, aber sie bleiben dabei doch eine stark vereinfachende Oberfläche eines sehr viel komplexeren Sachverhalts. Diese Komplexität möchte ich in den Begriff "Stemma" mit einbezogen wissen. Ein Stemma der Zeugen meint also hier eine umfassende Hypothese über die *genealogische Struktur*, die am einfachsten die Relationen der Zeugen, d.h. der Texte, erklärt. Eine solche Hypothese, die Kontamination und zufällige Übereinstimmungen berücksichtigen muss, gehorcht nicht unbedingt den Gesetzen zweidimensionaler Anschaulichkeit.[1]

Ich möchte zunächst erklären, was in der von mir angewandten Methode[2] *Kohärenz* meint. Jeder Zeuge einer Überlieferung besitzt eine *genealogische Kohärenz* mit seinen nächsten Verwandten. Wenn man von Verwandtschaft von Zeugen spricht, definiert man sie durch deren Übereinstimmungen. Sie haben eine *prägenealogische Kohärenz*, eine Kohärenz, die noch keine genealogische Richtung verrät. Die genealogische Kohärenz wird jedoch definiert durch Übereinstimmungen *und* Divergenzen. Nicht aufgrund von Übereinstimmungen, sondern aufgrund der Divergenzen läßt sich ein *genealogisches* Verhältnis von Zeugen qualifizieren. Entsprechende *kohärenzrelevante Werte*, die ich noch erläutern werde, müssen also für jedes Zeugenpaar gewonnen werden, Werte, die es erlauben, außer der genealogischen Richtung auch die unterschiedliche Güte konkurrierender Kohärenzen zu beurteilen. Solche Werte entscheiden darüber, ob man

---

[1] Zur Problematik der Stemmakonstruktion und Darstellungsmöglichkeit genealogischer Verhältnisse bei stark kontaminierter Überlieferung habe ich einen Beitrag vorbereitet: "Problems of Highly Contaminated Traditions: The New Testament. Stemmata of Variants as a Source of a Genealogy for Witnesses". Er wird erscheinen in: *Studies in Stemmatology II: Kinds of Variants*, hrsg. von P. van Reenen, A. den Hollander und M. van Mulken, mit Unterstützung von A. Roeleveld (Arbeitstitel).

[2] Vgl. zur Methode G. Mink, "Editing and Genealogical Studies: The New Testament", *Literary and Linguistic Computing* 15 (2000): 51–56, sowie G. Mink, "Eine umfassende Genealogie der neutestamentlichen Überlieferung", *NTS* 39 (1993): 481–99. Der letzte Beitrag enthält zwar die Grundlagen des Modells, die Methode entspricht jedoch nur dem damaligen Stand, der noch keine Erprobung an vollkollationiertem Material erlaubte. Vgl. ansonsten oben Anm. 1.

für ein Zeugenpaar einen engeren genealogischen Zusammenhang annimmt. Genealogische Kohärenz (oder ihr Mangel) ist damit zunächst einmal eine Eigenschaft von Zeugenpaaren. Mehrere Zeugen (etwa einer Lesart) können durch die genealogischen Kohärenzen von Zeugenpaaren eine Kette oder ein Netz solcher Kohärenzen bilden. Eine solche Zeugenmenge ist dann genealogisch kohärent (Gesamtkohärenz). Genealogische Kohärenz ist somit auch eine Eigenschaft von Zeugenmengen, die jedoch nur über die Kohärenz von Zeugenpaaren zu ermitteln ist. Genealogische Kohärenz sagt also etwas über die Möglichkeit der engeren genealogischen Abhängigkeit von Zeugen und innerhalb von Zeugenmengen aus. Sie ist nicht identisch mit einer *stemmatischen Kohärenz*, dem definitiven Zusammenhang von Zeugen in einem Stemma, worauf ich noch zurückkommen werde.

Stellen wir uns vor, wir würden eine Überlieferung absolut genau kennen. Alle Handschriften wären bekannt und damit ihr Text, wir wüssten, welches die Vorlage einer jeden Handschrift gewesen ist und würden demnach auch wissen, in welchem Fall ein Text aus mehr als einer Vorlage entstanden ist und somit Kontamination vorliegt. Es wäre uns bekannt, wo der Kopist die Lesarten seiner Vorlage übernommen und wo er sie verändert, also eine Variante in der Textgeschichte eingeführt hat.

Es wäre dann sehr leicht, ein Stemma einer solchen Überlieferung zu zeichnen, beispielsweise (Abb. 1, rechts) eines, das außer dem Ausgangstext A fünf weitere Zeugen enthält, und man sieht, dass zwei von ihnen Ergebnis einer Kontamination sind (die Zeugen 4 und 5). Ein solches Stemma würde die tatsächlichen genealogischen Kohärenzen der einzelnen Zeugen zeigen, ebenso die Gesamtkohärenz der Überlieferung.

Man kann allerdings, was dieses Stemma aussagt, sehr viel präziser ausdrücken. Nehmen wir an, an 5 Stellen (a, b, c, d, e) des Textes hätten sich im Laufe der Überlieferung Varianten gebildet (vgl. Abb. 1, links). Die ursprüngliche Lesart ist hier jeweils durch ein *x*, die sekundäre durch ein *y* dargestellt. Jede dieser variierten Stellen hätte ihre eigene Geschichte. Dabei gibt es jeweils zwei Möglichkeiten:

1. Ein Kopist hat die Lesart seiner Vorlage übernommen (hier die durchgezogenen Linien).

2. Ein Kopist hat die Lesart seiner Vorlage verändert (hier die durchbrochenen Linien).

Zeuge 4 bietet eine Kontamination der Zeugen 1 und 2. Im Falle von hier z. B. zwei Vorlagen gibt es zwei den oben genannten entsprechende Möglichkeiten. Die erste ist, dass die Kopie mit mindestens einer der Vorlagen übereinstimmt. Bei der ersten und vierten variierten Stelle stimmt Zeuge 4 mit beiden Vorlagen überein, weil die Zeugen 1 und 2 die gleiche Lesart haben. Bei der zweiten, dritten und fünften Stelle stimmt Zeuge 4 hingegen nur mit einer der Vorlagen überein. Zeuge 4 hat also keine neuen Lesarten kreiert. Die zweite Möglichkeit ist, dass die Kopie an einer Stelle mit keiner der Vorlagen übereinstimmt, sondern die Lesart mindestens einer der Vorlagen als Basis für eine Veränderung, also eine neue Lesart, nimmt. Dieses trifft hier bei Zeuge 5 zu. Er ist aus den Zeugen 1 und 4 kontaminiert und hat bei der ersten variierten Stelle die Lesart seiner Vorlagen variiert.

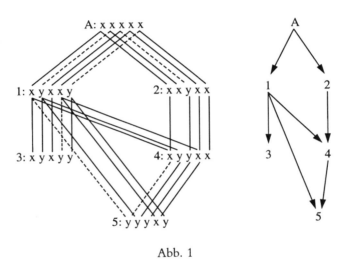

Abb. 1

Es ist deutlich, dass die linke Darstellung sehr viel präziser ist als die rechte. Gleichwohl sind beide richtig. Die linke Darstellung bietet fünf Stemmata, für jede variierte Stelle eines, das zeigt, wie eine Stelle sich im Laufe der Überlieferung entwickelt hat. Die rechte Darstellung enthält diese fünf stellenbezogenen Stemmata. Die Bezeugung der Lesarten wird sich jeweils darin als *kohärentes Feld* abbilden.

Die dritte variierte Stelle (c) weist die Varianten *x* und *y* auf. *x* hat die Zeugen A, 1 und 3, *y* die Zeugen 2, 4 und 5. Links in der Abb. 2 sehen wir durch die fett gedruckten Verbindungen die Geschichte der dritten variierten Stelle nachgezeichnet. Sie entspricht genau den hervorgehobenen Linien im Stemma (rechts). Die Zeugen von Lesart *x* befinden sich dort in einem zusammenhängenden Bereich. So muss es sein, wenn sie eine genealogische Kohärenz in der Bezeugung einer

Lesart aufweisen. Das Gleiche gilt für Lesart *y*. Am Beispiel der fünften
Stelle (e) lässt es sich ebenfalls zeigen (Abb. 3). Hier hat *x* die Zeugen
A, 2 und 4, *y* die Zeugen 1, 3 und 5.

c) x : A. 1. 3.
y : 2. 4. 5.

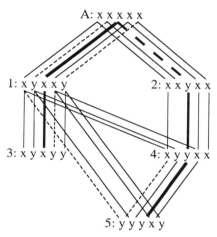
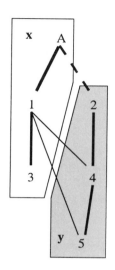

Abb.2

e) x : A. 2. 4.
y : 1. 3. 5.

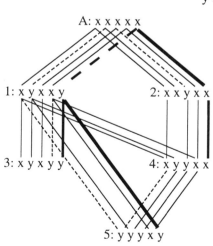
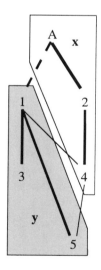

Abb. 3

Man sieht, dass die Konstellation der Zeugen bei den einzelnen
Lesarten nun ganz anders ist, sich aber auf dasselbe Stemma zurückführen lässt. Wenn jetzt—ich verändere das Beispiel ein wenig—
Zeuge 3 Lesart *x* läse (Abb. 4, links), obwohl in der Vorlage (Zeuge 1)
Lesart *y* steht, ohne dass Zeuge 3 eine Kenntnis von einem Zeugen
mit Lesart *x* gehabt hätte, dann hätte Zeuge 3 eine neue Lesart kreiert,
die zufällig mit der von A, Zeuge 2 und 4 übereinstimmt.

Die Abbildung des Lesarten-Stemmas im Zeugen-Stemma sähe
dann aus wie in Abb. 4 (rechts). Es gibt nun zwei Lesarten *x*, die
zufällig gleichlautend sind. Die Zeugen von *x* befinden sich jetzt nicht
mehr in einem kohärenten Feld wie in den vorherigen Beispielen.

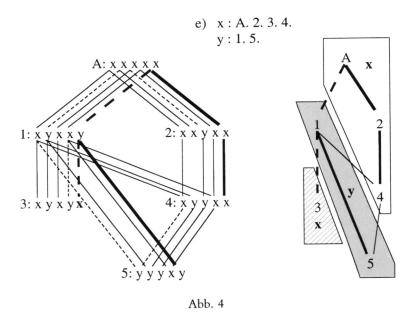

e)   x : A. 2. 3. 4.
      y : 1. 5.

Abb. 4

In meinem Modell zeigt also das Zeugen-Stemma die Kohärenzen
der Zeugen und damit die Gesamtkohärenz der Überlieferung. Die
präzisere, stellenbezogene Darstellung zeigt die Kohärenzen der
Zeugen an den einzelnen Stellen und damit, ob eine Gesamtkohärenz
der Bezeugung einer Lesart überhaupt vorliegt und wie sie aussieht.
Gleichzeitig ist ersichtlich, auf welche Weise Lesarten die Kohärenz
von Zeugen verursachen. Aber Abb. 4 zeigt auch, dass die
Übereinstimmung von Lesarten nicht zuverlässig zu der Kohärenz von
Zeugen führen muss.

Es ist deutlich, dass eine stellenbezogene Darstellung nicht mehr die Form eines Stemmas haben kann, wenn es hunderte von variierten Stellen gibt und dass im Gesamtstemma bei großen Zeugenmengen und hoher Kontamination die Kohärenz einzelner Bezeugungen nicht mehr zweidimensional darstellbar ist.

Wenn bisher von der Kohärenz der Zeugen die Rede war, so war die tatsächliche genealogische Kohärenz gemeint, wie sie sich aus der Kopiergeschichte ergab. Sie war somit von der stemmatischen Kohärenz nicht zu trennen. Die Kopiergeschichte und damit die tatsächliche Genealogie von Zeugen kennen wir in einer realen Überlieferung nicht (es sei denn, es gäbe Dokumente, die uns darüber informieren, wie etwa Kolophone). Vor allem aber ist nur ein Teil der Zeugen erhalten.

Bezogen auf eine reale Überlieferung ist also nur eine Hypothese über den genealogischen Gesamtzusammenhang einer Überlieferung, soweit sie erhalten ist, möglich. Diese Hypothese soll auf die einfachste Weise die vorfindlichen Fakten ordnen und verständlich machen und muss an jeder Stelle verifizierbar sein. Sie setzt voraus, dass die genealogische Kohärenz, die es ja unter verwandten Zeugen geben muss, durch Teilhypothesen qualifizierbar ist. Wodurch werden solche Hypothesen ermöglicht?

Ich greife auf Abb. 3 zurück. Sie zeigt, dass sich ein Stemma der Lesarten *x* und *y* an einer variierten Stelle (hier der fünften) in einem Stemma der Zeugen abbildet. Man sieht, dass ein im Stemma zusammenhängender Teil der Zeugen Lesart *x* bzw. *y* liest und dass der Weg von Lesart *x* nach Lesart *y* führt, hier dadurch dass Zeuge 1 A kopiert und dabei Lesart *x* in Lesart *y* verändert. Die Zeugen 3 und 5 übernehmen Lesart *y* von Zeuge 1, während Zeuge 2 Lesart *x* von A und Zeuge 4 Lesart *x* von Zeuge 2 übernimmt.

Genealogisch kohärente Zeugen einer Lesart werden sich also immer auch im Stemma kohärent darstellen. Damit ist die Genealogie der Lesarten, also ein Lesarten-Stemma an jeder variierten Stelle, im Zeugen-Stemma gespiegelt. Das Zeugen-Stemma ist demnach mit *sämtlichen* Lesarten-Stemmata kompatibel. So muss man schließen, dass auch ein Stemma der Zeugen nur gültig ist, wenn es *alle* Lesarten-Stemmata spiegelt, wenn es also an jeder Stelle des Textes die Überlieferungssituation plausibel darstellen kann. Durch Lesarten-Stemmata werden die stemmatischen Kohärenzmöglichkeiten von Zeugen innerhalb der Gesamtkohärenz der Überlieferung, wie sie ein Zeugen-Stemma zeigt, eingeschränkt, wenn auch nicht definitiv bestimmt, da dieselben Lesarten-Stemmata einer Überlieferung eine unbestimmte

Zahl von Zeugen-Stemmata ermöglichen würden. Die Stemmafindung erfordert daher, dass aus dem Axiom der Einfachheit und einem Überlieferungsmodell, das die Möglichkeiten der Stemmabildung begrenzt, Regeln abgeleitet werden, die über Akzeptabilität und Falsifikation entscheiden und so den Prozess der Stemmabildung steuern.[3]

Ein Stemma lässt sich begreifen als eine Menge von Substemmata, die jeweils aus einem Zeugen und seinen Vorfahren bestehen. Es handelt sich dabei natürlich gemeinhin nicht um die realen Vorfahren. Denn es geht ja um eine textgeschichtliche Hypothese, die die genealogische Struktur der *erhaltenen* Überlieferung darstellen will, nicht die reale Geschichte des Textes, die wir schlicht und einfach im Detail nicht kennen. Wir kennen nur Texte und wissen allenfalls, zu welcher Zeit sie abgeschrieben wurden (eventuell auch, wann sie Grundlage für Zitate und Übersetzungen waren), wissen aber nicht, wann eine Textform entstanden ist und welcher Text demnach aus welchem entstanden sein kann.

Die Substemmata verbinden also einen Nachfahren mit stemmatischen, d.h. hypothetischen unmittelbaren Vorfahren. Diese Verbindung ist zu verstehen als Ausdruck der genealogischen Kohärenz der beteiligten Zeugen.

Da das wichtigste Falsifikationskriterium für ein Zeugen-Stemma ist, dass es an jeder variierten Stelle wahr sein muss, folgt nun: Im Stemma und damit in allen Substemmata können nur Zeugen unmittelbar miteinander verbunden werden, die an variierten Stellen kohärieren, d.h. durch übereinstimmende oder prioritäre bzw. posterioritäre Lesarten verbunden sind, und umgekehrt muss an jeder variierten Stelle zumindest jeweils eine Kohärenz von zwei Zeugen, die ein Substemma dokumentiert, realisiert sein. Ein Zeuge muss entweder dieselbe Lesart aufweisen wie einer seiner unmittelbaren stemmatischen Vorfahren oder eine Lesart, die aus der Lesart eines dieser Vorfahren entstanden ist. Damit ist der gegebene Ansatzpunkt für die Bestimmung der Kohärenz das Verhältnis von Zeugen zueinander an den variierten Stellen. Das Verhältnis von Zeugen zueinander wird wiederum bestimmt durch das Verhältnis der Lesarten zueinander. Daher muss zunächst das genealogische Verhältnis von Lesarten geklärt werden, soweit es möglich ist.

Um das genealogische Verhältnis von Lesarten zu klären, müssen nun die Methoden angewandt werden, die die Textkritik zur Ver-

---

[3] Vgl. dazu Mink, "Editing and Genealogical Studies", 52.

fügung hat. Man muss also äußere und innere Kriterien heranziehen. Innere Kriterien sind sehr oft uneindeutig und begründen nicht zwingend die Priorität einer Lesart gegenüber einer anderen, sondern erklären oft nur, warum eine solche Priorität möglich ist. Die äußeren Kriterien können in diesem Stadium noch nicht von dem genealogischen Zusammenhang der Zeugen ausgehen, da dieser unbekannt ist.

Auf den ersten Blick scheint man bei den äußeren Kriterien zunächst auf alte Vorurteile (die ja nicht immer falsch sein müssen) angewiesen, etwa dass in den Katholischen Briefen 03 ein außerordentlich guter Zeuge, aber auch 01, 02, 04, die Papyri wichtig seien und dass der Koine-Text ganz und gar sekundär sei, jedenfalls niemals gegenüber den anderen genannten Zeugen Priorität beanspruchen könne. Nimmt man nun den Text des *Greek New Testament* (GNT) bzw. des Nestle-Aland (NA), so wird man solche Grundanschauungen immer wieder bestätigt finden. Auch andere moderne kritische Ausgaben entfernen sich darin nicht gravierend von ihnen.

Wenn man nun vor der Textkonstitution für die *Editio Critica Maior*[4] (ECM) den Text von GNT/NA als ersten Ausgangspunkt nimmt, um sich ein Bild von der Überlieferung zu machen, kann man prüfen, in welchem Maße alle für die ECM kollationierten Zeugen an den variierten Stellen mit ihm übereinstimmen. Im 1. Petrusbrief ergibt sich dabei dieses:[5] 03—ich übergehe kleine Fragmente—hat hier eine Spitzenposition (95,1%). Auch 02 ist dort mit 93,4% zu finden. Es folgt direkt 623! (93,1%). Typische Koine-Zeugen wie 18 und 35 liegen bei 89,3% bzw. 90%. 01 und P72 sind jedoch weit abgeschlagen mit 88,1% bzw. 86,6%. Im 2. Petrusbrief[6] wird die Spitze gebildet von 03 (97,2%), 665! (93,8%), P72 (92,4%), 04 (92,3%), 1 (92,3%), 1448 (92,0%), 2423 (92,0%). Es folgen 1739, 319, 020, 1609 und 607 in der 91%-Gruppe. 02 findet man nun bei 89,6%, 01 erst bei 86,4%. Typische Zeugen des byzantinischen Textes wie 18 oder 35 befinden sich bei 90,3% bzw. 90,5%. Wer hätte geglaubt, dass die Bevorzugung von 03 zugleich eine unbewusste Bevorzugung etwa von 623 im

---

[4] B. Aland et al., Hrsg., *Novum Testamentum Graecum: Editio Critica Maior IV, Die Katholischen Briefe* (Institut·für Neutestamentliche Textforschung; Stuttgart: Deutsche Bibelgesellschaft, 1997/2000), 1. Lieferung: Der Jakobusbrief, Teil 1: Text, Teil 2: Begleitende Materialien; 2. Lieferung: Die Petrusbriefe, Teil 1: Text, Teil 2: Begleitende Materialien.

[5] Die Basis sind maximal 749 Stellen. Die niedrigste Übereinstimmung beträgt 82,6%, sieht man von 0206 (76,5%; sehr stark fragmentiert, nur 26 Stellen) ab.

[6] Die Basis sind maximal 465 Stellen. Die niedrigste Übereinstimmung beträgt 82,4%.

1. Petrusbrief bedeutet oder von 665 im 2. Petrusbrief, vor allem auch Bevorzugung einer Reihe von Zeugen, die dem Koine-Bereich zuzuordnen sind?

Für den Jakobusbrief führe ich die Werte der Übereinstimmung mit dem für die ECM konstituierten Text an.[7] Sie ergeben hier kein wesentlich anderes Bild als bei einem Vergleich gegen GNT/NA. Abgesehen von kleineren Fragmenten, die ich im Folgenden unbeachtet lasse, stimmt 03 am meisten mit dem Text der ECM überein (97,3%), unmittelbar gefolgt vom Supplement von 2718 (96,8%). Dieses enthält fast das gesamte erste Kapitel (in dem allerdings die Varianz sehr viel geringer ist als im zweiten und dritten Kapitel, so dass man die Bedeutung von 2718S nicht überbewerten darf). Es folgen P100 (95,1%), 01 (93,9%), 04 (92,7%), 1739 (92,6), 1243 (92,6%), 1175 (92,5%) und dann bereits 025 (92,4%). 02 (90,3%) ist nicht in der Spitzengruppe. Vielmehr ist 02 von den genannten Zeugen nicht nur durch einige der bekannteren Minuskeln wie 2298 (91,6%), 945 (91,2%), 81 (90,8%) getrennt, sondern auch durch Zeugen, die teils gänzlich unbekannt sind, jedenfalls noch nicht in Verdacht standen, in besonderer Weise den Text von GNT/NA zu stützen: 307, 2492, 5, 319 und andere.

Listen, die die Nähe zu einem Vergleichstext in absteigender Reihenfolge dokumentieren, geben leider keinen Hinweis auf die genealogische Kohärenz von Zeugen. Sehr starke Veränderungen der Position eines Zeugen in Listen zu den verschiedenen Briefen wie etwa bei 01 (s.o.) sind nicht das Übliche und müssen noch lange nicht auf eine veränderte stemmatische Position hinweisen (etwa aufgrund des Wechsels der Vorlage), sondern können auch allein auf Individualvarianten basieren. Nur im obersten Bereich der Listen kann genealogische Kohärenz vermutet werden, doch recht bald können Zeugen, die gleich weit vom Vergleichstext entfernt sind, untereinander zu unterschiedlich sein. Solche Listen machen jedoch deutlich, dass mit dem bisherigen Bild von der Überlieferung irgendetwas nicht stimmen kann. Vor allem die hohe Position einiger Koinevertreter fällt auf. Sie

---

[7] Die Prozentzahlen beziehen sich auf maximal 746 variierte Stellen bei unfragmentierten Zeugen. Es gibt zwar 761 variierte Stellen insgesamt. Aber ich habe an 15 Stellen die Frage des Ausgangstextes der Überlieferung offen gelassen. Zur Einordnung der Werte ist es vielleicht nützlich zu wissen, dass im Jakobusbrief 82 von 164 Zeugen Übereinstimmungswerte von 88,0–89,9% haben. Dabei ist zu berücksichtigen, dass der byzantinische Text nur durch ausgewählte Vertreter in der Zeugenauswahl enthalten ist. Ein typischer Vertreter aus dem Kernbereich des byzantinischen Textes, 18, hat 89,9%. 44 Zeugen liegen unter 88%. Die geringste Übereinstimmung mit *A* hat 631 mit 78,8%.

haben diese hohe Position, obwohl sie im Jakobusbrief etwa die 69 dort typischen Koine-Lesarten[8] fast alle haben.

Gleichwohl lassen solche Vergleiche, die zunächst einmal gegen den Text von GNT/NA vorgenommen werden, vermuten, welche Zeugen einer Lesart mit großer Wahrscheinlichkeit nicht als Hauptvertreter einer ursprünglichen Lesart in Frage kommen. Sie befinden sich im mittleren und Endbereich dieser Listen, vor allem in einem Bereich von bereits mehr als 15% von GNT/NA abweichenden Zeugen, die häufig auch einen hohen Anteil an Individualvarianten haben, also solchen Varianten, die sie allenfalls zufällig mit anderen Zeugen teilen. Nur wegen eines hohen Anteils an Individualvarianten kann ein Zeuge nicht automatisch übergangen werden, da abgesehen von diesen Varianten die textliche Basis gut sein könnte, auch wenn sie an einer geringeren Zahl von Stellen Veränderungsprozessen entzogen blieb.

Um Lesarten-Stemmata bilden zu können, möchte man eigentlich schärfere äußere Kriterien haben, die schon eine Hypothese über den genealogischen Zusammenhang zwischen den Zeugen der einzelnen Lesarten zugrunde legen, aber auch innerhalb der Bezeugung einer Lesart (um zufällige Mehrfachentstehung von Lesarten erkennen zu können). Das kollationierte Material enthält jedoch noch keine positiven genealogischen Informationen. Wir erfahren nur, worin die Zeugen übereinstimmen. Aus diesen Übereinstimmungen ergibt sich allerdings eine Aussage über die Nähe und Ferne von Zeugen zueinander. Die Information über die Nähe ist eine über eine nicht gerichtete, *prägenealogische Kohärenz*, die besagt, ob hier auch genealogische Kohärenz möglich ist. Umgekehrt bekommt man auch die negative genealogische Information, dass genealogische Kohärenz sehr unwahrscheinlich ist, wenn Zeugen eine zu große Entfernung voneinander haben.

Demnach ist die Entstehung einer Lesart *x* aus einer Lesart *y* oder umgekehrt nur wahrscheinlich, wenn zwischen Zeugen dieser Lesarten zumindest eine ausreichende prägenealogische Kohärenz besteht. Ob eine Lesart *x* nur einmal oder öfter entstanden ist, es also mehrere gleichlautende Lesarten *x1*, *x2* etc. gibt und ihre Zeugen sich zufällig und ohne genealogischen Zusammenhang bei Lesart *x* befinden, lässt sich ebenfalls an der prägenealogischen Kohärenz ablesen. Es könnte also sein, dass ein Teil der Zeugen von Lesart *x* eine solche Kohärenz

---

[8] Vgl. ECM IV, 2, dort B9f. Alle Abweichungen zusammen führen zu 8,8 %-Punkte weniger Übereinstimmung mit dem Ausgangstext.

zu denen von Lesart *y* aufweist, ein anderer Teil zu denen von Lesart *z*.

Bei der ersten Erstellung von Lesarten-Stemmata hat man auf der Seite der äußeren Kriterien also nicht mehr zur Verfügung als die prä-genealogische Kohärenz der Zeugen und eine teils sehr vage, teils relativ gut begründete Vorstellung von der Wahrscheinlichkeit, dass ein Zeuge Lesarten, die prioritär sind gegenüber anderen, vertreten kann. Man sollte bei diesem ersten Arbeitsgang nicht versuchen, jede Lesart in einem Stemma unterzubringen oder zu allen Stellen Stemmata zu erstellen, sondern sich in den Grenzen bewegen, die die Kenntnis des Materialzusammenhangs setzt. Der kritische Zweifel ist angebracht auch gegenüber bisherigen Textentscheidungen, die eine andere Materialgrundlage hatten und somit eine entsprechende Vorstellung vom Gang der Textgeschichte. So habe ich im Jakobusbrief zunächst sehr viele Stellen unentschieden gelassen, bei denen ich annahm, dass bisher allein die Bevorzugung von 03 den Ausschlag gab. Immerhin konnten im Jakobusbrief in einem ersten Durchgang 680 von 761 variierten Stellen mit allerdings nicht immer vollständigen Lesarten-Stemmata versehen werden.[9]

Die Lesarten-Stemmata verknüpfen nicht nur Lesarten, sondern auch deren Bezeugungen (wie man es am Modell der Abb. 1–4 beobachten konnte). Das Verhältnis von Zeugen zueinander ist jetzt nicht mehr nur geprägt durch ihre Übereinstimmungen, sondern auch durch die Zahl der prioritären und posterioritären Lesarten,[10] die zwei Zeugen zumindest mittelbar genealogisch verbinden bzw. trennen. Der hohe Grad an Unvollständigkeit und Kontamination der Über-lieferung bringt es mit sich, dass es normal ist, dass ein Zeuge gegenüber einem anderen sowohl prioritäre als auch posterioritäre Lesarten besitzt.

Immerhin lässt sich aber die Art, Stärke und Stabilität des *generellen Textflusses*[11] in die eine oder andere Richtung feststellen. Er wird zwischen zwei Zeugen bestimmt durch das Maß an Übereinstimmun-

---

[9] Ein Bericht über die unterschiedlichen Arbeitsgänge beim Jakobusbrief befindet sich bei Mink, "Editing and Genealogical Studies".

[10] "Prioritär" meint dabei nicht "ursprünglich", sondern "in einem Lesarten-Stemma genealogisch vorgeordnet" gegenüber einer "posterioritären" Lesart.

[11] In der Gesamtüberlieferung herrscht ein *genereller Textfluß* von frühen zu späten Textzuständen. Der generelle Textfluss zeigt sich insofern auch zwischen jedem Paar von Zeugen und ist charakteristisch für deren jeweilige relative textgeschichtliche Position. Zu *generellem* und *speziellem* (zwischen stemmatisch kohärenten Zeugen herrschendem) Textfluss vgl. Mink, "Problems of Highly Contaminated Traditions" (s. Anm. 1).

gen und das Verhältnis von prioritären zu posterioritären Lesarten an allen variierten Stellen, an denen beide Text haben. Weist einer der Zeugen sehr viel mehr prioritäre als posterioritäre Lesarten auf, so ist eine unmittelbare genealogische Kohärenz sehr unwahrscheinlich. Der Grund dafür ist, dass eine hohe Zahl prioritärer oder posterioritärer Lesarten die Zahl übereinstimmender Lesarten, die eine enge Verwandtschaft zweier Zeugen begründet, einschränkt. Weist einer der Zeugen bei hoher Übereinstimmung nur wenig mehr prioritäre als posterioritäre Lesarten auf, so wächst die Wahrscheinlichkeit der genealogischen Kohärenz. Mit einer höheren Übereinstimmung nimmt allerdings die Stabilität der Richtung des Textflusses eher ab, d.h. die vorherrschende Flussrichtung wird durch weniger Stellen gestützt (vgl. Abb. 5, der Balken steht jeweils für die übereinstimmenden Lesarten). Die Übereinstimmungen sind, obgleich sie auf keine Textflussrichtung hinweisen, dennoch für die Kohärenzbestimmung sehr wichtig, weil sie entscheiden, ob überhaupt verwandtschaftliche Nähe gegeben ist.

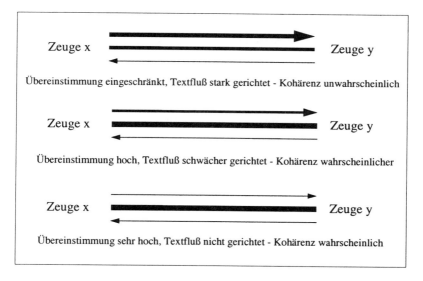

Abb. 5

Die Beobachtung des Textflusses macht es möglich, zu jedem Zeugen potentielle Vorfahren zu bestimmen. Dabei gilt:

1. Potentielle Vorfahren haben mehr prioritäre Lesarten als ein Nachfahre.

2. Die Chance, dass ein potentieller Vorfahre in einem Stemma unmittelbarer Vorfahre eines Zeugen wird, steigt mit dem Maß der Übereinstimmung.

(Natürlich gibt es auch viele Fälle, in denen zwischen zwei Zeugen keine vorherrschende Richtung des Textflusses erkennbar, aber die Zahl der Übereinstimmungen hoch ist. Solche Zeugen können durch *intermediary nodes* verbunden werden, die die Übereinstimmungen erklären.)[12]

So ergibt sich für jeden Zeugen eine Liste potentieller Vorfahren, geordnet nach der von den Übereinstimmungen abhängenden Wahrscheinlichkeit, dass sie die (hypothetischen) Vorfahren in einem globalen Stemma sind bzw. in einem Substemma, das einen Zeugen mit seinen unmittelbaren (hypothetischen) Vorfahren zeigt.

Wenn man einen Text konstituiert, heißt das, dass man eine Hypothese über den Text aufstellt, der aller Kopiertätigkeit vorausgeht.[13] Durch die Textkonstitution entsteht ein neuer Textzustand—zusätzlich zu den Textzuständen, die die erhaltenen Zeugen belegen. Diesen neuen Textzustand kann man einem hypothetischen Zeugen zuweisen. Ich nenne ihn *A* (= Ausgangstext der Überlieferung, vgl. A in den Abb. 1–4). *A* wird bei allen realen Zeugen als potentieller Vorfahre begegnen. Die Wahrscheinlichkeit stemmatischer Kohärenz wird auch hier von der Höhe der Übereinstimmung mit *A* abhängen.[14]

Bei den textgeschichtlich interessantesten Zeugen ist eine Liste potentieller Vorfahren relativ kurz. Extrem kurz ist sie bei 03 im Jakobusbrief. Sie enthält als wahrscheinlichsten Vorfahren *A* mit einer Übereinstimmung von 97,3%. Ansonsten erscheinen nur noch die kleinen Fragmente 0166 und 0173. P23 zeigt sich noch als sehr naher Verwandter (soweit der geringe Umfang die Aussage zulässt), es gibt aber keine Textflussrichtung zwischen P23 und 03. Es stellt sich heraus, dass der Text von 03 gänzlich aus dem Text von *A* (soweit

---

[12] Näheres dazu wird sich befinden in Mink, "Problems of Highly Contaminated Traditions", s.o. Anm. 1.

[13] Damit kann die Hypothese verbunden sein, dass dieses der Text des Autors sei. Aber auch andere Hypothesen sind möglich.

[14] Da die Textkonstitution eng mit der Aufstellung von Lesarten-Stemmata verbunden ist—die Ausgangslesart der Stemmata ist jeweils auch der Text von *A*—und die Lesarten-Stemmata mehrfach aufgrund neu gewonnener Daten revidiert werden können (vgl. Abb. 12), kann dabei auch der Text von *A* verändert werden. Die fortschreitenden genealogischen Erkenntnisse können also zu neuen textkritischen Entscheidungen führen. Dann ist auch das Verhältnis der realen Zeugen zu *A* und ihre Kohärenz mit *A* neu zu bestimmen.

festgelegt, vgl. Anm. 7) zu erklären ist. 03 ist an jeder gemeinsamen Textstelle entweder mit *A* identisch oder hat einen Text, der als Weiterentwicklung des Textes von *A* zu verstehen ist. So entsteht eine unmittelbare stemmatische Verbindung von *A* zu 03. *A* wird, stemmatisch gesehen, zum unmittelbaren Vorfahren von 03. Diese Hypothese besagt nicht, dass der Text von 03 unmittelbar vom Ausgangstext kopiert worden ist, sondern bedeutet nur, dass keine Zeuge, der zwischen ihnen liegen könnte, erhalten ist.

03 stellt einen Ausnahmefall dar. Generell werden aber die Zeugen von höchstem Interesse sein, bei denen der artifizielle Zeuge *A*, der ja die aktuelle Ausgangstexthypothese darstellt, zu den wahrscheinlichsten potentiellen Vorfahren zählt oder sich sogar in der obersten Position befindet.

Zeuge1	Richtg	Zeuge2	Proz1	Kon	Proz2	Xausy	Proz3	Yausx	Proz4	Qfragl	Kv
1739		0166	100.00	8	0.000	0	0.000	0	0.000	0	0
1739	<--	P23	95.918	47	2.041	1	0.000	0	0.000	0	1
1739	<--	A	92.627	691	7.239	54	0.000	0	0.000	0	1
1739	<--	P20	91.837	45	6.122	3	2.041	1	0.000	0	0
1739	<--	04	91.489	430	4.255	20	3.617	17	0.213	1	2
1739	<--	03	89.171	667	6.952	52	2.273	17	1.337	10	2
1739	<--	01	87.166	652	6.016	45	4.947	37	1.471	11	3
1739	<--	P100	87.059	74	8.235	7	3.529	3	1.176	1	0
1739	<--	048	84.810	67	7.595	6	6.329	5	1.266	1	0

Abb. 6

Einige Beispiele aufgrund von Daten des Jakobusbriefs mögen den unterschiedlichen Verlauf von Listen[15] potentieller Vorfahren zeigen. Abb. 6 betrifft einen sehr hochrangigen Zeugen, 1739. In der Spalte *Zeuge2* befinden sich potentielle Vorfahren, sofern in der Spalte *Richtg* ein Pfeil steht. Das Maß der Übereinstimmung sieht man unter *Proz1* in Prozenten, unter *Kon* absolut. Die Stärke des Textflusses in Richtung auf 1739 ergibt sich aus dem Anteil der Übereinstimmungen (*Proz1*) und der gegenüber 1739 prioritären Lesarten (*Proz2*) in dem Vergleichszeugen, deren Anzahl man unter *Xausy* findet. Die Stabilität des Textflusses ergibt sich aus dem Verhältnis von *Proz2* zu *Proz3*, wo man den Anteil prioritärer Lesarten bei 1739 gegenüber dem Vergleichszeugen findet (absolute Zahlen unter *Yausx* ; *Qfragl* : unklare Relationen, *Kv* : Stellen ohne direkte Relation). Die Liste ist sehr kurz und *A* wieder sehr hoch als wahrscheinlichster potentieller Vorfahre

---

[15] Die Werte in den Listen beruhen auf den aktuellen Lesarten-Stemmata.

positioniert. Kleine Fragmente haben bei der Stemmabildung kaum eine Chance, als Vorfahren zu fungieren, weil ihre Übereinstimmungen und prioritären Lesarten wahrscheinlich in anderen potentiellen Vorfahren enthalten sind. Bei der Bildung von Stemmata kommen ohnehin nicht alle potentiellen Vorfahren zum Zuge, sondern nur so viele, wie zur Erklärung des Textzustandes eines Nachfahren nötig sind.

Zeuge1	Richtg	Zeuge2	Proz1	Kon	Proz2	Xausy	Proz3	Yausx	Proz4	Qfragl	Kv
02		0166	100.00	8	0.000	0	0.000	0	0.000	0	0
02	<--	P23	95.918	47	2.041	1	0.000	0	0.000	0	1
02	<--	2718S	91.803	112	3.279	4	1.639	2	1.639	2	2
02	<--	81	90.541	670	4.459	33	3.919	29	0.541	4	4
02	<--	A	90.287	660	9.302	68	0.000	0	0.137	1	2
02		048	87.342	69	5.063	4	5.063	4	1.266	1	1
02	<--	1739	87.131	650	6.971	52	4.558	34	0.938	7	3
02	<--	03	86.997	649	8.579	64	2.145	16	1.743	13	4
02	<--	01	86.980	648	6.980	52	4.027	30	1.208	9	6
02	<--	025	86.901	617	6.479	46	4.507	32	1.408	10	5
02		0246	86.667	26	3.333	1	3.333	1	3.333	1	1
02	<--	04	86.596	407	6.596	31	4.681	22	1.489	7	3
02	<--	1175	86.577	645	6.577	49	4.430	33	1.477	11	7
02	<--	2298	86.327	644	6.434	48	5.228	39	0.938	7	8
02	<--	945	86.193	643	6.702	50	5.362	40	0.938	7	6
02	<--	319	86.060	605	5.690	40	5.548	39	0.711	5	14
02	<--	468	86.040	641	5.772	43	5.503	41	1.208	9	11
02	<--	307	85.925	641	5.898	44	5.496	41	1.206	9	11
02	<--	1243	85.830	636	6.883	51	4.993	37	1.350	10	7
02	<--	1448	85.503	637	6.174	46	5.503	41	1.477	11	10
02	<--	1852	84.987	634	6.971	52	5.228	39	1.743	13	8
02	<--	P100	84.524	71	9.524	8	4.762	4	1.190	1	0
02	<--	2492	84.232	625	6.604	49	6.334	47	1.213	9	12

Abb. 7

Die Liste, die die potentiellen Vorfahren von 02 zeigt (Abb. 7), ist schon erheblich länger. Sie hat ebenfalls *A* in hoher Position, geringfügig von 81 übertroffen. Die höchsten Übereinstimmungswerte (bei umfangreicheren Zeugen, vgl. 81, *A*, 1739) sind im Durchschnitt niedriger als die von 1739 (vgl. dort *A*, 04, 03), was einen höheren Anteil an Individualvarianten bei 02 spiegelt, die 02 allein besitzt oder nur zufällig mit entfernteren Zeugen teilt. Unter den potentiellen Vorfahren sind Zeugen von recht unterschiedlicher textgeschichtlicher Position. Dieser Umstand ist um so wahrscheinlicher, je länger die Liste ist. Der Textfluss aus Richtung 025 ist noch stark und stabil. Gleichwohl sagt die Liste nicht, ob 025 als stemmatischer Vorfahre zur

Erklärung des Textzustandes von 02 benötigt wird.[16] Aus der Richtung der Koine-assoziierten Zeugen 307, 319 und 468 ist die Flussstabilität nicht ausgeprägt (wie die geringe Differenz zwischen *Proz2* und *Proz3* zeigt), wohl aber aus Richtung 1852 (bei einem freilich schon sehr geringen Übereinstimmungswert).

Zeuge1	Richtg	Zeuge2	Proz1	Kon	Proz2	Xausy	Proz3	Yausx	Proz4	Qfragl	Kv
307		0166	100.00	8	0.000	0	0.000	0	0.000	0	0
307		P23	97.959	48	0.000	0	0.000	0	0.000	0	1
307	<--	2718S	97.600	122	1.600	2	0.800	1	0.000	0	0
307	<-- 1	0246	96.667	29	3.333	1	0.000	0	0.000	0	0
307		A	90.751	677	8.713	65	0.000	0	0.000	0	4
307		2492	90.357	684	4.095	31	4.095	31	0.264	2	9
307	<--	1448	90.132	685	4.342	33	4.211	32	0.789	6	4
307	<--	025	89.902	641	5.470	39	3.787	27	0.421	3	3
307	<--	2298	89.750	683	4.336	33	3.942	30	0.788	6	9
307	<--	1243	89.550	677	5.291	40	3.836	29	0.397	3	7
307	<--	81	88.727	669	4.907	37	4.775	36	0.663	5	7
307	<--	1852	88.305	672	5.388	41	4.468	34	0.788	6	8
307	<--	1175	87.747	666	5.797	44	4.743	36	0.527	4	9
307	<--	01	87.433	654	6.952	52	3.743	28	0.936	7	7
307	<--	1739	87.385	665	6.045	46	4.599	35	0.788	6	9
307	<--	03	87.299	653	8.422	63	2.273	17	1.203	9	6
307	<--	945	87.254	664	5.388	41	5.256	40	0.788	6	10
307	<--	04	87.234	410	6.596	31	4.894	23	0.426	2	4
307	<--	P20	85.714	42	8.163	4	4.082	2	2.041	1	0
307		P74	83.456	227	6.985	19	6.985	19	1.471	4	3
307	<--	P100	82.353	70	10.588	9	3.529	3	2.353	2	1
307		0173	80.000	16	10.000	2	10.000	2	0.000	0	0

Abb. 8

Abb. 8 zeigt die potentiellen Vorfahren von 307, einem Zeugen, der in der Textkritik vor der ECM keine Beachtung gefunden hat. Ganz zu Unrecht, denn *A* ist hier der wahrscheinlichste potentielle Vorfahre mit einer immer noch beachtlichen Übereinstimmung. Alle anderen sind von hervorragender Qualität. Extrem nahe Verwandte gibt es auch hier nicht.

Diese findet man hingegen bei Zeugen, die bei der Belegdichte des byzantinischen Textes und der textgeschichtlich nachrangigen Rolle, die sie in ihm spielen, von nah verwandten potentiellen Vorfahren umgeben sind. Abb. 9 zeigt nur einen Teil einer sehr langen Liste mit 155 Zeilen. Man sieht, dass die Werte unter *Proz1* sehr hoch einsetzen und langsamer als in den Abb. 6–8 auf 90% abfallen. Gleichwohl

---

[16] Die Zahl der Vorfahren soll möglichst klein sein, dennoch den gesamten Textzustand eines Nachfahren erklären. Alle Stellen, die 025 erklären könnte, könnten unter Umständen, durch Zeugen mit höherer Übereinstimmung erklärt sein.

befindet sich 1661 nicht im gleichförmigen Kern des byzantinischen Textes. Man erkennt es an der geringen Zahl extrem naher Verwandter (nur 996, die anderen sind Fragmente) und an der hohen Zahl von überdurchschnittlich stabilen Textflüssen (Verhältnis von *Proz2* zu *Proz3* !).

Zeuge1	Richtg	Zeuge2	Proz1	Kon	Proz2	Xausy	Proz3	Yausx	Proz4	Qfrag1	Kv
1661		0166	100.00	8	0.000	0	0.000	0	0.000	0	0
1661	<--	996	97.098	736	2.507	19	0.132	1	0.000	0	2
1661	<--	P23	95.918	47	2.041	1	0.000	0	0.000	0	1
1661	<--	2718S	94.309	116	4.065	5	1.626	2	0.000	0	0
1661	<--	2423	92.206	698	5.680	43	1.849	14	0.132	1	1
1661	<--	617	91.689	695	5.937	45	1.583	12	0.396	3	3
1661	<--	1251	91.425	693	5.805	44	2.375	18	0.264	2	1
1661	<--	424	91.293	692	6.201	47	1.979	15	0.264	2	2
1661	<--	18	91.293	692	5.541	42	2.111	16	0.528	4	4
1661	<--	319	91.164	650	5.891	42	2.104	15	0.421	3	3
1661	<--	400	91.049	651	5.315	38	2.797	20	0.420	3	3
1661	<--	665	91.029	690	5.805	44	2.375	18	0.528	4	2
1661	<--	607	91.029	690	5.937	45	2.507	19	0.396	3	1
1661	<--	1595	91.017	689	4.888	37	3.170	24	0.528	4	3
1661	<--	1270	91.017	689	5.284	40	2.774	21	0.528	4	3
1661	<--	020	90.981	686	5.438	41	2.653	20	0.398	3	4
1661	<--	456	90.897	689	5.673	43	2.507	19	0.528	4	3
1661	<--	1297	90.885	688	5.284	40	2.906	22	0.528	4	3
1661	<--	93	90.765	688	6.069	46	2.375	18	0.528	4	2
1661	<--	35	90.765	688	5.673	43	2.507	19	0.528	4	4
1661	<--	1598	90.753	687	5.284	40	3.038	23	0.528	4	3
1661	<--	468	90.753	687	6.209	47	2.246	17	0.528	4	2
1661	<--	312	90.704	683	6.109	46	2.789	21	0.133	1	2
1661	<--	326	90.633	687	5.277	40	3.298	25	0.396	3	3
1661	<--	1893	90.501	686	5.541	42	2.770	21	0.528	4	5
1661	<--	6	90.464	683	6.093	46	2.649	20	0.530	4	2
1661	<--	2080	90.369	685	5.937	45	2.902	22	0.264	2	4
1661	<--	1837	90.369	685	5.145	39	3.562	27	0.396	3	4
1661	<--	999	90.369	685	5.013	38	3.562	27	0.528	4	4

Abb. 9

Solche Listen werden bei der Beurteilung der genealogischen Kohärenz zwischen Bezeugungen und innerhalb von Bezeugungen herangezogen. Sie sind sehr aussagekräftig. Ihre Auswertung erfordert allerdings einige Übung, da die Bedeutung der Zahlen abhängt von der Art, wie vertikal die Übereinstimmungswerte abnehmen. Danach richtet es sich, ob z.B. ein solcher Wert noch als hoch oder die Position eines Vorfahren als gut einzustufen ist. Unter den ersten fünf Positionen (die Fragmente nicht eingerechnet) finden wir normalerweise die wichtigsten Zeugen, die nötig sind, um Substemmata zu erstellen, die den Textzustand eines Zeugen erklären.

Nun ist eine Einschätzung der genealogischen Kohärenz von Zeugen möglich. Außer der objektiv in der Überlieferung vorhandenen Struktur (prägenealogische Kohärenzen) gibt es nun auch eine Struktur der textkritischen Entscheidungen bei den Lesarten-Stemmata, die teils aufgrund prägenealogischer Kohärenzen, teils aus anderen Gründen getroffen wurden. Zum ersten Mal werden die Folgen von textkritischen Einzelentscheidungen für das Gesamtbild der Überlieferung ersichtlich und präzisierbar.[17]

Für jeden Zeugen gibt es jetzt nicht nur nächste Verwandte. Da es zwischen einem Zeugen und seinem nächsten Verwandten gemeinhin eine Veränderung des Textzustandes durch divergierende Lesarten gibt, kann auf der Basis der Bestimmung der Nähe der Zeugen zueinander *und* der Bestimmung der Genealogie der Veränderung ihrer Lesarten eine Aussage über die Stärke und Qualität ihrer *genealogischen* Kohärenz gemacht werden, die zwischen Zeugen und ihren potentiellen Vorfahren besteht.

---

[17] Natürlich lassen sich Kohärenzfelder auch visualisieren. Berücksichtigt sind in der Abb. unten jeweils die stärksten (durchgezogene Linien), zweitstärksten (durchbrochene Linien) und, soweit vorhanden, drittstärksten (gepunktete Linien) Kohärenzen bei eindeutiger Textflussrichtung für die Zeugen 01, 02, 03, 04 und 1739 im Jakobusbrief. Es ist deutlich, dass eine grafische Darstellung dieser Art nur bezogen auf relativ wenige Zeugen und unter Berücksichtigung von nur wenigen ihrer Kohärenzen möglich ist. Vor allem ist sie ohne die Werte, wie sie oben in den Listen zur Verfügung standen, nicht aussagekräftig. Eine solche Grafik darf im Übrigen auf keinen Fall als Stemma missverstanden werden, weil einerseits notwendige stemmatische Verbindungen möglicherweise fehlen, andererseits hier vorhandene im Stemma überflüssig sein können. Dennoch ist eine solche Grafik eine gute Prognose für die Struktur des Stemmas.

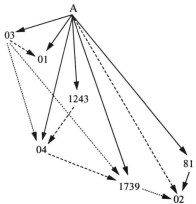

Dieses wiederum ermöglicht es nun, alle bereits aufgestellten Lesarten-Stemmata auf ihre Plausibilität im Lichte der neuen Informationen zu überprüfen, sie zu revidieren, zu ergänzen und weitere aufzustellen. Vor allem kann nun aufgrund von Informationen über potentielle Vorfahren die genealogische Kohärenz zwischen Bezeugungen und innerhalb von Bezeugungen abgeschätzt werden. Dabei ergeben sich im wesentlichen zwei Modelle:[18]

1. *Vollständige Kohärenz.* Ein Zeuge a einer Lesart y hat die beste genealogische Kohärenz mit einem potentiellen Vorfahren b, der Zeuge der prioritären Lesart x ist. Alle übrigen Zeugen der Lesart y sind durch enge genealogische Kohärenzen mit potentiellen Vorfahren verbunden, die ebenfalls Lesart y bezeugen. So sind alle über *Kohärenzketten* mit Zeuge a verbunden.—Das Lesarten-Stemma führt von x zu y.[19]

2. *Unvollständige Kohärenz.* Ein Zeuge a einer Lesart y hat die beste genealogische Kohärenz mit einem potentiellen Vorfahren b, der die prioritäre Lesart x liest. Nur ein Teil der Zeugen der Lesart y ist über Ketten enger genealogischer Kohärenzen mit Zeuge a verbunden. Von den übrigen Zeugen der Lesart y hat ein Zeuge c die beste genealogische Kohärenz mit einem potentiellen Vorfahren d, der die prioritäre Lesart z liest. Mit dem Zeugen d ist nun der andere Teil der Zeugen der Lesart y über Ketten enger genealogischer Kohärenzen verbunden.—Das Lesarten-Stemma führt von x zu $y1$ und von z zu $y2$, denn y ist zweimal entstanden.[20]

Man kann dieses Modell beliebig erweitern, und eine Kette kann auch aus nur einem Zeugen bestehen. In einer Variante des Modells 2 könnte sich der Zeuge c ebenfalls an einen Zeugen der Lesart x anschließen. Das Lesarten-Stemma würde dann so aussehen wie bei Modell 1. Wenn Modell 2 nicht erkannt wird, entsteht meistens kein

---

[18] Vgl. Mink, "Editing and Genealogical Studies", 53f.

[19] Vollständige Kohärenz kann natürlich auch bei der Bezeugung der ursprünglichen Lesart vorliegen. Dann entfällt die Suche nach einem potentiellen Vorfahren außerhalb der Bezeugung. Zeugen, die mit dem hypothetischen Ausgangstextzeugen A genealogisch kohärieren, haben untereinander unter Umständen eine zu schwache Kohärenz. Man muß daher eventuell A in die Bezeugung des Ausgangstextes einer variierten Stelle einbeziehen, um vollständige Kohärenzen zu erhalten.

[20] Die unvollständige Kohärenz kommt auch häufiger bei einer Lesart des Ausgangstexts vor. Da der eigentliche Ausgangstext ja normalerweise nur einmal entstanden sein kann, bedeutet es, dass ein Teil der Zeugen nur zufällig den gleichen Wortlaut besitzt und ihn durch Variierung einer anderen Lesart gewonnen hat (vgl. z.B. Abb. 4). Es wäre dann also nur nach deren Kohärenzen mit Zeugen anderer Lesarten zu suchen. Das Stemma könnte sein: $x1$ führt zu y, y zu $x2$.

gravierender Fehler. Falls entferntere Zeugen dann als etwas verwandter erscheinen, wird das kaum stemmatische Folgen zeitigen.

Der Weg zur genealogischen Beurteilung von Lesarten führt also über die Beurteilung zunächst der prägenealogischen, dann der genealogischen Kohärenzen ihrer Zeugen. Diese wiederum werden ersichtlich bei der Beobachtung des Textflusses, der zwischen ihnen herrscht (vgl. Abb. 6–9). Die genealogischen Kohärenzen der Zeugen sind freilich aus den Stemmata der Lesarten gewonnen. Dieser Zirkel kann nur beherrscht werden durch mehrere Revisionsverfahren (vgl. Abb. 12). Dieses bedeutet nichts anderes, als dass aus der Beobachtung von Details ein Gesamtbild wird, was wieder eine andere, neue Beobachtung der Details ermöglicht usw.

An schwierigen Stellen können dabei auf genealogischen Kohärenzen basierende Textflussdiagramme sehr hilfreich sein. In 1Petr 1,6/18 wurde in der ECM der schwierigeren Lesart *a* (λυπηθεντας) der Vorzug gegeben. Üblicherweise würde man für Lesart *b* (λυπηθεντες) wegen ihrer "überlegenen" Bezeugung votieren und den hier sehr erwünschten vereinfachenden Effekt der Variante ignorieren. Die Frage an ein Textflussdiagramm ist nun eine zweifache: Gibt es eine plausible Anbindung der Zeugen von Lesart *a* an den Ausgangstext *A* und ist die Gesamtkohärenz der Bezeugung so geschlossen, dass man nicht annehmen muss, die Lesart sei mehrfach entstanden, also auch aus Lesart *b*? Denn dieses würde das Argument der *lectio difficilior* entwerten oder doch zumindest fragwürdiger machen. Das vorläufige Textflussdiagramm[21] ergibt bei acht Zeugen der Lesart *a* die Möglichkeit einer unmittelbaren Herleitung aus *A*: 01, 307, 1175, 1243, 1448, 1735, 1852, 2805. Die Lesart für einen Teil des Ausgangstextes zu halten, ist also möglich. Bei der Gesamtkohärenz zeigt sich, dass der Text von 1448 aus über 429 zu einem Teil der Zeugen der Gruppe HK fließt. Über 307 und 424 wird der byzantinische Anteil der

---

[21] Da die genealogischen Arbeiten für den 1. Petrusbrief noch nicht abgeschlossen sind, wird die vorläufige Prüfung der genealogischen Kohärenz auf folgende Weise vorgenommen: Zugrunde gelegt werden die genealogischen Daten zum Jakobusbrief. Dabei werden signifikante Veränderungen der prägenealogischen Kohärenz im 1. Petrusbrief gegenüber dem Jakobusbrief berücksichtigt. Im Detail könnten also noch Kohärenzen verändern. Etwa könnte ein Zeuge in einem Textflussdiagramm mit einem sehr nahen Verwandten seinen Platz tauschen. Das Gesamtbild würde nur marginal verändert. Insgesamt hat es sich gezeigt, dass die beim Jakobusbrief auftretenden Kohärenzfelder in den Bezeugungen des 1. Petrusbriefs sich weitgehend wiederfinden, wie es sich hier ja auch in den Abb. 10 und 11 zeigt. Es wurden im Normalfall die höchsten Kohärenzen mit genealogischer Richtung ausgewertet. Zahlen an den Verbindungen weisen auf zweithöchste und niedrigere Kohärenzen hin.

Bezeugung erreicht. Es ergibt sich eine vollständige Kohärenz. Man kann davon ausgehen, dass die Lesart nicht mehrfach entstanden ist.

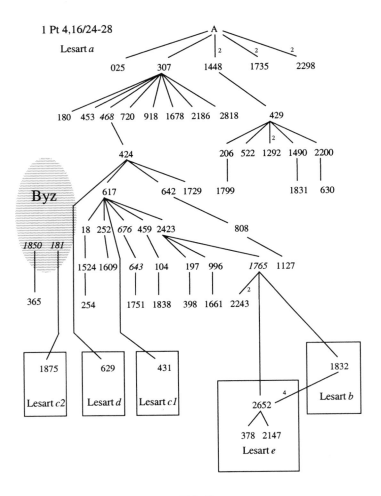

Abb.10

Ein weiteres Beispiel mag 1Petr 4,16/24–28 sein. Die Ausgangslage ist ähnlich wie im vorigen Fall. Die ECM bietet hier wiederum nicht die leichtere Lesart *b* (τω ονοματι τουτω), sondern die schwierigere Lesart *a* (τω μερει τουτω), ohne dass es einen der herkömmlich als prominent angesehenen Zeugen dort gäbe. Hier besagt die vorläufige Kohärenzprüfung, dass es möglich ist, 025, 307, 1448, 1735 und 2298 unmittelbar aus dem Ausgangstext *A* abzuleiten (vgl. Abb. 10).[22] Wieder führt der Weg über 307 und 424 (dazwischen allerdings noch 468) zu den byzantinischen Zeugen.[23]

Die Lesarten *c* (τω μερει τουτου), *d* (τουτω τω μερει) und *e* (τω μερει τουτω η τω ονοματι τουτω) haben Zeugen mit deutlicher Kohärenz zu solchen von Lesart *a*. Bei Lesart *d* kohäriert der Zeuge 629 mit 424 bei Lesart *a*. Bei Lesart *c* gibt es zwei Zeugen, 431 und 1875, die wohl nur zufällig gemeinsam die Wortumstellung vorgenommen haben. 431 scheint an 617, 1875 an 181 zu hängen. Lesart *e* scheint eine Verknüpfung der Lesarten *a* und *b* zu sein und hat eine kohärente Bezeugung, die sich ihrerseits an 1765 und 1832 anbinden lässt, einen Zeugen von *b*, obgleich er eine starke Kohärenz nur mit byzantinischen Zeugen bietet, die sich bei Lesart *a* befinden.

---

[22] Den Abb. 10 und 11 entsprechende Textflussdiagramme habe ich für einen Vortrag B. Alands zur Verfügung gestellt. Er ist abgedruckt in einer koreanischen Zeitschrift: B. Aland, "Die editio critica maior des Neuen Testaments. Ihre Anlage, ihre Aufgabe, die neu entwickelten Methoden der Textkritik", *JBTR* 7 (2000): 7–23.

[23] Die Position nicht angeführter byzantinischer Zeugen ist in Abb.10 und 11 pauschal mit **Byz** bezeichnet.

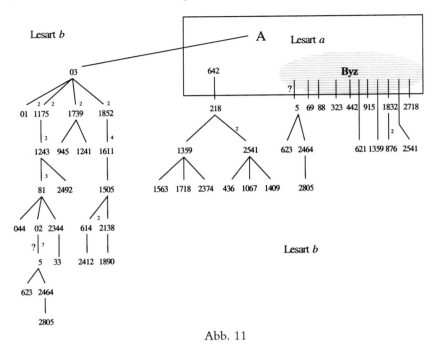

Abb. 11

Überhaupt zeigt die Kohärenzprüfung (vgl. Abb. 11),[24] dass Lesart *b* viele Male entstanden sein muss, und zwar aus Lesart *a*. Wenn man Lesart *b* als die ursprüngliche ansieht, wie es bisher geschah, so müsste man auf jeden Fall gleichzeitig annehmen, dass nur etwa die Hälfte der Zeugen von *b* den ursprünglichen Text bezeugt, die übrigen würden unabhängig von ihnen einen gleichlautenden Text bieten, der aber eine durch den Kontext (vgl. 4,14) nahegelegte tertiäre Entwicklung aus der dann sekundären Lesart *a* wäre.

[24] Bei den Zeugen von Lesart *b* fehlen P72 und 1881, weil es sie im Jakobusbrief nicht gibt, vgl. oben. Anm. 21. Dass sich Zeuge 5 und die an ihn angeschlossenen mit Fragezeichen sowohl unter den von Lesart *a* abgeleiteten als auch unter den indirekt mit 03 kohärenten befinden, liegt daran, dass beides möglich ist.

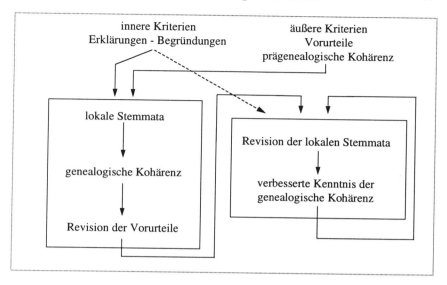

Abb. 12

Wenn die Revision der Lesarten-Stemmata und eventuell die Erstellung von Stemmata in bislang ungelösten Fällen erfolgt ist, ergeben sich wieder neue genealogische Daten, die eine weitere Revision nötig machen. Man kann diesen Vorgang solange fortsetzen, bis sich keine Veränderung mehr ergibt. Für den Jakobusbrief ist dieser Vorgang abgeschlossen. Nach der letzten Revision blieben dort noch 15 von 761 Fällen ungelöst. Den Gesamtvorgang zeigt noch einmal Abb. 12.

Die Erstellung eines globalen Stemmas der Zeugen kann wegen der Komplexität der Daten, die ihm zugrunde liegen, und der Komplexität der in ihm enthaltenen Informationen nicht unmittelbar angegangen werden. Vielmehr muss eine genealogische Hypothese bei der Klärung von Zusammenhängen geringerer Komplexität einsetzen. Dieses geschah zunächst durch die Erstellung von Lesarten-Stemmata und damit verbunden durch die Beachtung prägenealogischer Kohärenzen und schließlich die Gewinnung genealogischer Kohärenzen.

Die Einschätzung genealogischer Kohärenzen ergibt auch eine Anfangsvermutung für eine stemmatische Kohärenz, aber nicht mehr. Wohl ist die Wahrscheinlichkeit hoch, dass hohe genealogische Kohärenz auch zu einer stemmatischen Verbindung führt. Es kann aber stemmatische Verbindungen mit entfernteren Verwandten geben, wenn dieses durch Lesarten eindeutig verbindenden Charakters erzwungen wird. Dieser Fall ist jedoch äußerst selten. Andererseits müssen hohe genealogische Kohärenzen nicht immer zu stemmatischen Verbindungen führen. Aber die stemmatischen Kohärenzen werden ihrerseits mit größter Wahrscheinlichkeit hohen genealogischen entsprechen.

Die Güte stemmatischer Hypothesen, die auf den genealogischen Kohärenzen beruhen, lässt sich kontrollieren an Substemmata, die jeweils einen Zeugen und dessen hypothetischen unmittelbaren Vorfahren enthalten. Diese Substemmata sind Teile eines globalen Stemmas, weisen eine geringere Komplexität als dieses auf, jedoch eine höhere als die Lesarten-Stemmata. Hier müssen jetzt die bereits angesprochenen Regeln für Akzeptabilität und Falsifikation den Prozess der Stemmabildung steuern. Das zugrunde liegende Modell[25] sieht so aus:

1. Ein Kopist will in erster Linie getreu überliefern und keine neuen Lesarten erfinden.
2. Wenn er seine Vorlage verändert, dann am ehesten durch Lesarten, die er aus einer anderen Quelle kennt.
3. Ein Kopist wird eher wenige als viele Vorlagen benutzen.
4. Die Vorlagen werden sich eher ähnlich als unähnlich im Texttyp sein.

Die Bildung von Substemmata[26] setzt entsprechend bei den nächstverwandten potentiellen Vorfahren ein. Das Substemma muss einerseits die Lesarten eines Zeugen in erster Linie aus den Übereinstimmungen mit diesen Vorfahren und in zweiter Linie aus deren prioritären Lesarten erklären. Es darf andererseits, da es die einfachste Erklärung für den Textzustand eines Zeugen sein soll, nicht Vorfahren aufgrund nur zufälliger Übereinstimmungen einführen. Nicht zufällig werden Übereinstimmungen selbst in belanglosen Details sein, wenn der Übereinstimmungsgrad zwischen zwei Zeugen ohnehin sehr hoch ist. Bei abnehmendem Übereinstimmungsgrad ist daher der Charakter der Lesarten wiederum von höherer Bedeutung für die Entscheidung darüber, ob eine Lesart zu einer stemmatischen Verbindung zweier Zeugen führen soll oder nicht. Die Gewinnung von Substemmata ist demnach recht aufwendig. Genealogische Kohärenzwerte, wie sie aus den Abb. 6–9 ablesbar sind, entscheiden also noch nicht definitiv über

---

[25] Das Modell bezieht sich auf die *durchschnittliche* Kopiersituation *dieser* Überlieferung, bei der es für fast alle Zeugen sehr nahe Verwandte gibt. Vgl. Mink, "Eine umfassende Genealogie", 488 und Mink, "Editing and Genealogical Studies", 52.

[26] Die genaue Darstellung der Substemmafindung wird sich befinden bei Mink, "Problems of Highly Contaminated Traditions", vgl. oben Anm. 1.

die in Substemmata vorhandenen Vorfahren, geben aber gleichwohl bereits ein detailliertes Bild von der textgeschichtlichen Rolle eines Zeugen, so wie es sich aus den textkritischen Entscheidungen ergibt.

Dabei sei noch einmal auf die Kohärenzen hingewiesen, die sich zum hypothetischen Zeugen A ergeben. Zeugen, die A als ihren nächstverwandten und damit wahrscheinlichsten potentiellen Vorfahren haben oder bei denen sich A doch zumindest unter den ersten vier oder fünf potentiellen Vorfahren befindet, sind von größter Bedeutung für die Textkonstitution.[27] Ist A der wahrscheinlichste potentielle Vorfahre, entsteht mit großer Sicherheit eine stemmatische Verbindung, also die Hypothese, dass für einen Teil der Lesarten zwischen dem Nachfahren und A kein Zeuge erhalten ist. Der Nachfahre schöpft, stemmatisch betrachtet, mindestens diesen Teil und potentiell den größten Teil seiner Lesarten unmittelbar aus A. Hingegen sagt der pure Übereinstimmungsgrad eines Zeugen mit A nicht alles. Eine hohe Übereinstimmung mit A würde zwar auf einen Zeugen mit gutem Text hinweisen, stemmatisch könnte ein solcher Zeuge gleichwohl nachrangig sein, wenn sein Text, soweit er von A ableitbar ist, in stemmatischen Vorfahren, mit denen der Zeuge mehr übereinstimmt, enthalten ist oder sich ohne A kleinere seinen Text hinreichend erklärende Substemmata bilden lassen.

Es mag zunächst erstaunen, dass die Kohärenz mit einem doch nur hypothetischen Zeugen eine solche Bedeutung hat. Man bedenke aber, dass der Text von A über einen Annäherungsprozess gewonnen wird. Bei einer ersten Textkonstitution entstehen automatisch Kohärenzfelder, deren Kenntnis wiederum die Revision der Textkonstitution bestimmt, und mit der Revision ändern sich wieder die Kohärenzfelder usw. Bei der ECM werden grundsätzlich alle Divergenzen von Zeugen mit einer hohen Kohärenz zu A bei der Textkonstitution beachtet.[28]

---

[27] Vgl. dazu auch die "Bemerkungen zur Textkonstitution in 1Petr und 2Petr" in ECM IV,1, dort 21*f.

[27] Vgl. dazu auch die "Bemerkungen zur Textkonstitution in 1Petr und 2Petr" in ECM IV,1, dort 21*f.

[28] Da diese Zeugen nicht wenige sind (etwa 20 bis 25), kommt es häufig zu Divergenzen. Bei den Petrusbriefen sind davon etwa 550 Stellen betroffen. Die meisten stellen—hauptsächlich wegen der Art der Variante—kein textkritisches Problem dar. Für die ECM mussten jedoch davon 167 Stellen im Rahmen der Textkonstitution eingehender diskutiert werden. Vgl. a.a.O. 22*.

Was ändert sich nun durch die Beachtung genealogischer Kohärenz?

1. Die objektive Struktur, die durch die Übereinstimmungen zwischen Zeugen gegeben ist, wird bei Beachtung der prägenealogischen Kohärenz bereits deutlich. Dadurch wird die Möglichkeit verbessert, Varianten genealogisch zu beurteilen. Das Urteil hängt nicht mehr nur an wenigen prominenten Zeugen. Aufgrund objektiver Daten können unmittelbare genealogische Beziehungen zwischen Lesarten in vielen Fällen ausgeschlossen werden.

2. Die Struktur der an den einzelnen Stellen getroffenen textkritischen, (bezogen auf Lesarten) direkten und (bezogen auf Zeugen) indirekten genealogischen Entscheidungen insgesamt wird durch Beachtung der genealogischen Kohärenzen bis hin zur Gesamtkohärenz der Überlieferung transparent, wobei die genealogische Kohärenz von Zeugenpaaren im Hinblick auf die zu erwartende Gesamtkohärenz im Vorfeld der Stemmaerstellung bereits sehr aussagekräftig ist. Es wird ersichtlich, was die textkritischen Entscheidungen in ihrer Summe bedeuten. Die Plausibilität der einzelnen Entscheidung kann im Licht größerer Kohärenzfelder und des Ganzen überprüft werden, etwa durch Textflussdiagramme für einzelne Stellen. Bei jeder Korrektur der Einzelentscheidungen ändert sich das Ganze, und die Kontrolle kann wiederholt werden.

3. Damit ist es möglich, den textkritischen Zirkelschluss—Zeugen sind gut wegen ihrer guten Lesarten, Lesarten sind gut wegen ihrer guten Zeugen—wirksam zu kontrollieren.

4. Das übliche textkritische Argument von der "Breite" einer Bezeugung erscheint in neuem Licht. Das Argument soll dafür sprechen, dass Zeugen unterschiedlicher Texttypen unabhängig voneinander den ursprünglichen Text überliefern. Die Beachtung von Kohärenzfeldern und des sich daraus ergebenden Beziehungsnetzes zwischen den Zeugen zeigt, dass es eine Vielzahl von Abhängigkeiten gibt, die man anders kaum feststellen kann. Unabhängig voneinander können nur Zeugen den Ausgangstext einer Stelle überliefern, wenn sie eine ausgeprägte Kohärenz mit dem hypothetischen Ausgangstextzeugen A haben und die Kohärenz mit anderen Zeugen der Lesart mangelhaft ist, die genealogische Gesamtkohärenz der Bezeugung also nur unter Einbeziehung von A zustande kommt.

5. Zufällige Entstehung von Varianten und Kontamination stellen nicht wie in der klassischen Stemmatologie à la Maas ein Problem dar. Die Wahrscheinlichkeit einer zufälligen Entstehung kann leicht abgeschätzt werden. Ob eine Lesart zwei Zeugen verbindet, ist nicht mehr

nur eine Frage der Charakters der Lesart, sondern der Kohärenz der Zeugen. Kontamination ist der Normalfall.

6. Es werden textgeschichtliche Gesamthypothesen erlangt, die an jeder Textstelle mit den dortigen lokalen genealogischen Hypothesen übereinstimmen.

7. Es gibt klar unterschiedene Ebenen der Falsifikation:

a. die Ebene der Fakten,

b. die Ebene der Lesarten-Beurteilung,

c. die Ebene der durch die Methode bedingten Prozeduren und ihrer Regeln.

Auch wer im Einzelfall zu völlig anderen textkritischen Ergebnissen kommt, kann die Methode benutzen, um die Folgen für das Ganze zu sehen. Man kann beliebige (auch anderweitig gewonnene) Erkenntnisse sowohl bei den Lesarten-Stemmata als auch bei der Bildung der Substemmata integrieren.

8. Die Methode kann Rechenschaft über die Artefakte geben, die durch ihre Anwendung entstehen (*ein* Text als Ausgangstext; kein *direkter* Nachfahre, der einen älteren Text hat als einer seiner direkter Vorfahren). Artefakte gibt es bei jeder Methode, nur werden sie selten bewusst.

Welche neuen Ergebnisse gibt es durch die Beachtung genealogischer Kohärenz?

1. In den Katholischen Briefen, soweit bis jetzt bearbeitet, lässt sich die Textgeschichte am besten als ein relativ dichtes Kontinuum verstehen, in dem es zu fast jedem Zeugen einen nahen Verwandten gibt. Natürlich ist die Verwandtschaft der erhaltenen textgeschichtlich frühen Zeugen nicht so hoch wie in späteren Stadien der Textgeschichte. Zu viele Zwischenglieder fehlen. Wäre der Erhaltungsgrad höher, würde sich vermutlich ein dichtes Kontinuum auch bei den textgeschichtlich frühen Zeugen zeigen.

2. Die wenigen Handschriften, die uns nicht zu fragmentiert aus dem ersten Jahrtausend erhalten sind, können nicht repräsentativ für den Gesamtbestand in dieser Zeit sein. Vielmehr spiegelt ein Anteil der Handschriften des Hochmittelalters, der größer ist als bisher angenommen, die Vielfalt des ersten Jahrtausends.

3. Die Kontamination des Materials ist als Zustand sehr hoch, als Vorgang dürfte sie eher von minderer Bedeutung gewesen sein. Bei Berücksichtigung von Kopierdichte und Erhaltungsdichte ist die Veränderung, die von Kopie zu Kopie eintrat, durchschnittlich eher als

gering einzuschätzen. Von Ausnahmen abgesehen, versuchte man getreu zu kopieren.

4. Es gibt neue Erkenntnisse in Bezug auf praktisch jeden Zeugen, von vielen zum ersten Mal präzise Kenntnisse. Auch unter den neuen Bedingungen hat sich 03 als ein Zeuge von exzeptioneller Qualität erwiesen. Hingegen haben eine Reihe von Zeugen, die als Vertreter des byzantinischen Textes gelten, eine Neubewertung erfahren müssen. Die den Vertretern des byzantinischen Textes nachgesagte Vereinfachung und Glättung darf nicht verallgemeinert werden. Sie trifft nur an einer Reihe von Stellen zu und erstreckt sich keinesfalls systematisch auf den ganzen Text.[29] Im Gegenteil: Es haben sich auch an den für den byzantinischen Text charakteristischen Stellen *lectiones difficiliores* erhalten, wie μερει in 1Petr 4,16 oder ein και in der Apodosis in Jak 2,4 oder ελεον in Jak 2,13. Bei den textgeschichtlich ältesten wie bei den Hauptzeugen des byzantinischen Textes finden wir außerhalb eines fest eingrenzbaren Kreises von dem Texttyp eigentümlichen Lesarten (69 z.B. im Jakobusbrief) jedenfalls einen hervorragenden alten Text. Auch wenn der sekundäre Charakter dieser eigentümlichen Lesarten ganz überwiegend nicht zu bestreiten ist, so können sich prinzipiell auch unter ihnen Lesarten des Ausgangstextes erhalten haben (vgl. die obigen Beispiele aus Jak 2,4 und 1Petr 4,16).

5. Insgesamt hat sich der Kreis der Zeugen, die bei der Textdiskussion und -konstitution nun eine qualifizierte Rolle spielen, vergrößert.[30] Andere wiederum werden in der Textdiskussion weniger auftauchen als früher, weil ihre nachrangige Rolle auf der Hand liegt.

Nachtrag: Nach Fertigstellung dieses Aufsatzes entstand noch ein Beitrag zu Kohärenz und genealogischer Methode.[31] Ausserdem wurde die in Anm. 1 erwähnte Arbeit erheblich erweitert, so dass dort unter anderem eine Reihe von Erklärungen hier verwendeter Begriffe zu finden ist sowie weitere Details zur textgeschichtlichen Rolle von 03, zu 1Petr 1,6/18 und 4,16/24–28.

---

[29] Vgl. zu typischen und untypischen Mehrheitstextlesarten K. Wachtel, *Der Byzantinische Text der Katholischen Briefe. Eine Untersuchung zur Entstehung der Koine des Neuen Testaments* (ANTF 24; Berlin: De Gruyter, 1995), 75–89.

[30] Vgl. ECM IV,1, 21*f.

[31] G. Mink, Kohärenzbasierte Genealogische Methode – Worum geht es?, *http://www.uni-muenster.de/NTTextforschung/Genealogische_Methode.html* (2002).

The Nature of "Western Readings" in Acts: Test-cases

Joël Delobel (Catholic University of Leuven)

At the 1988 *Colloquium Biblicum Lovaniense,* on the Unity of Luke-Acts, I introduced my contribution on *The Text of Luke-Acts* as follows:[1]

> Until about fifteen years ago, one could have had the impression that the classical question concerning the relationship between the Alexandrian and the so-called "Western" text of Luke and Acts was settled, if not in theory, at least in practice. Apart from a few stubborn "heretics", most editors and exegetes during the preceding decades had based their text-critical decisions on the explicit or silent assumption that the "Western" text is the result of some form of corruption of the original text, which is more faithfully represented by the Alexandrian text-tradition. Everything seemed to be "quiet on the Western front". But all of a sudden, the hostilities started again. Before finishing her remarkable study published in *Ephemerides Theologicae Lovanienses* in 1986, Professor Barbara Aland had to include, unexpectedly, an additional passage. I quote: "Als ich diese methodischen Gundsätze niederschrieb, ging ich davon aus, die Ansicht, daß der sogenannte westliche Text eine spätere Bearbeitung der Apostelgeschichte sei, habe sich − mit Variationen im Einzelnen − durchgesetzt. Dem ist aber nicht so."[2]

Indeed, since the middle of the eighties of the twentieth century, several studies attempting to develop a comprehensive view on the "Western" Text of Acts have been published.[3] I refer especially to

---

[1] Cf. J. Delobel, "The Text of Luke-Acts: A Confrontation of Recent Theories," in *The Unity of Luke Acts* (ed. J. Verheyden; BETL 142; Leuven: Leuven University Press/Peeters, 1999), 83–107.

[2] B. Aland, "Entstehung, Charakter und Herkunft des sog. westlichen Textes untersucht an der Apostel-geschichte," *ETL* 62 (1986): 5–65, 6.

[3] See J. Delobel, "Focus on the 'Western Text' in Recent Studies," *ETL* 73 (1997): 401–10.

M.-É. Boismard,[4] W.-A. Strange,[5] J. Rius-Camps,[6] É. Delebecque,[7] A. Amassari[8] and P. Tavardon.[9]

Despite the impressive differences in their approach, all these studies defend in some way the originality and/or the Lucan origin of the "Western" text. In my critical evaluation of this new situation, I made a few suggestions for further research. I would like to study two of them in more detail:

(a) There is in the first place the *prima facie* impression of the secondary character of the "Western" text, which strikes every unbiased reader: in B. Aland's view, the "Western" redactor wants to make the text "deutlicher, klarer und konsequenter".[10] If this is true,

---

[4] M.-É. Boismard, "The Text of Acts: A Problem of Literary Criticism?" in *New Testament Textual Criticism: Its Significance for Exegesis* (ed. E.J. Epp and G.D. Fee; FS B.M. Metzger; Oxford: The Clarendon Press, 1981), 147–57; M.-É. Boismard and A. Lamouille, *Le Texte occidental des Actes des apôtres : Reconstitution et réhabilition* (2 vols. ; Paris: Editions Recherche sur les civilisations, 1984); M.-É. Boismard and A. Lamouille, "Le Texte Occidental des Actes des Apôtres : A Propos de Actes 27,1– 13," *ETL* 63 (1987): 48–58; M.-É. Boismard and A. Lamouille, *Les Actes des deux Apôtres*. I. *Introduction - Textes*. II. *Le sens des récits*. III. *Analyses littéraires* (EBib 12–14; Paris: Librairie Lecoffre, 1990); "Le Codex de Bèze et le texte Occidental des Actes" in *Codex Bezae: Studies from the Lunel Colloquium, June 1994* (ed. D.C. Parker and C.- B. Amphoux ; NTTS 22; Leiden: Brill, 1996), 257–70; Boismard and Lamouille, *Le Texte occidental des Actes des Apôtres* (Édition nouvelle entièrement refondue, *EBib*, Nouvelle Série 40; Paris, 2000).

[5] W.A. Strange, "The Sons of Sceva and the Text of Acts 19:14," *JTS* 38 (1987): 97–106; Idem, "The Text of Acts 19.1," *NTS* 38 (1992): 145–48; Idem, *The Problem of the Text of Acts* (SNTSMS 71; Cambridge: Cambridge University Press, 1992).

[6] J. Rius-Camps, "Las variantes de la Recensión Occidental de los Hechos de los Apóstoles. *I (Hch 1,1–3),*" *FilNeo* 6 (1993): 59–68; *II (Hch 1,4–14),* 6 (1993): 219–29; *III (Hch 1,25–26),* 7 (1994): 53–64; *IV (Hch 2,1–13),* 7 (1994): 197–207; *V (Hch 2,14–40),* 8 (1995): 63–78; *VI (Hch 2,41–47):* 199–208; *VII (Hch3,1–26),* 9 (1996): 61–76; *VIII (Hch 4,1–22),* 201–16.

[7] É. Delebecque, *Les Deux Actes des Apôtres* (*EBib* Nouvelle Série 6; Paris: Gabalda, 1986).

[8] A. Amassari, *Bezae Codex Cantabrigiensis. Copia essata del manuscritto onciale greco- latino del qauttro Vangeli e degli Atti degli Apostoli scritto all'initio del V secolo e presentato da Theodoro Beza all'Università di Cambridge nel 1581* (Città del Vaticano, 1996). *Il vangelo di Matteo nella colona latina del teggiatura, le lezione e le citazione bibliche* (Città del Vaticano, 1996); *Il vangelo di Marco . . ., Il vangelo di Luca . . . , Il vangelo di Giovanni . . .* (Città del Vaticano, 1996).

[9] P. Tavardon, *Le texte alexandrin et le texte occidental des Actes des Apôtres: Doublets et variantes de structure* (CahRB 37; Paris: Gabalda, 1997); Idem, *Sens et enjeux d'un conflit textuel: Le texte occidental et le texte alexandrin des Actes des Apôtres* (CahRB 44; Paris: Gabalda, 1999).

[10] Cf. B. Aland, "Entstehung," 21.

the result can hardly be considered as prior to the alternative textual tradition.

(b) There is in the second place the alleged "Lucan outlook" of certain passages of the "Western" text. According to some recent authors, the "Western" text is as "Lucan" as, or even more "Lucan" than the Alexandrian text, and consequently it has to be attributed to the same author.

Two Methodological Remarks

First, the term "lucanism" is extremely vague and ambiguous. What is the criterion to consider a particular word or expression as a lucanism? Boismard-Lamouille had no intention to give a precise definition and their list of stylistic characteristics is not meant as a list of lucanisms.[11] T.C. Geer's criterion seems to require an *exclusively* Lucan language, which exceeds the requirements for a *characteristic* use, and would be absurd if it were applied in a radical way.[12] In my opinion, we have to take into account the following elements:

(a) Word-statistics are a first and real, but also relative and treacherous, indication. A higher frequency of a particular term may be due simply to the relative length of the Lucan writings, which represent one third of the NT.

(b) It is hard to determine how far a later scribe or redactor, who is familiar with the Lucan writings, can go in a spontaneous or conscious imitation of the author's style.

(c) Redaction criticism mainly based on a comparison with Mark's vocabulary and taking into account various aspects of Luke's theological concern and redactional technique is of major importance. In exceptional cases even a word with a low frequency can prove to be characteristically Lucan.

Second, I have no ambition to reconstruct the most original form of the "Western" text of Acts, not even in the limited passage that I will

[11] Cf. Boismard and Lamouille, *Le Texte,* 195. I will refer to the 1984-edition as *Texte occidental,* and to the 2000-edition as *Le Texte.* When I refer to Boismard's reconstruction, I use the "édition nouvelle" of 2000.

[12] T.C. Geer, Jr., "The Presence and Significance of Lucanisms in the 'Western Text' of Acts," *JSNT* 39 (1990): 59–76. Whereas Geer praises M. Wilcox for his prudent judgement in this matter (during the *Colloquium Biblicum Lovaniense* in 1977), he criticises Boismard because Boismard's "lucanisms" are often also present in other books of the NT, in the LXX and in classical Greek. This broader occurrence outside Luke is surely interesting in a terminological research, but I do not see why it would exclude a characteristically Lucan use.

investigate. Although I appreciate the comprehensive and very detailed attempts made in recent years, I wonder whether any such attempt can be successful due to the scantiness, the variety of origins and the late date of the evidence. In my opinion, the reconstructions look very much like "patchwork."[13] In addition, an unbiased search for the most original reading should avoid the temptation of systematically preferring the more Lucan one, a procedure that obviously must lead to a "Western" Text (TO)[14] with a plentiful supply of "lucanisms"!

My only ambition is to approach, by way of a sample study, a series of readings from "Western" witnesses, in comparison with the Alexandrian text.[15] Chapter 15 of Acts seems to be a suitable sample for my purpose, because of the importance of the chapter in Acts and the presence of a few spectacular "Western" readings along with less impressive but still relevant variations. I will limit my study to the *narrative passages* of the chapter, because the freedom of the scribe (or redactor) has been more restricted in the speeches,[16] apart, of course, from the famous Apostolic Decree, Acts 15:20, 29, but these verses would require a separate paper![17] My goal is an unbiased investigation of the primary or secondary nature of the "Western" readings versus the Alexandrian alternative, and of the possible presence and relevance of Lucan characteristics in these variants.

[13] In this respect, I agree with Geer's conclusion: "As long as these kinds of studies have to be done from a manufactured 'Western' text, the conclusions must be regarded as suggestive at best" (Cf. T.C. Geer, "The Presence," 74).

[14] We use Boismard's convenient sigla TA (Texte Alexandrin) and TO (Texte Occidental), without, however, sharing his theory and reconstruction.

[15] Cf. the approach by W. Thiele, "Ausgewählte Beispiele zur Charakterisierung des 'Westlichen' Textes der Apostelgeschichte," *ZNW* 56 (1965): 51–63.

[16] Comp. B. Aland, *Entstehung*, 44: "der 'westliche' Text ändert kaum in den Reden, dafür umso mehr in den kurzen eingeschobenen erzählenden Passagen dazwischen."

[17] See J. Delobel, "Le 'décret apostolique' (Act 15,20.29; 21,15) et les préceptes aux Noachides," in *Noé, l'homme universel* (ed. J. Chopineau; Publications de l' Institutum Iudaicum 3; Brussels: Institutum Iudaicum, 1978), 156–201; Idem, "The 'Apostolic Decree' in Recent Research on the 'Western' Text of Acts," in *EPITOAYTO* (ed. A.A. Alexeev; FS P. Pokorny; Trebenice: Mlyn, 1998), 67-81.

Analysis of Acts 15 (narrative passages): the so-called Apostolic Council

1. Acts 15:1–5: Prelude to the "Council"

Lake and Cadbury wrote about these verses: "In the final judgement on the textual question, if such ever be reached, this passage will certainly play a considerable part."[18] Verses 1–5 form a unity, which is even stronger in the textual form with "Western" readings. At the end of the detailed analysis, I will have to return to this passage as a whole.

V.1

TA	TO
	(full line: addition; dotted line: alternative reading)
1 Καί τινες κατελθόντες ἀπὸ τῆς ᾿Ιουδαίας	1 Και τινες κατελθοντες απο της Ιουδαιας των πεπιστευκοτων απο της αιρεσεως των Φαρισαιων
ἐδίδασκον τοὺς ἀδελφοὺς ὅτι, ἐὰν μὴ περιτμηθῆτε τῷ ἔθει τῷ Μωϋσέως,	εδιδασκον τους αδελφους οτι εαν μη περιτμηθητε και τω εθει του Μωυσεως περιπατητε
οὐ δύνασθε σωθῆναι.	ου δυνασθε σωθηναι

a. add. των πεπιστευκοτων απο της αιρεσεως των Φαρισαιων
Ψ 614 *pc* sy[hmg].

This reading, absent from D, is not included in Boismard's[19] reconstruction of the original TO in v.1, because he considers it as a later reworking of the TO, a so-called TO²-reading. Yet, from the witnesses mentioned above, it appears that, at least at some point of the tradition, this reading became part of the "Western" text.

Through this reading, the τινες of v.1, which are rather vaguely indicated in the TA as "coming down from Judea," are explicitly

[18] K. Lake and H.J. Cadbury, *The Acts of the Apostles: English Translation and Commentary*, 1933 (ed. F.J. Foakes Jackson et al., *The Beginnings of Christianity* 4/1, London: Macmillan, 1920–1933), 169.
[19] Boismard and Lamouille, *Le Texte*, 245.

identified with the Pharisees in Jerusalem in v.5 (in both TA and TO), where it is clearly the original reading (without any variants). This looks very much like a "Verdeutlichung," possibly inspired by v.24 τινὲς ἐξ ἡμῶν [ἐξελθόντες] ἐτάραξαν ὑμᾶς, and the result is a somewhat overloaded if not even clumsy sentence, a literal anticipation of v.5, which has little chance to be more original than the TA. As I indicated above, D has not inserted this reading in v.1, but codex Bezae introduces the identification in v.5 in an even clumsier way, as we shall see.[20]

b. καὶ τω εθει του Μωυσεως περιπατητε *loco* τῷ ἔθει τῷ Μωϋσέως
          D sy[hmg] sa mae; Ir [lat vid]

In the TA, the "custom of Moses" is exclusively related to circumcision in a somewhat unusual way, because in Acts 7:8 circumcision is related to Abraham. In the TO, attested by its main witnesses, it is explicitly related to the observance of the Law. Again, this looks like an harmonisation with v.5 where the τηρεῖν τὸν νόμον Μωϋσέως is added to the requirement of circumcision (without textual variation in v.5). The formula reminds us of Acts 21:21 τοῖς ἔθεσιν (D: εθνεσιν!) περιπατεῖν. Boismard rightly considers it as "une harmonisation" with this text. If the TO-reading were original, there would have been little reason to leave it out, taking into account the unusual formula in the TA ("circumcised according to the custom of Moses") and the explicit requirement in v.5. All these elements point to a *secondary* expansion of the TO in comparison with the TA.

> περιπατέω: Matt 7; Mark 9; Luke 5; John 17; Acts 8; NT 95
> The term is not particularly frequent in Luke-Acts, rather the contrary in comparison to the other Synoptics. Except for Acts 21:21 (cf. supra), Luke always uses it in the literal meaning ("to walk"). There is no passage in which its use betrays Luke's personal preference. On the contrary, he

---

[20] According to J.H. Ropes, *The Text of Acts* (Foakes Jackson, *The Beginnings of Christianity* 3/1, 1926), CCXXXVf., this phrase is original in the "Western" Text and it has been left out by D because of its addition in v.5. Strange, *The Problem*, 136, disagrees and in his opinion: "The balance of probability indicates that the phrase . . . in v.1 is a secondary development in the textual tradition."

prefers a different term in the parallels to Mark 5:42 and 11:27. The word can hardly be called a "lucanism."

We will have to reconsider v.1 in our further analysis.

V.2

2 γενομένης δὲ στάσεως	2 γενομενης δε στασεως
καὶ ζητήσεως οὐκ ὀλίγης	και ζητησεως ουκ ολιγης
τῷ Παύλῳ καὶ τῷ Βαρναβᾷ	τω Παυλω και [ ] Βαρναβα
πρὸς αὐτούς,	συν αυτοις
	ελεγεν γαρ ο Παυλος μενειν ουτως
	καθως επιστευσαν
	διισχυριζομενος
	οι δε εληλυθοτες απο Ιερουσαλημ
ἔταξαν ἀναβαίνειν Παῦλον	παρηγγειλαν αυτοις τω Παυλω
καὶ Βαρναβᾶν καί τινας ἄλλους	και Βαρναβα και τισιν αλλοις
ἐξ αὐτῶν	αναβαινειν
πρὸς τοὺς ἀποστόλους	προς τους αποστολους
καὶ πρεσβυτέρους	και πρεσβυτερους
εἰς Ἰερουσαλὴμ	εις Ιερουσαλημ
	οπως κριθωσιν επ' αυτοις
περὶ τοῦ ζητήματος τούτου.	περι του ζητηματος τουτου

a. add. ελεγεν γαρ ο Παυλος μενειν ουτως καθως επιστευσαν διισχυριζομενος
    D (gig w, sy^hmg mae)

The attestation for this addition is exclusively "Western" with minor differences between the witnesses. It is a logical addition in view of the expansion of v.1 concerning the observance of the law. This is clearly the work of a scribe who behaves as a redactor, and who may have been inspired by the tradition about Paul, because the idea is typically Pauline, cf. 1 Cor 7:20: ἕκαστος ἐν τῇ κλήσει ᾗ ἐκλήθη, ἐν ταύτῃ μενέτω (comp. vv. 8, 17, 24, 40). Taking into account the differences in formulation with Paul, the dependence was not necessarily of a directly literary nature. The parenthesis interrupts the flow of the sentence in a somewhat awkward way, which confirms the impression of a secondary addition.

ουτως καθως:
The only other place in the NT where this expression is used, is Luke 24:24. This single occurrence is hardly sufficient to call it, with Strange, "a significant Lucan feature."[21]

διϊσχυρίζομαι: Luke 1; Acts 1; NT 2
This verb, well-known in classical Greek, which means "to insist," is rare in the NT: Luke 22:59 diffMark in the context of a larger redactional re-writing, and Acts 12:15. Our passage is the only additional use of the verb in D. As far as one can draw any conclusions from only two cases, one could call it Lucan, but the "Western" redactor may have borrowed it from Acts 12:15.

b. οι δε εληλυθοτες απο Ιερουσαλημ παρηγγειλαν αυτοις τω Παυλω και Βαρναβα και τισιν αλλοις *αναβαινειν* loco ἔταξαν ἀναβαίνειν Παῦλον καὶ Βαρναβᾶν καί τινας ἄλλους ἐξ αὐτῶν
    D (gig w, sy^hmg mae)

The undetermined subject of ἔταξαν in the TA—the brothers in Antioch or the people from Judea?—is explicitly mentioned in the TO: those who are sending Paul and Barnabas are the delegates from Jerusalem. This explicitation may be necessitated by the insertion of ελεγεν γαρ ο Παυλος . . . διισχυριζομενος, a parenthesis, which, as we have seen, interrupts the flow of the story. To that degree, it looks like a secondary expansion, even more so since it does not correspond to the statement in v.3 προπεμφθέντες ὑπὸ τῆς ἐκκλησίας which emphasises (in both TA and TO) the role of the ἐκκλησία in sending the messengers. This contradiction is not present in the TA because of the vagueness of the subject of ἔταξαν. The repetition of Ἰερουσαλήμ within the same sentence in the TO is not very elegant, and also due to the insertion explicitly mentioning the subject. As a result of the "Western" tendency to explain and to complete, once more the sentence has become overloaded. The referent and the function of the apparently superfluous and redundant αυτοις is not quite clear. Is this another indication of a steadily growing text?[22] According to Metzger, "the Western form of the text

---

[21] Cf. W. A. Strange, *The Problem*, 138.
[22] Wilcox supposes Semitic influence, Strange a marginal note.

is obviously written from a point of view different from the B-text. In the latter certain unidentified persons 'arranged' (ἐτάξαν) for Paul and Barnabas, with others, to go from Antioch to Jerusalem; in the D-text, on the other hand, the envoys from Jerusalem 'ordered' (παρήγγειλαν) Paul and others to go up to Jerusalem in order to give an account of themselves to the apostles and elders."[23]

> παραγγέλλω: Matt 2; Mark 3; Luke 4; Acts 11; NT 32
> The four cases in Luke (5:14; 8:23, 56; 9:21) are diffMark, and all four are in the aorist. This is clearly a "lucanism," but it seems that the "Western" scribe has been influenced by v.5 ὅτι δεῖ περιτέμνειν αὐτοὺς παραγγέλλειν in both TA and TO. In this v.5, the "Western" scribe repeats his expanded formula of v.2, which, again, results in an unelegant construction (cf. infra). A third occurrence in D, Acts 19:14, is also part of a longer addition.
>
> τάσσω: (TA) Matt 2; Luke 1; Acts 5; NT 9/10.
> The only case in Luke, Luke 7:8 is not relevant for the discussion of "lucanism," because the verb belongs to the formulation of the Q-text (parMatt 8:9). According to Boismard, the verb τάσσειν in the TA is only apparently a Lucan characteristic: "c'est la seule fois en Lc/Act où ce verbe est à l'actif."[24] I wonder whether this is so important because the same meaning is clearly there in Acts 18:2 (perhaps the composite verb διά-, the simple verb in D!) and 22:10: "to appoint," "to command." Τάσσω, then, is not less Lucan than παραγγέλλω.

c. add <u>οπως κριθωσιν επ' αυτοις</u>
   D[(1)] ([s] 614 *pc* sy[h**])

Again an explicitation, perhaps influenced by Acts 25:20 (TA/TO), ἀπορούμενος δὲ ἐγὼ τὴν περὶ τούτων ζήτησιν ἔλεγον εἰ βούλοιτο πορεύεσθαι εἰς Ἱεροσόλυμα κἀκεῖ κρίνεσθαι περὶ τούτων. The whole verse is sufficiently parallel to have inspired a

---

[23] B.M. Metzger, *A Textual Commentary on the Greek New Testament* (London: United Bible Societies, 1971), 427.

[24] Cf. Boismard, *Texte Occidental* 2, 103.

"Western" scribe who was rather freely rewriting 15:2. There is little reason why the TA would have left out this motive in 15:2 whereas the author preserved it in 25:20.

> κρίνομαι: Matt 6; Luke 6; John 19; Acts 22; NT 115
> This verb, which is frequent in the NT, is relatively rare in the Synoptics. Apart from Luke 7:43 (SLuke), all cases are in Q-passages (12:57 addMatt; 19:22 diffMatt; 22:30 parMatt). It may be a Q-term rather than a lucanism. The frequent use in Acts is partially due to the numerous juridical contexts. Κρίνομαι περὶ τινός is exclusive to Acts in the NT (Boismard Aa54), but this does not exactly correspond to the construction in our passage: with ἐπί "in front of" (Boismard: "devant eux"). As a result, this "Western" addition should not be considered as a lucanism.

V.3

3 Οἱ μὲν οὖν προπεμφθέντες	3 Οι μεν ουν εκπεμφθεντες
ὑπὸ τῆς ἐκκλησίας	υπο της εκκλησιας
διήρχοντο τήν τε Φοινίκην	διηρχοντο την [ ] Φοινικην
καὶ Σαμάρειαν	και Σαμαρειαν
ἐκδιηγούμενοι τὴν ἐπιστροφὴν	εκδιηγουμενοι την επιστροφην
τῶν ἐθνῶν	των εθνων
καὶ ἐποίουν χαρὰν μεγάλην	και εποιουν χαραν [ ]
πᾶσιν τοῖς ἀδελφοῖς.	[ ] τοις αδελφοις

εκπεμφθεντες *loco* προπεμφθεντες
          E g Geo
and a few omissions: τε, μεγάλην, πᾶσιν.

The original author wants to emphasise in v.3 the widespread agreement with Paul, in view of the further arguments, both in narrative and speech passages, in favour of a gentile mission without observance of the law. The omissions mentioned above, in a variety of mss., weaken somewhat this emphasis.

TO: ἐκπέμπω: Acts 2; NT 2
("to send out") In the NT the verb is used only in Acts 13:4
(Barnabas and Saul) and 17:1 (Paul and Silas) (both TO/TA):
to this degree the term is Lucan, but exactly these two
passages may have influenced a scribe, although his choice has
not become successful as *the* "Western" reading.

TA: προπέμπω: Acts 3; NT 9
("to send on one's way, to escort, to accompany"). The word
is almost as rare as the alternative reading but rather typical for
Acts. Its meaning fits perfectly in this context where the
sending community (the ἐκκλησία) supports Paul's point of
view, as well as in the other contexts where it is used (20:38
and 21:5, both TA/TO). In other words, the minor change
into εκ- does not reinforce the Lucan character of the phrase.

V.4

4 παραγενόμενοι δὲ	4 παραγενομενοι δε
εἰς Ἰερουσαλὴμ	εις Ιεροσολυμα
παρεδέχθησαν	παρεδεχθησαν μεγαλως
ἀπὸ τῆς ἐκκλησίας καὶ τῶν	υπο της εκκλησιας και των
ἀποστόλων καὶ τῶν πρεσβυτέρων,	αποστολων και των πρεσβυτερων
ἀνήγγειλάν τε	απαγγειλαντες [ ]
ὅσα ὁ θεὸς ἐποίησεν μετ' αὐτῶν.	οσα εποιησεν ο θεος μετ' αυτων

a. Ιεροσολυμα *loco* Ἰερουσαλήμ
   𝔓⁴⁵·⁷⁴ A B Ψ 81.614.1175.1505 *pc* gig vg

TO: Ιεροσολυμα: Matt 11; Mark 10; Luke 4; John 12: Acts
22; NT 62
TA: Ἰερουσαλήμ: Matt 2; Luke 27; Acts 37; NT 73
From these figures, one can conclude that the first form is
clearly Mark's favourite, whereas it is comparatively rare in
Luke. The only parallel with Mark (11:1) is Luke 19:28. The
other cases are in the infancy narrative (Luke 2:22, 42) and in
Q (Luke 13:22 addMatt). In Acts Ιεροσολυμα is more

frequent. So, this form is not impossible in a Lucan redaction, but obviously less Lucan than the alternative.

b. παρεδεχθησαν μεγαλως: D
   <u>απε</u>δεχθησαν μεγαλως: C 6.614.1704 *pc* Sy^{h**} sa
   loco παρεδέχθησαν

The addition of μεγαλως illustrates the broad agreement with Paul, the opponents being a small minority. It is somewhat redundant to, and may have been inspired by, χαρὰν μεγάλην in v.3, and it is in line with the "Western" habit to emphasise a tendency already present in the TA. I can agree with part of Strange's point of view: "Possibly, a copyist, having just written μεγάλην, found that μεγάλως suggested itself as an adverb to heighten the account of the reception in Jerusalem."[25] As it is in agreement with a basic concern throughout the story (cf. supra), one may suppose that a later scribe or redactor would not have left it out if it belonged to the original text (except perhaps to avoid redundancy).

<u>παραδέχομαι</u>: Mark 1; Acts 3; NT 7
The word is absent from Luke and rare in the NT.

<u>ἀποδέχομαι</u>: Luke 2; Acts 6
Both cases in Luke (8:40; 9:11) are diffMark. The relative frequency in Acts is due to the many contexts where messengers are received. The verb can be called a lucanism. The other passages in Acts (TA) may have inspired some scribes to prefer the verb in 15:4 as well.

c. υπο *loco* ἀπό
   𝔓⁷⁴ ℵ A D E H L P min

Metzger: "The more Semitic ἀπό of agent . . . a construction that appears elsewhere in Acts (e.g. 2:22; 15:33; 20:9), was replaced (perhaps under the influence of v.3) by the more classical ὑπο′ . . . [26]

---

[25] Cf. *The Problem*, 141. Strange suggests that the word could have been for some time a marginal note (in line with his overall theory), but rightly concedes that "this alternative explanation cannot be demonstrated to be correct."

[26] *Textual Commentary*, 428.

d. απαγγειλαντες *loco* ἀνήγγειλάν τε
　　𝔓⁴⁵ D vg (-τε S vg)

> ἀπαγγέλλω: Matt 8; Mark 5; Luke 11; John 1; Acts 15; NT
> 45
> The verb is rather frequent in Luke-Acts and used in all
> redactional layers: par/diffMark, par/diffMatt; SLuke).
> Although Luke does not always follow Mark (comp. Mark
> 5:19; 6:30) it could be considered as a lucanism.
>
> ἀναγγέλλω: John 5; Acts 5; NT 14
> The verb is less Lucan than the alternative, but it corresponds
> perfectly to 14:27 ἀνήγγελλον ὅσα ἐποίησεν ὁ θεὸς μετ᾽
> αὐτῶν. The "Western" scribe may have preferred a more
> Lucan word (in a conscious or spontaneous attempt to imitate
> Luke's language?).

e. οσα εποιησεν ο θεος *loco* ὅσα ὁ θεὸς ἐποίησεν
　　𝔓⁴⁵ D 33.614.945 *pc* gig

This is a "refrain" which repeats the expression of 14:27 and which
comes back in 15:12. But it is hardly possible to decide which
sequence is original:
　　　　14:27: ΤΑ: ὅσα ἐποίησεν ὁ θεὸς; ΤΟ: οσα ο θεος εποιησεν
　　　　15:4:　ΤΑ: ὅσα ὁ θεὸς ἐποίησεν; ΤΟ: οσα εποιησεν ο θεος
　　　　15:12: ΤΑ: ὅσα ἐποίησεν ὁ θεὸς; ΤΟ: οσα εποιησεν ο θεος

V.5

	5 Οι δε παραγγειλαντες αυτοις
	αναβαινειν προς τους πρεσβυτερους
5 Ἐξανέστησαν δέ τινες	εξανεστησαν [ ] λεγοντες τινες
τῶν ἀπὸ τῆς αἱρέσεως	απο της αιρεσεως
τῶν Φαρισαίων	των Φαρισαιων
πεπιστευκότες λέγοντες	πεπιστευκοτες [ ]
ὅτι δεῖ περιτέμνειν αὐτοὺς	οτι δει περιτεμνειν αυτους
παραγγέλλειν τε	παραγγελλειν τε
τηρεῖν τὸν νόμον Μωϋσέως.	τηρειν τον νομον Μωυσεως

a. add. <u>οι δε παραγγειλαντες αυτοις αναβαινειν προς τους</u>
<u>πρεσβυτερους</u>
    D (sy[hmg])

This is a repetition of the D-version in v.2 (παραγγειλαντες, αναβαινειν), and a consequence of the identification of the opponents in v.1 and v.5. This identification is another attempt to be explicit and complete, because in v.5, according to the TA, it looks as if there has not been any previous controversy.[27] From a grammatical point of view, the result of the rewriting is an awkward construction, possibly due to a combination of various textual forms, "a crude and easily recognisable conflation,"[28] and secondary anyway because of the harmonisation with v.2. According to Boismard, "D d et sy[hmg] fusionnent TO et TA, D de façon aberrante, Sy[hmg] en présentant la leçon du TO comme une explication."[29] Boismard's own hypothetical reconstruction of a shorter form, by omitting τινες απο της αιρεσεως των Φαρισαιων πεπιστευκοτες is not conserved as such in any ms. Thiele considers the longer text also as a contamination: "beide Subjekte unverbunden nebeneinander."[30] Remarkably enough, only the presbyters are mentioned (different from v.2 TA/TO, cf. infra).

Concluding Remarks Concerning vv. 1–5

Looking back at the vv. 1–5 as a whole, one can not very well escape the overall impression of secondary changes in the "Western" witnesses. These are most probably the result of an ongoing process, with the constant tendency to explain, to complete, to clarify. In my opinion, the TA has gradually been expanded with additional details, often to the detriment of grammatical correctness and stylistic elegance. In order to consider the "Western" text in these verses as

[27] Cf. Ropes, *The Text,* 138.
[28] Cf. Ropes, *The Text,* 139.
[29] Cf. Boismard, *Texte Occidental,* 103f. In Latin translation, Sy[hmg] gives the following text: "illi autem quum iussissent eos ascendere ad seniores surrexerunt adversus apostolos, [cum essent qui crediderunt de haeresi Pharisaeorum]" (cf. *Le Texte,* 248).
[30] Cf. *Ausgewählte Beispiele,* 62. Comp. with W.A. Strange, *The Problem,* 135: ". . . it seems clear that the overloaded state of the text in D and sy[hmg] is the result of interpolation."

the original text, one has to reconstruct, by way of patchwork, a completely hypothetical text, which as such is not attested by any manuscript.[31]

As we have seen, the secondary nature of the "Western" readings in this passage is also defended by W.A. Strange, albeit in the context of his very particular thesis.[32] His conclusion: "From this study of the Western variants in Acts 15.1–5 it has emerged that they may have originated, in large part if not entirely, in marginal and interlined notes on the text. They give the appearance of having been placed in the text without being fully integrated into it (. . .). They seem to incorporate alternative drafts which have been needlessly combined with the existing text . . . ."[33] The basic thrust of this conclusion is valuable, even apart from Strange's attractive but unproven thesis about the "Western" text as a result of marginal notes added by the *original* author who wrote the TA. And in so far as the TO provides some additional information, the "incorporation" is perhaps not completely "needless."

Strange's statement that "linguistically, the Western material is satisfactorily Lucan,"[34] and for that reason to be attributed to the author of the TA, is not convincing, as I tried to show in my analysis of the vocabulary. The few Lucan words and themes peculiar to the "Western" variants, which we have indicated above—if they do not occur purely by accident—may be perfectly explained by the scribe (or rather: the "redactor") being familiar with both the language and the theological tendencies of Acts.

The basic diagnosis by Ropes remains valuable: "The distinctive general picture of the course of events on the part of the 'Western' reviser is noteworthy; and seems inconsistent with any hypothesis of identity of authorship for the two forms of the text. As between the two texts the B-text is clearly the more original."[35]

---

[31] Cf. Boismard, *Le Texte*, 248, where v.5 is omitted in its traditional place, and partially added to a rewriting of v. 2.

[32] W.A. Strange, *The Problem*, 131–42. For a short presentation of his overall thesis, see my article in *The Problem*, 91–92.

[33] *The Problem*, 142.

[34] *The Problem*, 142.

[35] Cf. Ropes, *The Text*, 138.

2. Acts 15:6–7: The Introduction to Peter's Speech

V.6

6 Συνήχθησάν τε οἱ ἀπόστολοι καὶ οἱ πρεσβύτεροι	Συνηχθησαν δε οι αποστολοι και οι πρεσβυτεροι <u>συν τω πληθει</u>
ἰδεῖν περὶ τοῦ λόγου τούτου.	ιδειν περι του <u>ζητηματος</u> τουτου

a. δέ *loco* τε
    א A D E 𝔐 gig sy

D has its own way of using δέ and τε, but it is hard to discover a distinctive pattern. There are numerous passages in Acts where D uses δέ instead of τέ (or instead of καί, γάρ, οὖν, τότε, ἀλλά), and others where D uses τέ together with or without other witnesses.

b. add. <u>συν τω πληθει</u>
    614 *pc* sy[h]

The presence of the πλήθος is testified by v.12 (TA/TO) and indirectly by v.22. A few TO-witnesses anticipate this, once more in an attempt to be more complete and clear, although perhaps not in a quite correct way, because in v.12, *all* the persons present, including the apostles, belong to the πλῆθος.

> <u>Πλῆθος</u>: Mark 2; Luke 8; John 2; Acts 16; NT 31
> The word is clearly a Lucan favourite (par/diff/addMark!).
> The frequent references to the "crowd" in Acts are not surprising in the numerous missionary contexts. However, a real lucanism would be ἅπαν τὸ πλῆθος (Luke 8:37; 19:37; 23:1 each time addMark; and three times in Acts).

c. <u>ζητηματος</u> *loco* λόγου
    E 614 *pc* gig sy[h]

> <u>ζήτημα</u>: Acts 5
> Exclusively used in Acts, the word looks at first sight as a lucanism, but in this particular case, it is simply a harmoni-

sation with v.2: περὶ τοῦ ζητήματος τούτου (TA/TO, and comp. ζήτησις in v.7). There is no reason why TA would have preferred the more general περὶ τοῦ λόγου τούτου if the alternative more specific expression had been original.

V.7

7 Πολλῆς δὲ ζητήσεως γενομένης ἀναστὰς Πέτρος εἶπεν πρὸς αὐτούς·	7 Πολλης δε ζητησεως γενομενης ανεστησεν τω πνευματι Πετρος και ειπεν προς αυτους

ανεστησεν τω πνευματι Πετρος *loco* ἀναστὰς Πέτρος
    D* (614 sy^hmg)

If the reference to the πνεῦμα were original, there was no good reason to omit it. The role of the Spirit is often underlined in the TA, but the particular interest of D in the Holy Spirit is well-known, as evidenced in Luke 9:55; Acts 11:17; 15:7, 29, 32; 19:1; 20:3.[36] As one can see, the working of the πνεῦμα is especially emphasised in Acts 15, a crucial chapter indeed in the author's historical and theological view. In this particular case, the motive may have been added "in order to enhance the solemnity of the occasion and the authority of the apostle Peter's speech."[37] The explicit reference to the Spirit may have inspired the change of the participle ἀναστὰς into the active form ανεστησεν.

[36] Cf. e.g. E.J. Epp, *The Theological Tendency of Codex Bezae Cantabrigiensis in Acts* (SNTSMS 3; Cambridge: Cambridge University Press, 1966), passim; C. Martini, "La tradition textuelle des Actes des Apôtres et les tendances de l'Église ancienne," in *Les Actes des Apôtres: Traditions, rédaction, théologie* (ed. J. Kremer ; BETL 48; Leuven: Leuven University Press, 1979), 21–35, 28.
[37] Cf. Metzger, *Textual Commentary*, 428.

3. Acts 15:12–13: The Reference to Paul and Barnabas and the Introduction of James' speech

V.12

	12 Συγκατατιθεμενων δε
	των πρεσβυτερων
	τοις υπο του Πετρου ειρημενοις
12 Ἐσίγησεν δὲ πᾶν τὸ πλῆθος	εσιγησεν παν το πληθος
καὶ ἤκουον Βαρναβᾶ καὶ Παύλου	και ηκουον Βαρναβα και Παυλου
ἐξηγουμένων	εξηγουμενων
ὅσα ἐποίησεν ὁ θεὸς σημεῖα	οσα εποιησεν ο θεος σημεια
καὶ τέρατα	και τερατα
ἐν τοῖς ἔθνεσιν δι' αὐτῶν.	εν τοις εθνεσιν δι'αυτων

add. Συγκατατιθεμενων δε των πρεσβυτερων τοις υπο του Πετρου ειρημενοις
        D (l) sy^(h**)

The verb συγκατατίθημι ("to agree, to consent") is in the TA a hapax in Luke 23:51. There is one more case in the "Western" witnesses, in Acts 4:18 D (gig h sy^(hmg), Lcf), and the addition in Acts 15:12 reminds us of the longer text there: συγκατατιθεμενων δε αυτων τη γνωμη φωνησαντες αυτους παρηγγειλαντο. Both form and content have the characteristics of a "Western" addition. Again, the positive response of the audience is emphasised. This is a basic tendency of the TA which is reinforced in the TO (cf. v.4). The role of the presbyters is also more underlined in D (comp. v.5 and v.41), even without mentioning the apostles at all. Once more, the clause may have been added "in order to enhance the prestige of Peter."[38]

V.13

13 Μετὰ δὲ τὸ σιγῆσαι αὐτοὺς	13 Μετα δε το σιγησαι αυτους
ἀπεκρίθη Ἰάκωβος λέγων·	αναστας Ιακωβος ειπεν

αναστας Ιακωβος ειπεν *loco* ἀπεκρίθη Ἰάκωβος λέγων
        D sy^p

The formula may have been influenced by v.7 TA (cf. supra).

---

[38] Cf. Metzger, *Textual Commentary*, 429.

4. Acts 15:22–23: The Introduction to the Apostolic Letter

V.22

22 Τότε ἔδοξε τοῖς ἀποστόλοις
καὶ τοῖς πρεσβυτέροις
σὺν ὅλῃ τῇ ἐκκλησίᾳ
ἐκλεξαμένους ἄνδρας ἐξ αὐτῶν
πέμψαι εἰς Ἀντιόχειαν
σὺν τῷ Παύλῳ καὶ Βαρναβᾷ,
Ἰούδαν τὸν καλούμενον Βαρσαββᾶν
καὶ Σιλᾶν, ἄνδρας ἡγουμένους
ἐν τοῖς ἀδελφοῖς,

22 Τοτε εδοξε τοις αποστολοις
και τοις πρεσβυτεροις
συν ολη τη εκκλησια
εκλεξαμενοις ανδρας εξ αυτων
πεμψαι εις Αντιοχειαν
συν τω Παυλω και Βαρναβα,
Ιουδαν τον καλουμενον Βαραββαν
και Σιλαν ανδρας ηγουμενους
εν τοις αδελφοις

Βαραββαν *loco* Βαρσαββᾶν
            D

This is an obvious error. "In estimating the standard of accuracy displayed by the scribe of Codex Bezae one must take into account his transforming βαρσαββᾶν into βαραββᾶν here and into βαρνάβαν in 1.23."[39]

V.23

23 γράψαντες
διὰ χειρὸς αὐτῶν·

23 γραψαντες επιστολην
δια χειρος αυτων περιεχουσαν ταδε

There are several textual variants at this point:
γραψαντες
- δια χειρος αυτων 𝔓[45 vid.74] ℵ* A B *pc* bo
- δια χειρος αυτων ταδε ℵ[c] E (33) 𝔐 sy[h]
- επιστολην δια χειρος αυτων περιεχουσαν ταδε (C) D gig w (sy[p]) (sa)
- δια χειρος αυτων επιστολην και πεμψαντες περιεχουσαν ταδε 614 *pc* sy[hmg]
- επιστολην δια χειρος αυτων εχουσαν τον τυπον τουτον Ψ

[39] Cf. Metzger, *Textual Commentary*, 435.

περιέχω: Luke 1; 2 Peter 1
It is used once more by a few "Western" witnesses in Acts
23:25 in 614.(2147) *pc* (vg) sy[hmg].

The TA of 15:23 (γράψαντες διὰ χειρὸς αὐτῶν) and 23:25
(γράψας ἐπιστολὴν ἔχουσαν τὸν τύπον τοῦτον) seem to have
been the source readings for a series of variants in both passages, as a
result of the gradual expansion of the very short formula of the TA. It
is interesting to see that cross-fertilisation by a later passage may have
occurred here. This phenomenon proves that the scribe is more a
redactor, with literary creativity and freedom.

5. Acts 15:30–41: Reaction on the Letter and Further Developments

V.30

30 Οἱ μὲν οὖν ἀπολυθέντες	30 Οι μεν ουν απολυθεντες
	<u>εν ημεραις ολιγαις</u>
κατῆλθον εἰς ᾿Αντιόχειαν,	κατηλθον εις Αντιοχειαν
καὶ συναγαγόντες	και συναγαγοντες
τὸ πλῆθος ἐπέδωκαν	το πληθος επεδωκαν
τὴν ἐπιστολήν.	την επιστολην

add. <u>εν ημεραις ολιγαις</u>
    D* (l)

A typical "Western" addition to make the text more explicit and
precise. Comp. Acts 3:1: το δειλινον; 10:41: μετα το αναστηναι
αυτον εκ νεκρων ημερας μ ΄; 16:11: και τη επιουση ημερα; 17:19:
μετα δε ημερας τινας.

V.32

32 ᾿Ιούδας τε καὶ Σιλᾶς	32 Ιουδας τε και Σιλας
καὶ αὐτοὶ προφῆται ὄντες	και αυτοι προφηται οντες
	<u>πληρεις πνευματος αγιου</u>
διὰ λόγου πολλοῦ	δια λογου [ ]
παρεκάλεσαν τοὺς ἀδελφοὺς καὶ	παρεκαλεσαν τους αδελφους και
ἐπεστήριξαν,	επεστηριξαν

add. <u>πληρεις πνευματος αγιου</u>
  D

A typical D-addition (cf. supra, v.7).

V. [34]

Εδοξε δε τω Σιλα επιμειναι προς αυτους, μονος δε Ιουδας
επορευθη (εις Ιερουσαλημ)

<u>Εδοξε δε τω Σιλα επιμειναι (προς) αυτου(ς)</u>
  C D min it syr[h**] sa bo[mss] arm geo

<u>μονος δε Ιουδας επορευθη</u>
  D it vg arm

<u>(εις Ιερουσαλημ)</u>
  it arm

The verse is absent in the TA. The attestation is mainly "Western"
with much internal variation. Several exegetes have already made the
observation that v.34 has been inserted by a scribe who had noticed a
certain lack of logic in the story. Indeed, in v.40, Silas is still in Paul's
company, and, therefore, it is not logical that he has left Paul in v.33.
But in v.33 it has been clearly said that he did so: ποιήσαντες δὲ
χρόνον ἀπελύθησαν μετ᾽ εἰρήνης ἀπὸ τῶν ἀδελφῶν πρὸς τοὺς
ἀποστείλαντας αὐτούς. The result of the addition is somewhat
clumsy, but it proves nevertheless once more that "Western" scribes
were attentive to the internal logic of the story. The "Western" final
redactor (B. Aland: "Der Hauptredaktor") could perhaps rely on a
growing text, as is shown by the variety of witnesses for the two (or
three) parts of the addition. If the statement were original, it would
not likely have been left out.

> ἐπιμένω: John [1]; Acts 7 [8]; NT 17
> The relative frequency of the verb in Acts is partially due to
> the recurring information about missionaries who "stay" or
> "remain" for a few days at a particular place (10:48; 21:4, 10;
> 28:12, 14). As such it is a Lucan element.

> πορεύομαι: Matt 39; Mark 3; Luke 51; John 16; Acts 38; NT
> 154
> The verb, which is used by Mark in the spurious part of
> chapter 16 (vv.10, 12, 15), is extremely fequent in Luke-Acts.
> In Acts its frequency is partially due to the many missionary
> moves which are told throughout the book. In view of its use
> in both Lucan writings, one can call this term a lucanism.

At first sight, this additional verse is apparently very Lucan, but one
should realise that the choice of the Lucan terms is obviously required
by the content. This is perhaps a passage where Strange's hypothesis of
a marginal note, clumsily inserted at a later occasion, has some
plausibility. But even he is not convinced of its Lucan origin: "Lucan
authorship is permitted by the linguistic evidence, but not
demanded."[40]

V.37

37 Βαρναβᾶς δὲ ἐβούλετο συμπαραλαβεῖν καὶ τὸν Ἰωάννην τὸν καλούμενον Μᾶρκον·	37 Βαρναβας δε εβουλετο συμπαραλαβειν [ ] Ιωαννην τον επικαλουμενον Μαρκον

επικαλουμενον *loco* καλούμενον
  ℵ² C D Ψ 81.614.1175.1739 *al*

> καλέω: Matt 26; Mark 4; Luke 43; John 2; Acts 18; NT 148
> A word with high frequency in the NT and especially in
> Luke: doubtlessly a lucanism.

> ἐπικαλέω: Matt 1; Acts 20; NT 30
> Clearly a favourite word of the author of Acts, and even more
> so in the TO: ἐπικαλέω (TO) *loco* καλέω (TA): Luke 6:15;
> Acts 13:1; 15:37; 19:14. The D-redactor reinforces a linguistic
> feature of the TA in Acts.

[40] Cf. *The Problem*, 145.

V.38

38 Παῦλος δὲ ἠξίου,   38 Παυλος δε ουκ εβουλετο λεγων
τὸν ἀποστάντα ἀπ᾽ αὐτῶν   τον αποσταντα απ᾽ αυτων
ἀπὸ Παμφυλίας   απο Παμφυλιας
καὶ μὴ συνελθόντα   και μη συνελθοντα
αὐτοῖς εἰς τὸ ἔργον   [ ] εις το εργον εις ο επεμφθησαν
μὴ συμπαραλαμβάνειν τοῦτον. τουτον μη ειναι συν αυτοις

a. ουκ εβουλετο *loco* ἠξίου
    D (l)

> ἀξιόω: Luke 1; Acts 2; NT 7
> A rather rare word. Luke 7:7 is a passage addMatt. The two cases in Luke-Acts have different meanings. Here it means: "to consider worthy", "to think best."

> βούλομαι: Matt 2; Mark 1; Luke 2; John 1; Acts 14; NT 37
> Clearly a favourite word in Acts. To this degree, the TO is here more "Lucan" than the TA. D uses the verb in three cases in Acts differently from TA: 10:33; 15:38; 21:13. ἠξίου could be considered as the "lectio difficilior" from the point of view of Lucan flavour, and there is little reason to replace a Lucan favourite by a rare word (in the hypothesis that the TA is secondary here). The alternative change is more probable as a spontaneous repetition of the word in v.37: Βαρναβᾶς δὲ ἐβούλετο.

b. add. λεγων
    D (l)

For obvious reasons, the verb λέγω is very frequent in Gospels and Acts. The D-text adds the participle λέγων in a few more cases in Acts: 7:31, 60; 15:38; 17:6. This illustrates once more the tendency of the D-redactor to be more explicit and complete in his formulation.

c. add. εις ο επεμφθησαν
    D d w

> πέμπω: Matt 4; Mark 1; Luke 10; John 32; Acts 11; NT 79
> The frequency of this word is due to the frequency of the missionary contexts in Luke-Acts (and the Christology of John).

The addition in D is not so much inspired by the Lucan flavour of the word, but rather by the (almost constant) concern of the TO to clarify.

d. ͺτουτον ͺμη ͺειναι ͺσυν ͺαυτοις *loco* συμπαραλαμβάνειν τοῦτον
    D

The sentence in D is an awkward grammatical construction.

> συμπαραλαμβάνω: Acts 3; NT 4
> The use of this verb is confined to three passages about John Mark (Acts 12:25; 15:37, 38). In so far, the completely isolated D-reading is less Lucan than the TA, and difficult to account for.

As a result, in freely rewriting vv.37–38, the D-scribe duplicated the use of ἐβούλετο and avoided the repetition of συμπαραλαμβάνω. According to Metzger, Bezae's expanding clauses "considerably weaken the force of the B-text (which closes with τοῦτον in a most emphatic position)."[41]

V.41

41 διήρχετο δὲ τὴν Συρίαν καὶ [τὴν] Κιλικίαν ἐπιστηρίζων τὰς ἐκκλησίας.	41 διηρχετο δε την Συριαν και την Κιλικιαν επιστηριζων τας εκκλησιας παραδιδους τας εντολας των πρεσβυτερων

add. παραδιδους τας εντολας των πρεσβυτερων
    D (gig w v^cl sy^hmg)

---

[41] Cf. Metzger, *Textual Commentary*, 439.

The addition is only an explicitation, typical for the TO, which anticipates (part of) Acts 16:4. Once more, the role of the πρεσβύτεροι is emphasised, without mentioning the apostles (comp. 15:5 and 12). This (accidental?) "lacuna" is supplied in sy[hmg] and vg.

> παραδιδώμι: Matt 31; Mark 20; Luke 17; John 15; Acts 13; NT 119
> The word is not especially frequent in Luke-Acts in comparison to Matt/Mark.
>
> ἐντολή: Matt 6; Mark 6; Luke 4; John 10; Acts 1; NT 67
> In the TA, the word is used only in Acts 17:15, where it is not related to the apostolic decree. We find it three times in the distinctive vocabulary of D: Mark 12:13; Acts 15:41; 16:4. In this last passage, largely rewritten in the TO, the formulation αμα παραδιδοντες και τας εντολας (in D^2 [sy[hmg]]) is clearly influenced by the D-reading of 15:41.

Conclusions

Although it was not my intention to reconstruct the "Western" text in its "purest" form, the TO which I "composed" for the discussion cannot be far removed from it. Very often the readings are common to the most important "Western" witnesses available for this chapter: D, sy[hmg] and 614.

The overall impression of this investigation is that the "Western" readings are *secondary* changes to a more original text, the TA. That does not mean that none of them has any claim to belong to the original text. The "Western" text is clearly not homogeneous, and, therefore, the judgement upon the various readings should not be monolithic. But the longer and more spectacular ones among them can hardly represent a more primitive text of Acts.

As far as the narrative passages of this chapter are concerned, the argument of *lucanism* to prove the originality of the "Western" readings is not convincing. In E. Delebecque's "Vocabulaire Lucanien du Texte Occidental,"[42] only 6 words out of his 79 "Lucan" terms in D are taken from our passage: v.1: περιπατέω; v.2: διϊσχυρίζομαι ("hapax lucanien"); παραγγέλλω; v.23: περιέχω; v.[34] ἐπιμένω;

---

[42] Cf. E. Delebecque, *Les Deux Actes*, 163–78.

v.37: ἐπικαλοῦμαι. Delebecque himself concludes that his 79 words
are "lucaniens à des degrés divers."[43] Even if there are a few Lucan
terms in the "Western" readings of our passage, and even if some of
these variants may look more Lucan than the TA alternative, the
allegedly Lucan character does not exceed what can be expected of a
scribe-redactor who is familiar with (Luke-)Acts. In principle, even a
conscious effort to imitate the language of the original author is not to
be excluded, but there is no reason to use that argument in this case.[44]

Strange's hypothesis of "marginal notes," which would have been
inserted—sometimes clumsily—in a second stage, is not unattractive,
provided that it is not promoted as a comprehensive explanation for
all "Western" addition and reformulation, and that their alleged Lucan
character is not overestimated.

It seems to me that B. Aland's shaded hypothesis of three stages in
the development of (or: towards) the "Western" text remains the
most plausible explanation of the totality of the phenomena.[45] The
final result is, indeed, that the "Western" text is "deutlicher, klarer
und konsequenter," but corrupt from a text-critical point of view.[46]

---

[43] Cf. *Les Deux Actes*, 174.

[44] I think that this investigation of Acts 15 may prove that the impressive number
of lucanisms in Acts 11:2 and 19:1, examined by Boismard, is not representative of
the "Western" text as such. Cf. M.-É. Boismard, "The Text of Acts."

[45] The three stages are: (a) early paraphrasing readings paving the way for the *later*
"Western" text; (b) in the third century, a *Hauptredaktion* on the basis of these
readings and (c) a reinforcement of this tendency in later mss (e.g. in $\mathfrak{P}^{38.48}$ D, Sy^{hmg}).

[46] Delebecque also defends the secondary nature of the "Western" text, and his
opinion concerning its characteristics corresponds with Aland's: "La version longue
comble les lacunes, précise les contours, donne de la couleur, voire du pittoresque et,
s'il le faut, élague" (*Les Deux Actes*, 416). But I cannot follow his theory concerning
the Lucan authorship of both versions (Cf. my short presentation in *The Text of Luke-
Acts*, 88).

Zur Bedeutung der koptischen Übersetzungen für Textkritik und Verständnis des Neuen Testaments

Uwe-Karsten Plisch (Humboldt-Universität Berlin)

Die Bedeutung der alten Übersetzungen, insbesondere auch der koptischen,[1] für die Textkritik des Neuen Testaments ist seit langem anerkannt[2] und bedarf im Grunde keiner Rechtfertigung. Die Auswertung der koptischen Zeugen findet ihren reichhaltigen Niederschlag in den Apparaten etwa des *Novum Testamentum Graece* (NA[27]), des *Greek New Testament* oder der *Synopsis Quattuor Evangeliorum* (ed. Aland).[3] Die Anwendungsmöglichkeiten der dort *in nuce* zusammengefaßten Ergebnisse sind, zumal die Kenntnis des Koptischen nicht zur Standardausrüstung des Exegeten gehört, freilich noch nicht ausgeschöpft. Ziel dieses Beitrages ist es daher nicht, die Notwendigkeit textkritischer Arbeit mit Hilfe der koptischen Übersetzungen noch einmal umfassend und grundsätzlich zu erweisen, sondern anhand einiger ausgewählter markanter Stellen (unter Einbeziehung noch unveröffentlichten koptischen Materials) den Nutzen der koptischen Zeugen für die Textkritik im engeren Sinne zu demonstrieren sowie zu zeigen, wie hilfreich das Bedenken zeitgenössischer Übersetzungen für das *Verständnis* schwieriger Passagen des Neuen Testaments sein kann.

[1] Übersetzungen sämtlicher Schriften des Neuen Testaments liegen im sahidischen und im bohairischen Dialekt vor. Wachsende Bedeutung kommt—dank einiger bedeutsamer Handschriftenfunde und —editionen—den Zeugnissen im mittelägyptischen (= mesokemischen oder oxyrhynchitischen) Dialekt des Koptischen zu. (Für die bohairische Übersetzung liegt allerdings nach wie vor nur die inzwischen veraltete Edition von Horner vor. Sie bleibt in diesem Beitrag unberücksichtigt.)

[2] Vgl. die Einführung 27*–29* in: *Novum Testamentum Graece* (Nestle – Aland, 27. Aufl.; Stuttgart: Deutsche Bibelgesellschaft, 1993 = NA[27]).

[3] Nicht immer sind die in den Apparaten zu findenden Angaben absolut zuverlässig. So ist in Mt 6,9 der mittelägyptische Text des Codex Scheide nicht (wie in NA[27] angegeben) ein Zeuge für die Lesart ἐν τῷ οὐρανῷ, sondern bietet den (gewöhnlichen) Plural. In Mt 27,9 bietet der mittelägyptische Text des Codex Scheide mit ⲧⲟⲧⲉ ⲁⲁϥϫⲟⲕ ⲉⲃⲁⲗ ⲛϭⲓ ⲡⲥⲉϫⲉ ⲛ̄ⲓⲉⲣⲉⲙⲓⲁⲥ ⲡⲉⲡⲣⲟⲫⲏⲧⲏⲥ ⲙⲛ ⲍⲁⲭⲁⲣⲓⲁⲥ *Da erfüllte sich das Wort Jeremias des Propheten und des Zacharias*, eine interessante Lesart, die im Apparat von NA[27] nicht aufgeführt wird.

Die tanzende Tochter Herodias: Mk 6,22 || Mt 14,6–12

Schon von den antiken Lesern und Kopisten wurde der Genetivus absolutus zum Eingang von Mk 6,22 offensichtlich als schwierig empfunden—wenn auch wohl nicht in erster Linie aus sprachlichen, sondern aus sachlichen Gründen, d.h. wegen der verwirrenden Namensgleichheit zwischen Mutter und Tochter—, wie das Schwanken der Textüberlieferung bezeugt. Daß er auch von modernen Exegeten als Problem angesehen wird, zeigen der Wechsel der Textgestalt zwischen dem *Novum Testamentum Graece* in der 25. und in der 26. Auflage ebenso wie die Tatsache, daß die wenigsten Kommentatoren die in NA^{26} (= NA^{27}) festgestellte älteste erreichbare Lesart zum Ausgangspunkt ihrer exegetischen Überlegungen nehmen.[4] Schließlich ist mir keine moderne Bibelübersetzung geläufig, die an dieser Stelle den *Text* von NA$^{26/27}$ berücksichtigte. Der griechische Text von Mk 6,22 ist gleichwohl grammatisch-syntaktisch unproblematisch und durchaus verständlich:

καὶ εἰσελθούσης τῆς θυγατρὸς αὐτοῦ Ἡρῳδιάδος καὶ ὀρχησαμένης
Und als seine Tochter Herodias hereinkam und tanzte

Die verwirrende Namensgleichheit von Mutter und Tochter—die angesichts der politisch so verhängnisvollen Liebe des Herodes zu Herodias[5] historisch durchaus vorstellbar ist: ihre erste gemeinsame Tochter heißt eben nach der geliebten Frau—hatte schon für den Markustext zahlreiche *variae lectiones* hervorgebracht. Auch die sahidische Überlieferung des Markustextes geht hier einmütig mit der Mehrzahl der griechischen Zeugen (gegen die älteste erreichbare Lesart) zusammen: ⲉⲁⲥⲉⲓ ⲉϩⲟⲩⲛ ⲛ̄ϭⲓ ⲧϣⲉⲉⲣⲉ ⲛ̄ϩⲏⲣⲱⲇⲓⲁⲥ ⲁⲥⲟⲣⲭⲉ *Als die Tochter der Herodias hereinkam und tanzte.*[6] Der matthäische Standardtext (Mt 14,6) hat dann den verwirrenden markinischen Genetivus absolutus zu einem Hauptsatz entwirrt: ὠρχήσατο ἡ θυγάτηρ τῆς Ἡρῳδιάδος. Aber auch in der Überlieferung des Mt-Textes gibt es Spuren der ursprünglichen markinischen Textbedeutung, so im Codex Bezae Cantabrigiensis (D): ὠρχήσατο ἡ θυγάτηρ αὐτοῦ Ἡρῳδιάς.

---

[4] Eine Ausnahme ist D. Lührmann, *Das Markusevangelium* (HNT 3; Tübingen: Mohr Siebeck, 1987), z. St.

[5] Herodes Antipas verlor erst einen Krieg gegen den Nabatäerkönig Aretas IV., seinen ehemaligen Schwiegervater, und schließlich seine Tetrarchie und wurde 39 n. Chr. mit Herodias nach Gallien verbannt.

[6] Einige Textzeugen übersetzen die Partizipialkonstruktion gleich als Hauptsatz: *Die Tochter der Herodias kam herein und tanzte.*

Einen weiteren Zeugen für einen Mt-Text, in dem Herodias tanzt, gibt es nun in dem bislang noch unveröffentlichten neuen Textzeugen für das Matthäusevangelium im mittelägyptischen Dialekt des Koptischen, dem Codex Schøyen.[7] Mt 14,6 lautet in der auch sonst eigentümlichen Fassung des Codex Schøyen:

ετζλ   πζογμιch   νζηρ[ωλhc]   ϭωπh   ζλcχλcχc   νχη
ζhρωλιλc ζλc[ωκ ζτhϥ] νζηρωλhc

Als der Geburtstag Herodes' kam, tanzte Herodias und sie gefiel Herodes.

Gegenüber dem griechischen Standardtext ist der mittelägyptische zunächst einmal deutlich kürzer: Es gibt keine Entsprechung für ἡ θυγάτηρ und für ἐν τῷ μέσῳ, ζhρωλιλc ist überdies das nominale Subjekt zu ζλcχλcχc.[8] Da die Gestalt der Herodias hier nicht näher erklärt wird, ist zunächst nicht klar, um wen es sich eigentlich handelt, um Frau oder Tochter des Herodes. Erst der weitere Kontext (V. 8 und 11) verdeutlicht, daß mit Herodias hier nur die Tochter des Herodes gemeint sein kann.

Auch der weitere Text der Perikope in der Version des Codex Schøyen weicht erheblich vom griechischen Standardtext des Matthäusevangeliums ab:

7 ζλϥορκ νεc ζλϥζομολο[γει ε† νεc μ]πετcογεϭϥ ντλτϥ 8
ζλcερϭλ<ρ>π πh εc[χιcβω ν]τλτc ντεcμεογ πh πεχεc νεϥ
χε μ[λ νεϊ ντ]λπh νϊωζλννhc πβλπτιcτhc ζϊ ογcλ[λλ 9
τ]ιοτh ζλϥβωλκ νχh περλ ετβh νενορκ λε [μεν] νκλογh
ετνλογζεντογϭογ ζλϥκελεγh   10   [ζλϥϥι] ντλπh
<ν>ϊωζλννhc 11 ζλγ† μμλc νεc ζϊ ογ[cλ]λλ ζλγ† μμλc
ντλογλογ ζλcτεc ντεcμ[εογ 12 ζ]λγϊ νχh νμλθhτhc ζλγϥι
μπcωμλ [ζλγτ]λμε ιhc

7 Er schwor ihr und versprach, [ihr zu geben], was sie von ihm wollte. 8 Wie sie zuvor von ihrer Mutter [belehrt worden war], sprach sie zu ihm: [Gib mir das] Haupt Johannes des Täufers auf einer Schale! 9 Da wurde der König traurig. Wegen der Schwüre

---

[7] Zur Unterscheidung von dem schon bekannten mittelägyptischen Zeugen für das Mattthäusevangelium, dem Codex Scheide, werden die beiden mittelägyptischen Zeugen, der alte und der neue, im folgenden mit mae1 (für Codex Scheide) und mae2 (für Codex Schøyen) bezeichnet.

[8] Dieser konkrete Befund verdeutlicht zugleich, daß es sich bei dem Text von mae2 nicht einfach um eine koptische Version der griechischen *varia lectio* in Codex D handelt.

aber und der anderen Umsitzenden gab er Befehl. 10 [Er ent]haupete Johannes. 11 Man gab es ihr auf einer Schale und gab es dem Mädchen. Es gab es seiner Mutter. 12 Die Jünger kamen, nahmen den Leib und unterrichteten Jesus.

In V. 7 fehlt am Satzanfang eine Entsprechung zu ὅθεν; ϩⲁϥⲟⲣⲕ ⲛⲉⲥ ϩⲁϥϩⲟⲙⲟⲗⲟⲅⲉⲓ ist zumindest eine sehr freie Wiedergabe von μεθ' ὅρκου ὡμολόγησεν αὐτῇ. Eben dieselbe Wendung findet sich interessanterweise auch in mae1. Die wörtliche griechische Entsprechung zu ϩⲁϥⲟⲣⲕ ⲛⲉⲥ wäre allerdings ὤμοσεν αὐτῇ—exakt der Wortlaut von Mk 6,23. Die Übersetzung von ὃ ἐὰν αἰτήσηται mit ⲙⲡⲉⲧⲥⲟⲩⲉϣϥ ist zwar etwas ungewöhnlich, eine Übersetzung von αἰτεῖν mit ⲟⲩⲱϣ ist aber durchaus möglich (vgl. Joh 4,9sa). ⲛⲧⲁⲧϥ am Ende des Verses ist ein sonst nicht belegter Zusatz, der einem griechischen ἀπ'αὐτοῦ entsprechen dürfte. ⲡⲉϫⲉⲥ ⲛⲉϥ in V. 8 entspricht wohl εἶπεν αὐτῷ, ähnlich einigen Apparatlesarten in NA[27], die εἶπεν (ohne αὐτῷ) lesen und dafür φησίν streichen. Für ein Äquivalent zu ὧδε (mae1 liest ⲉⲡⲉⲓⲙⲉ) ist in mae2 kein Platz. Die Wiedergabe von πίναξ mit ⲥⲁⲗⲁ (im Zusammenspiel mit den Wortresten in V. 11 dürfte die Ergänzung sicher sein) ist singulär in der koptischen Überlieferung und wirft ein neues Licht auf den Bedeutungsgehalt dieses Lexems.[9] V. 9 beginnt mit ⲧⲟⲧⲏ statt ⲁⲩⲱ (καί)—nur eines der zahlreichen Beispiele für das gänzlich anders geartete System von Konjunktionen und Partikeln in mae2.[10] Das ⲇⲉ nach ⲛⲉⲛⲟⲣⲕ impliziert, daß die Syntax des Satzes der der Apparatvariante in NA[27] entsprochen haben muß. ⲛⲕⲁⲟⲩⲏ ist ein Überschuß, bei dem sich allerdings schwer beurteilen läßt, ob er wirklich einen abwei-

---

[9] W. Westendorf, *Koptisches Handwörterbuch* (Heidelberg: Winter, 1965–1977), 183: ⲥⲁⲗⲟ, ⲥⲁⲗⲱ, ⲥⲁⲣⲟ *Korb;* W.E. Crum, *A Coptic Dictionary* (Oxford: Clarendon Press, 1939), 330b: *basket.*

[10] Die Wiedergabe griechischer Partikeln und Konjunktionen im koptischen Text des Codex Schøyen ist eines der stärksten, weil rein statistischen und somit unverfänglichen Argumente für die Andersartigkeit der *griechischen* Vorlage dieses Mt-Textes, konkret das ungewöhnlich seltene Erscheinen von ἀλλά, γάρ, δέ, ϩⲉⲓⲡⲉ / ϩⲏⲡⲏ (für ἰδού) und ⲁ(ⲟ)ⲩⲱ (für καί) einerseits und die ungewöhnliche Häufigkeit des matthäischen Vorzugswortes ⲧⲟⲧⲉ andererseits. Zwar werden griechische Konjunktionen und Partikeln nie 1:1 in koptische Übersetzungen übernommen, die Abweichungen bewegen sich jedoch in einem überschaubaren Rahmen, wie schon der Vergleich mit anderen koptischen Mt-Übersetzungen zeigt. Die im Codex Schøyen zutage tretenden Abweichungen lassen sich definitiv nicht mit der normalen Varianz einer koptischen Übersetzung erklären.

chenden griechischen Text voraussetzt. Der Vers endet mit ϨⲀϤⲔⲈⲖⲈⲨⲎ, besitzt also kein Äquivalent für δοθῆναι (αὐτῇ). V. 10 bietet eine auf die notwendigsten Informationen geschrumpfte Fassung: ohne Entsprechungen für καὶ πέμψας am Anfang und ἐν τῇ φυλακῇ am Schluß. Die auffällige Andersartigkeit von V. 11 im ersten Teil dürfte wohl eine Textverderbnis auf Grund von Homoioarkton darstellen, ist mithin keine echte Textvariante. Bemerkenswert ist jedoch ϨⲀⲤⲦⲈⲤ am Ende des Verses, das einem griechischen ἔδωκεν αὐτὴν entsprechen dürfte, wie Mk 6,28 es liest.

Auch der letzte Vers, Mt 14,12, ist um einiges kürzer als der griechische Standardtext: es fehlt ein Äquivalent zu καὶ ἔθαψαν αὐτόν καὶ ἐλθόντες. Wegen der Ähnlichkeit von ϨⲀⲨⲦⲀⲘⲤϤ (= ἔθαψαν αὐτόν) mit ϨⲀⲨⲦⲀⲘⲈ ⲒⲎ̅Ⲥ̅ könnte hier ein einfacher Zeilenausfall die Ursache sein. Bemerkenswert ist der Anfang des Verses: Nicht *seine* (d.h. Johannes' des Täufers) Jünger kamen, sondern *die* Jünger (ⲚⲘⲀⲐⲎⲦⲎⲤ, so liest auch mae1!). Kann absolut gebrauchtes *die* Jünger tatsächlich Jünger Johannes des Täufers bezeichnen?[11] Oder sind *die* Jünger nicht automatisch als die Jünger Jesu zu verstehen? Kümmern sich hier also bereits die Jünger Jesu fürsorglich um den Leichnam des Johannes und unterrichten anschließend *ihren* Meister? Dann träte eine ja auch im griechischen Standardtext vorhandene Tendenz, nach der die Johannesjünger nach dem Tode ihres Meisters zu Jesus (über-)gehen, hier noch gewendet und verschärft in Erscheinung: Die Jesusjünger sind auch für Johannes mitverantwortlich und Johannesjünger im strengen Sinne gibt es eigentlich gar nicht (oder jedenfalls mit dem Tod ihres Meisters nicht mehr).

Jesu Wort über den Täufer: Mt 11,11b || Lk 7,28b

Die Beschäftigung mit den koptischen Übersetzungen der Rede Jesu über Johannes den Täufer im Mt 11 (und Lk 7) vermag ein Verständnisproblem des griechischen Textes wieder ins Bewußtsein zu rücken, an das die Exegese sich inzwischen mehr oder weniger "gewöhnt" hat, so daß es nicht mehr mit der gebotenen Schärfe wahrgenommen wird. Von Interesse ist hier die besondere *Auffassung*

---

[11] Vgl. den Einleitungsvers der Perikope von der Täuferanfrage aus dem Gefängnis Mt 11,1 in der Fassung des Codex Schøyen: ϨⲀⲤϢⲰⲠⲎ ⲆⲈ ⲈⲦϨⲀϤⲞⲨⲰ ⲈϤϨⲢⲒ[ⲰⲚ] ⲚⲘⲘⲀⲐⲎⲦⲎⲤ ϨⲀϤⲞⲨⲞⲦⲈⲂ ⲈⲂⲀⲖ ⲘⲘⲈⲞⲨ [ⲈϤ⳦]ⳆⲤⲂⲰ ϨⲢⲎⳠ ϨⲈⲚ ⲚⲈⲨⳤⲨⲚⲀⲅⲰⲅⲎⲞⲨ *Es geschah aber, als er fertig war, die Jünger [anzuweisen], ging er von dort weg und lehrte in ihren Synagogen.*

des Textes von Mt 11,11b (|| Lk 7,28b)[12] durch die koptischen Übersetzer. Die Textgestalt der sahidischen wie der mittelägyptischen Übersetzungen setzt den geläufigen griechischen Text voraus:

Mt 11,11b
gr.   ὁ δὲ μικρότερος ἐν τῇ βασιλείᾳ τῶν οὐρανῶν μείζων αὐτοῦ ἐστιν.
sa   ΠΚΟΥΙ ⲆⲈ ⲈⲢⲞϤ ⲞⲨⲚⲞϬ ⲈⲢⲞϤ ⲠⲈ ϨⲚ ⲦⲘⲚⲦⲢⲢⲞ ⲚⲘⲠⲎⲨⲈ
mae1 ΠΚΟΥΙ ⲆⲈ ⲈⲢⲀϤ ⲚⲀⲈϤ ⲈⲢⲀϤ ϨⲚ ⲦⲘⲚⲦⲈⲢⲀ ⲚⲘⲠⲎⲞⲨⲈ
mae2 Π|ΚΟΥΙ ⲆⲈ ⲈⲢⲀϤ ⲞⲨⲚⲀ[Ⲭ ⲈⲢⲀϤ ⲠⲈ ϨⲈⲚ| ⲦⲘⲚⲦⲈⲢⲀ ⲚⲘⲠⲎ

Lk 7,28b
gr.   ὁ δὲ μικρότερος ἐν τῇ βασιλείᾳ τοῦ θεοῦ μείζων αὐτοῦ ἐστιν.
sa   ΠΚΟΥΙ ⲆⲈ ⲈⲢⲞϤ ⲠⲚⲞϬ ⲈⲢⲞϤ ⲠⲈ ϨⲚ̄ ⲦⲘⲚ̄ⲦⲈⲢⲞ Ⲙ̄ⲠⲚⲞⲨⲦⲈ

Die Textauffassung, die in diesen koptischen Übersetzungen zum Ausdruck kommt, widerspricht in zweierlei Hinsicht der geläufigen modernen, z.B. deutschen Auslegungs- und Übersetzungspraxis, und zwar erstens hinsichtlich der Auffassung der griechischen Komparative μικρότερος und μείζων und zweitens hinsichtlich der Zuordnung des Adverbs ἐν τῇ βασιλείᾳ τῶν οὐρανῶν (bzw. τοῦ θεοῦ). Als Beispiele mögen die Übersetzungen von Mt 11,11b der Lutherbibel (revidierte Fassung 1984) und der New Revised Standard Version genügen:

Luther: der aber der Kleinste ist im Himmelreich, ist größer als er.
NRSV: yet the least in the kingdom of heaven is greater than he.

Die zitierten koptischen Übersetzungen verstehen die beiden griechischen Komparative—übrigens im Einklang mit den Kirchenvätern[13]—als eigentliche Komparative mit Bezug auf Johannes den

---

[12] Der Wortlaut der Parallelen ist praktisch identisch, abgesehen von dem typisch matthäischen *Himmelreich* statt des lukanischen *Gottesreich*. Die im folgenden anhand von Mt 11,11b durchgeführte Analyse gilt in der Sache daher auch für die lukanische Parallele.

[13] Vgl. besonders die Interpretation der Stelle durch Johannes Chrysostomos, HomMt57,421: ὁ δὲ μικρότερος ἐν τῇ βασιλείᾳ τῶν οὐρανῶν μείζων αὐτοῦ ἐστι. Μικρότερος κατὰ τὴν ἡλικίαν, καὶ κατὰ τὴν τῶν πολλῶν δόξαν· καὶ γὰρ ἔλεγον αὐτὸν φάγον καὶ οἰνοπότην· καί, Οὐχ οὗτός ἐστιν ὁ τοῦ τέκτονος υἱός;

Täufer und ziehen das besagte Adverb zur zweiten Hälfte des Satzes. Das meint also: Wer (hier/jetzt) kleiner ist als Johannes der Täufer— und das sind alle Menschen einschließlich Jesus selbst,[14] denn auch er ist ja im Sinne von Mt 11,11a ein Weibgeborener und unter den Weibgeborenen gibt es keinen größeren als Johannes[15]—ist in der (beziehungsweise unter den Bedingungen der) βασιλεία τῶν οὐρανῶν größer als Johannes der Täufer. Der griechische Text erlaubt diese Auffassung durchaus und es ist zumindest zu fragen, ob sie nicht auch die sachgemäßere sei. Die geläufige Auffassung ist ja, zumal, wenn sie impliziert, daß die βασιλεία an dieser Stelle eine transzendente Größe sei, theologisch eher banal. Das wirkliche, auch schon von Dibelius[16] formulierte theologische Problem, ob es denn denkbar sei, daß Jesus den Täufer vom kommenden Gottesreich ausschließe, ist vielleicht nur eine Überforderung des Textes. Es geht ja letztlich gar nicht um die Frage der Zugehörigkeit des Täufers zum Gottesreich, sondern um die Größe und umfassende Wirkung der Gottesherrschaft: Unter den Bedingungen der Gottesherrschaft ist jeder, der kleiner ist als der größte Mensch größer als der größte Mensch. Insofern auch Johannes zur Gottesherrschaft zählte, wäre er gewissermaßen größer als er selbst (unter irdischen Bedingungen). Grundsätzlich ausgeschlossen von der Gottesherrschaft ist er nicht.

Das Gleichnis von den ungleichen Kindern: Mt 21,28–32

Die Textgeschichte dieses matthäischen Sondergutgleichnisses gehört ohnehin zu den kompliziertesten innerhalb des Matthäusevangeliums.[17] Der neue mittelägyptische Mt-Zeuge im Codex Schøyen fügt dieser verwickelten Textgeschichte noch einige neue Aspekte hinzu.

καὶ πανταχοῦ αὐτὸν ἐξηυτέλιζον. *"Der Kleinere aber ist im Reich der Himmel größer als er." "Kleiner" hinsichtlich des Alters und nach Meinung der Menge, denn sie nannten ihn 'Fresser und Weinsäufer' und: 'Ist das nicht der Sohn des Zimmermanns?' und würdigten ihn in jeder Hinsicht herab."* Weiterhin dazu: F. Dibelius, "Zwei Worte Jesu II: Der kleinere ist im Himmelreich größer als Johannes (Mt 11,11)," *ZNW* 11 (1910): 190–92. "Erst durch Hieronymus scheint die heute übliche Auffassung aufgekommen zu sein." (192).

[14] F. Dibelius, "Worte", 191 bezieht *der Kleinere* direkt auf Jesus.

[15] Es sei denn, man versteht Mt 11,11a als versteckte Anspielung auf die Jungfrauengeburt; das ist aber kaum wahrscheinlich.

[16] F. Dibelius, "Worte", 190f. Dann in der Sache auch bei W. Bousset, *Kyrios Christos. Geschichte des Christusglaubens von den Anfängen des Christentums bis Irenäus* (FRLANT NF 4; Göttingen: Vandenhoeck & Ruprecht, 1913; 2nd ed. 1921), 45.

[17] Vgl. B.M. Metzger, *Textual Commentary*, 2nd ed. 1994, 45: "The textual transmission of the parable of the two sons is very much confused."

28 ⲞⲨ ⲠⲈⲦⲈⲦⲈⲚⲬⲰ ⲘⲘⲀϤ ⲞⲨⲢⲰⲘⲎ ⲈⲨⲈⲚⲦⲈϤ ⲚϢⲎⲢⲎ ⲤⲚⲈⲞⲨ
ⲘⲘⲈⲞⲨ: ϨⲀϥⲓ ϢⲀ ⲠⲈϨⲞⲨⲒ̈Ⲧⲓ ⲠⲈⲬⲈ<ϥ> ⲚⲈϤ ⲬⲈ ⲘⲀϢ ⲘⲠⲀⲞⲨ
ⲀⲢⲒϨⲰⲂ ϨⲈⲘ ⲠⲀⲘⲀ[Ⲛ]ⲈⲖⲀⲖⲎ: 29 ⲠⲈⲬⲎϤ ⲬⲈ Ⲁ̈ ⲀⲞⲨⲰ ⲘⲠϤϢⲎ 30
ⲘⲈⲚⲚⲤⲰ[Ⲥ] ϨⲀϥⲓ ϢⲀ ⲠⲘⲈϨⲂ̅ <Ϩ>ⲀϤⲬⲀⲤ ⲚⲈϤ ⲀⲚ ⲚⲦⲈⲒ̈ϨⲎ ⲠⲈⲬⲈϤ
ⲬⲈⲚ ⲚⲚⲀ ϨⲒ̈ϨⲀⲎ ⲀⲈ ϨⲀϤⲈⲢϨⲦⲎϤ ϨⲀϤϢⲎ 31 ⲚⲒⲘ ⲘⲘⲀⲞⲨ ⲠⲎ ⲠⲈⲢⲒ̈ⲢⲎ
ⲘⲠⲈⲦⲈϨⲚⲈϤ ⲘⲠⲈⲨⲒ̈ⲰⲦ : ⲠⲈⲬⲚⲞⲨ ⲬⲎ ⲠϢⲀⲢⲠ <Ⲡ>Ⲉ : Ⲡ[ⲈⲬⲈ]ϥ
ⲚⲀⲞⲨ Ⲛ[ⲬⲎ] Ⲓ̅Ⲥ̅ ⲬⲈ ϨⲀⲘⲎⲚ ϨⲀⲘⲎⲚ ϯⲬⲰ ⲘⲘ[ⲀⲤ ⲚⲎ]ⲦⲈⲚ ⲬⲈ
ⲚⲒⲦⲈⲖⲰⲚⲎⲤ ⲘⲈⲚ ⲚⲒⲠⲞⲢⲚⲞⲤ ⲤⲈⲚ[ⲈⲈⲢ]ϢⲀ[Ⲣ]Ⲡ Ⲉ[ⲢⲰ]ⲦⲈⲚ ⲈϨⲞⲨⲚ
ⲈⲦⲘⲈⲚ`Ⲧ´ⲈⲢⲀ ⲚⲘⲠⲎ 32 [ϨⲀϥⲓ] ⲄⲀⲢ ϢⲀⲢⲰⲦⲈⲚ ⲚⲬⲎ Ⲓ̈ⲰϨⲀⲚⲚⲎⲤ ϨⲈⲚ
ⲞⲨϨⲒ̈[Ⲏ ⲚⲦⲈ ⲞⲨⲀⲒⲔ]ⲀⲒⲞⲤⲨⲚⲎ ⲘⲠⲈⲦⲈⲚⲠⲒⲤⲦⲈⲨⲎ ⲈⲢⲀϤ Ⲛ[ⲒⲦⲈⲖⲰⲚ]ⲎⲤ
ⲘⲈ(Ⲛ) ⲚⲒⲠⲞⲢⲚⲞⲤ ϨⲀⲨⲠⲒⲤⲦⲈⲞⲨⲎ ⲈⲢⲀϤ [ⲚⲦⲰⲦⲚ Ⲁ]Ⲉ ϨⲀⲦ[ⲈⲦⲈ]ⲚⲚⲈ
ⲘⲠⲈⲦⲈⲚⲈⲢϨ( )ⲦⲎⲦⲈⲚ ϨⲒ[ϨⲀⲎ Ⲛ]ⲦⲈ[ⲦⲈ]ⲚⲠⲒⲤⲦⲈⲞⲨⲎ ⲈⲢⲀϤ

28 "Was ist es, das ihr sagt? Ein Mann, der zwei Kinder hatte,
kam zu dem ersten und sprach zu ihm: Geh heute und arbeite in
meinem Weinberg! 29 Er sprach: Ja, und ging nicht. 30 Danach
kam er zu dem zweiten. Er redete auch mit ihm so. Er sprach:
Nein! Schließlich aber bereute er und ging. 31 Wer von ihnen ist
der, der getan hat, was ihr Vater wollte?" Sie sprachen: "Der
erste." Jesus [sprach] zu ihnen: "Amen, amen ich sage euch: Die
Zöllner und die Hurer werden euch ins Königreich der Himmel
vorangehen. 32 Denn Johannes [kam] zu euch auf einem Weg
[von] Gerechtigkeit und ihr habt ihm nicht geglaubt. Die
[Zöllner] und die Hurer haben ihm geglaubt. [Ihr aber], ihr habt
gesehen und [schließlich] nicht bereut, so daß ihr ihm glaubtet."

Die erste Auffälligkeit in V. 28 ist die Wiedergabe (?) von δοκεῖν mit
ⲬⲰ *sagen*. Sofern nicht schon die griechische Vorlage von mae2 ein
anderes Wort enthielt, ist diese Übersetzung zumindest sehr frei. Die
Anrede τέκνον hat im koptischen Text keine Entsprechung, was in
der Textgeschichte dieser Perikope bisher nicht bezeugt ist. ϨⲈⲘ
ⲠⲀⲘⲀⲚⲈⲖⲀⲖⲎ (= ἐν τῷ ἀμπελῶνι μου) ist dagegen eine verbreitete
varia lectio. Die Textabfolge innerhalb der VV. 29–31 entspricht nicht
dem gegenwärtigen Standardtext von NA[27]. Metzger nennt drei
Typen der Überlieferung für dieses Textstück:[18]
Typ a (z.B. Codex Sinaiticus): Das erste Kind sagt Nein und bereut,
das zweite Kind sagt Ja und tut nichts. Wer tat den Willen des Vaters?
Antwort: Der erste.
Typ b (z.B. Codex D): Das erste Kind sagt Nein, das zweite Ja,
Antwort: Der letztere.

---

[18] *Textual Commentary*, 45.

Typ c (z.B. Codex Vaticanus): Das erste sagt Ja, das zweite Nein, Antwort: Der letztere/zweite.

In der Reihenfolge der Kinder entspricht mae2 Typ c, hat jedoch nicht die dazu passende Antwort. Hier berührt sich mae2 sachlich mit Metzgers Typ b (von ihm als "nonsensical" eingestuft), in dem aber die Reihenfolge der auftretenden Kinder genau umgekehrt ist. Allerdings ist auch die Textabfolge von mae2 (Ja-Sager—Nein-Sager—Antwort: Der erste) nicht vollkommen singulär. Metzger führt als einzigen Zeugen für diese Lesart einen Zweig (!) der georgischen Überlieferung (geo^A) an.[19] Die "sinnlose" Variante ist interessanterweise Hieronymus so vertraut gewesen, daß er eine theologische Deutung derselben versucht hat: Die angesprochenen Juden hätten absichtlich eine absurde Antwort gegeben, um die Pointe des Gleichnisses zu unterlaufen.[20]

Neben der eigentümlichen Textabfolge bietet mae2 auch im Detail noch zahlreiche *variae lectiones*. Die Antworten der Kinder fallen mit "Ja" beziehungsweise "Nein" denkbar knapp aus, in V. 29 gibt es keine Entsprechung zu κύριε. V. 30 beginnt mit ⲙⲉⲛⲛⲥⲱⲥ *danach*, wofür es sonst in der Textgeschichte kein Äquivalent gibt. Andererseits gibt es in V. 30 keine Entsprechung zu ἀποκριθεὶς (= ϩⲁϥⲭⲛⲟⲩⲱ). Zu Beginn von V. 31 heißt es "wer von ihnen" statt "wer von den zweien", die Lesart ⲙⲡⲉⲩⲓ̈ⲱⲧ "ihres Vaters" für τοῦ πατρός ist aber wohl nur idiomatisches Koptisch und keine echte Variante.[21] Für die Lesart ⲛⲓⲡⲟⲣⲛⲟⲥ (= οἱ πόρνοι statt αἱ πόρναι) in V. 31b und 32 gibt es in der Textüberlieferung keinen Anhalt. Auffällig ist auch das—eigentlich typisch johanneische und in Mt sonst nicht belegte—doppelte Amen zu Anfang von V. 31b. Eine Angleichung an den gewöhnlichen matthäischen Sprachgebrauch dürfte dagegen die Lesart ⲉⲧⲙⲉⲛⲧⲉⲣⲁ ⲛⲙⲡⲏ (= εἰς τὴν βασιλείαν τῶν οὐρανῶν statt εἰς τὴν βασιλείαν τοῦ θεοῦ) sein, eine bereits, wenn auch schwach, bezeugte *varia lectio*.[22]

[19] Vgl. *The Greek New Testament* (Hrsg. B. Aland et al.; 4th revised ed.; Stuttgart: Deutsche Bibelgesellschaft, 1993).

[20] Résumé nach B.M. Metzger, *Textual Commentary*, 45.

[21] Der Zeuge mae1 liest ebenfalls ⲡⲉⲩⲓ̈ⲟⲧ, sa ⲙⲡⲉϥⲉⲓⲱⲧ.

[22] Nicht verzeichnet im Apparat zu NA^{27}, aber im Apparat der *Synopsis Quattuor Evangeliorum* (Hrsg. K. Aland; Stuttgart: Deutsche Bibelgesellschaft, 1985), z. St.

Zur Eulogie in Röm 9,5

In der bis heute in der Exegese umstrittenen Frage, wie denn der letzte (Teil-)Satz in Röm 9,5 syntaktisch aufzufassen sei, ob als auf Christus bezogener Quasi-Relativsatz oder als selbständiger Lobpreis Gottes,[23] legt sich die sahidische Übersetzung des Textes eindeutig fest:

gr. ὧν οἱ πατέρες καὶ ἐξ ὧν ὁ Χριστὸς τὸ κατὰ σάρκα ὁ
     ὢν ἐπὶ πάντων θεὸς εὐλογητὸς εἰς τοὺς αἰῶνας,
     ἀμήν.

sa   ⲚⲀⲒ ⲈⲦⲈⲚⲞⲨⲞⲨ ⲚⲈ ⲚⲈⲒⲞⲦⲈ ⲀⲨⲰ ⲚⲦⲀⲠⲈⲬⲤ ⲈⲒ ⲈⲂⲞⲖ
     ⲚϨⲎⲦⲞⲨ ⲔⲀⲦⲀ ⲤⲀⲢⲜ ⲠⲚⲞⲨⲦⲈ ⲈⲦϨⲒⲬⲚ ⲞⲨⲞⲚ ⲚⲒⲘ.
     ⲠⲈⲦⲤⲘⲀⲘⲀⲀⲦ ϢⲀⲚⲒⲈⲚⲈϨ ϨⲀⲘⲎⲚ

     Diese (die Juden), deren die Väter sind und aus denen der
     Christus gekommen ist nach dem Fleisch.
     Gott, der über allem ist, der ist gepriesen in Ewigkeit.
     Amen.[24]

Mit der syntaktischen Spitzenstellung von ⲠⲚⲞⲨⲦⲈ [= (ὁ) θεός] ist der Satz eindeutig als selbständige Eulogie gekennzeichnet—der Kopte übersetzt den griechischen Text also wie einen "korrekt" formulierten Lobpreis und hat an dem "nachgeholten" θεός des griechischen Textes keinen Anstoß genommen.

---

[23] Zur Diskussion der grammatischen Möglichkeiten vgl. B.M. Metzger, *Textual Commentary*, z.St.

[24] Die Übersetzung gibt den koptischen Text wieder. Der letzte Satz ließe sich auch als adjektivische Cleft Sentence auffassen und folgendermaßen übersetzen: *Gott, der über allem ist, ist es, der gepriesen ist in Ewigkeit. Amen.* Vgl. a. die entgegengesetzte Textauffassung der Vulgata: *quorum patres et ex quibus Christus secundum carnem qui est super omnia Deus benedictus in saecula amen.*

Die Apostelin Junia in Röm 16,7[25]

Definitiv klären läßt sich mit Hilfe der sahidischen Übersetzung des Römerbriefs die Frage, ob der Akkusativ IOYNIAN in Röm 16,7 zu einem maskulinen (*'Iουνιᾶς) oder zu einem femininen ('Iουνία) Eigennamen gehört und ob also in dieser Namensliste ein Apostel oder eine Apostelin gegrüßt wird. Das Problem selbst ist nicht neu und die sonstigen Argumente dürften im wesentlichen ausgetauscht sein.[26] Erinnert sei nur daran, daß es für einen Männernamen *'Iουνιᾶς nach wie vor keinen eindeutigen antiken Beleg gibt, während der antike Frauenname 'Iουνία durchaus geläufig ist.

Aufschlußreich ist zunächst ein Blick in den Apparat von NA[27]. Erstmals bietet der Apparat von NA[27] die Bezeugungen für die Lesart IOYNIAN aufgeschlüsselt nach den Gesichtspunkten *cum accento* und *sine accento*, und zwar konkret für 'Iουνίαν einerseits und IOYNIAN andererseits. Dabei lesen die ältesten Majuskelhandschriften (ℵ, A, B*, C, D*) selbstverständlich ohne Akzent, also IOYNIAN, die ältesten und wichtigsten Zeugen für eine Akzentuierung, nämlich die zweite Korrektorgruppe des Codex Vaticanus (B², 6./7. Jhdt.), die zweite Korrektorgruppe des Codex Claromontanus (D², 9. Jhdt.), sowie die "Königin der Minuskeln" (33, 9. Jhdt.) allesamt 'Iουνίαν, was auf den weiblichen Eigennamen 'Iουνία zurückzuführen ist. Der Text, den NA[27] (ebenso wie schon NA[26]) bietet, nämlich 'Iουνιᾶν, hat also offensichtlich keinen (bzw. keinen erwähnenswerten) Anhalt in der Textüberlieferung, er beruht also auf einer Entscheidung, die mit den sonst praktizierten Regeln der Textkonstitution nicht im Einklang steht. Nicht aufgeführt wird im Apparat von NA[27] die sahidische Überlieferung, obgleich sich ihr Text, ins Griechische zurückverfolgt, eindeutig akzentuieren ließe. Die Editionen von Horner und Thompson lesen einhellig: ϣⲓⲛⲉ ⲉⲁⲛⲇⲣⲟⲛⲓⲕⲟⲥ· ⲙ̄ⲛ ⲓⲟⲩⲛⲓⲁ ⲛⲁⲥⲩⲅⲅⲉⲛⲏⲥ[27] usw. Da das Koptische Nomina nicht dekliniert, son-

---

[25] Die folgenden Bemerkungen zu Röm 16,7 sind eine kurze Zusammenfassung einer Miszelle, die ich 1996 in *NTS* 42, 477f. veröffentlicht habe. Der Text von Röm 16,7 wurde im letzten korrigierten Druck von NA[27] (bzw. GNT[6]) 1998 in 'Iουνίαν geändert.

[26] Vgl. stellvertretend U. Wilckens, *Der Brief an die Römer* (2nd ed.; EKKNT VI/3; Neukirchen-Vluyn: Neukirchener Verlag, 1989), 135f und Anm. 647; J.A. Fitzmyer, *Romans* (AB 33; New York: Doubleday, 1993), 737–40 und 742ff.

[27] Text nach G. Horner, *The Coptic Version of the New Testament in the Southern Dialect* IV (Osnabrück: Zeller, 1969, Reprint), 154. Nach H. Thompson, *The Coptic Version of the Acts of the Apostles and the Pauline Epistles* (Cambridge: The University

dern ihre syntaktische Funktion durch Stellung, Partikeln und dergleichen bestimmt, führt es griechische Nomina in der Regel im Nominativ des Singulars an, d.h. griechische maskuline *nomina propria* auf -ᴀⲥ lauten im Koptischen unabhängig von ihrer Funktion im Satzgefüge stets so: ⲗⲟⲩⲕⲁⲥ (Kol 4,14), ⲇⲏⲙⲁⲥ (Phlm 24), ⲃⲁⲣⲛⲁⲃⲁⲥ (Apg 4,36) usw. Das bedeutet nun, daß die Lesung ⲓⲟⲩⲛⲓⲁ vom Kopten nur als Frauenname gemeint sein kann; die koptischen Übersetzer des Römerbriefs haben ihre griechische Vorlage in diesem —ihnen vermutlich einzig möglichen—Sinne interpretiert. Ein maskuliner Eigenname, wie er immer wieder rekonstruiert worden ist, hat ihnen, denen der Schatz griechischer bzw. gräzisierter Eigennamen aus dem täglichen Umgang vertraut war, als Interpretations*möglichkeit* wohl gar nicht zur Verfügung gestanden.[28]

Der Crosby-Schøyen-Codex: Ältester Zeuge für 1Petr?

Der bereits 1955 von der University of Mississippi erworbene, aber erst—nach mehreren Besitzerwechseln—1990 edierte Crosby-Schøyen-Codex[29] enthält neben der Passah-Homilie des Melito von Sardes, einer eigentümlichen Version von 2Makk 5,27–7,41, dem vollständig erhaltenen Buch Jona und den Resten einer sonst unbekannten christlichen Homilie als dritten Text auch eine komplett erhaltene koptische (sahidische) Übersetzung des ersten Petrusbriefes. Über die Datierung dieser Handschrift herrscht unter den Fachleuten keine Einigkeit; sie schwankt zwischen spätem 2. Jahrhundert (Willis/Roberts) und ca. 400 (K. und B. Aland). Auch wenn man vorsichtigerweise die Alandsche Spätdatierung zur Grundlage weiterer Überlegungen macht, gehört der Crosby-Schøyen-Codex (= CS) gemeinsam mit dem 𝔓72 (3./4. Jahrhundert) zu den beiden ältesten Textzeugen für 1Petr und ist schon deshalb besonderer textkritischer

---

Press, 1932, Chester Beatty Codex A/B), 117 lautet der Text exakt: ⲩⲓⲛⲉ ⲉⲁⲛⲇⲣⲟⲛⲓⲕⲟⲥ ⲙⲛ̄ⲓ̈ⲟⲩⲛⲓⲁ ⲛⲁⲥⲩⲅⲅⲉⲛⲏⲥ.

[28] *The Greek New Testament*, 3d corrected edition 1983 führt cop[sa] neben Zeugen wie ℵ, A, B, C, D, 33 und zahlreichen anderen als Beleg für die Lesart ᾽Ιουνιᾶν (sic!) an. The fourth revised edition 1993 notiert: "᾽Ιουνιᾶν *(masculine)* (ℵ A B* C D* F G P, *but written without accents*)", sodann die Zeugen für ᾽Ιουνία *(feminine)*, allerdings ohne Erwähnung der sahidischen Überlieferung (cop[sa]). Die kursiven Lettern stehen so in der Vorlage.

[29] *The Crosby-Schøyen-Codex MS 193 in the Schøyen-Collection* (ed. J.E. Goehring, with the contributions of H.-G. Bethge, Ch.W. Hedrick, E.S. Meltzer, J.E. Goehring, C.N. Jefford, J.M. Robinson, W.H. Willis; CSCO 521, Subsidia Tomus 85; Louvain: Peeters, 1990).

Aufmerksamkeit wert. Zu den Indizien für das hohe Alter dieser Handschrift gehört weiterhin, daß 1Petr in der Inscriptio wie in der Subscriptio dieser Handschrift nur mit ⲦⲈⲠⲒⲤⲦⲞⲖⲎ ⲘⲠⲈⲦⲢⲞⲤ, *Der Brief des Petrus*, bezeichnet wird und also aus einer Zeit (und/oder Gegend) stammt, in der der 2Petr entweder nicht bekannt war oder zumindest (noch) nicht akzeptiert wurde. Eine vergleichbare Bezeichnung bietet kein koptischer oder griechischer Textzeuge für den 1Petr! Zu berücksichtigen ist auch, daß die griechische Vorlage dieser koptischen Übersetzung natürlich noch einmal um einige Jahre bis Jahrzehnte älter ist als diese selbst.

Den textkritischen Besonderheiten dieses vielleicht ältesten Zeugen für den 1Petr hat H.-G. Bethge bereits einen ausführlichen Aufsatz gewidmet;[30] ich beschränke mich daher im folgenden auf wenige Randbemerkungen sowie die Hervorhebung einiger besonders interessanter Passagen.

Der schwankenden Textüberlieferung in 1Petr 1,20b (φανερωθέντος δὲ ἐπ᾽ ἐσχάτου τῶν χρόνων δι᾽ ὑμᾶς—vgl. a. die Varianten im Apparat) fügt CS folgende Variante hinzu: Ⲛ̄ⲦⲀϥⲞⲨⲰⲚϨ ⲆⲈ ⲈⲂⲞⲖ ⲈⲦⲂⲈⲦⲎⲨⲚ̄ (sic!) ⲚⲈⲞⲨⲞⲈⲒ϶. Bethge[31] versteht ⲚⲈⲞⲨⲞⲈⲒ϶ als Wiedergabe von ποτέ, so daß man übersetzen müßte: "er ist aber einst um euretwillen erschienen". Die griechische Vorlage hätte dann kein Äquivalent für ἐσχάτου/ἐσχάτων gehabt. Vorausgesetzt ist dabei, daß ⲚⲈⲞⲨⲞⲈⲒ϶ hier für Ⲛ̄ⲞⲨⲞⲈⲒ϶ steht, wofür mir aber sonst keine Belege bekannt sind. Wahrscheinlicher ist, zumal, wenn man den größten Teil der sonstigen sahidischen Überlieferung der Stelle vergleicht (ⲈⲀϥⲞⲨⲰⲚϨ ⲆⲈ ⲈⲂⲞⲖ ⲈⲦⲂⲈⲦⲎⲨⲦⲚ̄ ϨⲚ̄ ⲐⲀⲎ Ⲛ̄ⲚⲈⲞⲨⲞⲈⲒ϶),[32] daß ⲚⲈ- hier der Pluralartikel ist und ϨⲚ̄ ⲐⲀⲎ, das Äquivalent für ἐπ᾽ ἐσχάτου, bloß durch einen Kopistenfehler ausgefallen ist. Es handelt sich also am ehesten um eine verstümmelte Lesung des Standardtextes von NA[27].

Scheinbar zweideutig ist die Lesart des CS am Ende von 1Petr 2,3: ⲞⲨⲬⲤ̄ ⲠⲈ ⲠϪⲞⲈⲒⲤ läßt sich zunächst nicht eindeutig auf χρηστὸς ὁ κύριος (so u.a. ℵ, B, 𝔐) bzw. χριστὸς ὁ κύριος (so z.B. 𝔓72) zurückführen. ⲬⲤ̄ ist zwar auch im Koptischen geläufige Christus-kontraktion, kann aber, gewissermaßen wortspielerisch—wegen des Gleichklangs, auch als Abkürzung für χρηστός und seine Ableitungen

[30] H.-G. Bethge, "Der Text des ersten Petrusbriefes im Crosby-Schøyen-Codex (Ms. 193 Schøyen Collection)", *ZNW* 84 (1993): 255–67.

[31] "Text", 261.

[32] Vgl. K. Schüssler, *Die katholischen Briefe in der koptischen (sahidischen) Version* (CSCO 528, Scriptores Coptici Tomus 45; Louvain: Peeters, 1991), 8.

gebraucht werden.[33] Der unbestimmte Artikel ⲟⲩ- vor ⲭ̅ⲥ̅ macht eine
Rückführung auf χρηστός wahrscheinlich, vor Christus würde man
im Koptischen, auch bei Artikellosigkeit der griechischen Vorlage,
eher den bestimmten Artikel ⲡⲉ- erwarten.[34] Vermutlich ist also der
Text des CS hier ein Zeuge für den Standardtext von NA[27].

Die textkritisch interessanteste Stelle bietet der CS zweifellos mit
seiner Lesart des ersten Teiles von 1Petr 3,18: ⲭⲉ ⲡⲉⲭ̅ⲥ̅ ⲁϥⲙⲟⲩ
ⲛ̅ⲟⲩⲥⲟⲡ ϩⲁ ⲛⲉⲧⲙⲟⲟⲩⲧ̅ ϩⲁ ⲡⲇⲓⲕⲁⲓⲟⲥ ⲙ̅ⲛ̅ ⲣ̅ⲣⲉϥϫⲓ ⲛϭⲟⲛⲥ *Denn
Christus ist einmal für die Toten gestorben, für den Gerechten und die
Ungerechten.* Mit ⲁϥⲙⲟⲩ ist CS wie die gesamte sahidische
Überlieferung[35] ein Zeuge für die Lesart ἀπέθανεν, die durch diesen
alten Zeugen zusätzliches Gewicht erhält. Mit ϩⲁ ⲛⲉⲧⲙⲟⲟⲩⲧ̅ [= περὶ
(τῶν) νεκρῶν anstelle von περὶ ἁμαρτιῶν] bietet CS eine absolut
singuläre Lesart, die aber gerade nach ⲁϥⲙⲟⲩ *er starb* eine gewisse innere Logik besitzt. Ebenfalls singulär ist, daß hier ⲡⲇⲓⲕⲁⲓⲟⲥ, das
Äquivalent für δίκαιος, nicht mehr Attribut zu Christus ist, sondern
gemeinsam mit ⲣ̅ⲣⲉϥϫⲓ ⲛϭⲟⲛⲥ, dem Äquivalent für ἀδίκων,
Näherbestimmung zu ⲛⲉⲧⲙⲟⲟⲩⲧ̅ *die Toten* ist. Gerade im Zusammenhang mit dem singulären ⲛⲉⲧⲙⲟⲟⲩⲧ̅ besitzt diese Lesart innere
Logik und Stringenz, so daß es mir (mit Bethge)[36] schwerfällt, hier an
ein Schreibversehen zu glauben.

Zweifellos ist der Crosby-Schøyen-Codex ein alter und wichtiger
Zeuge für den 1Petr, dessen Fruchtbarmachung für die Textkritik des
Neuen Testaments erst noch zu leisten ist.

[33] Z.B. 2ApcJac p. 59,11; Silv p. 89,6 und p. 111,14.
[34] Vgl. die sahidische Wiedergabe von χριστὸς κύριος in Lk 2,11: ⲡⲉⲭ̅ⲥ̅ ⲡϫⲟⲉⲓⲥ
und die Wiedergabe des artikellosen Χριστοῦ in 1Petr 1,19 mit ⲛ̅ⲧⲉ…ⲡⲉⲭ̅ⲥ̅ in CS
oder die Wiedergabe von artikellosem Χριστός mit ⲡⲉⲭ̅ⲥ̅ in 1Petr 3,18.
[35] Sie wird im Apparat zu NA[27] nicht aufgeführt.
[36] "Text", 263.

Theodorus Beza and New Testament Conjectural Emendation

Jan Krans (Free University Amsterdam)

This contribution is about Beza's way of "doing" conjectural emendation on the NT Greek text. I will first describe Beza's major editions of the New Testament text, because they are the original *Sitz im Leben* of the conjectures he made, and then discuss his text-critical method and some of the conjectures that are ascribed to him.

Beza and his Editions of the New Testament Text

Overview

This overview discusses only the most important editions, the so-called *editiones maiores*. The full titles have been included in the bibliography, for they contain important information and clues to the understanding of Beza's aims. There were also *editiones minores* and separate publications of the *Annotationes*.

* [1]1556/1557: *Biblia utriusque Testamenti* . . . This is R. Stephanus' (R. Etienne's) fifth Latin folio Bible. The New Testament part contains the Vulgate, Beza's new Latin translation and his *Annotationes*.[1] The notes seek explicitly to justify his translation over against three others: the Vulgate, Erasmus' translation and 'a recent translation' which can be none other than Castellio's.

★ 1559/1560: *Τῆς Καινῆς Διαθήκης ἅπαντα. Novum D.N. Iesu Christi Testamentum* . . . This edition is the first in which Beza gives a Greek text of the New Testament. This text, however, is mainly identical to R. Stephanus' 3rd ed. from 1550. It is printed together with Beza's Latin translation and *Annotationes*.

* [2]1565: *Iesu Christi D. N. Novum testamentum, sive Novum foedus* . . . This New Testament with annotations is often designated as Beza's "first

---

[1] The lay-out shows Beza's recent Latin version (in large type in a column by the outer margin), together with the Vulgate (in small type by the inner margin) and the annotations at the bottom of the page.

editio maior."[2] It is the first in which we find the format that Beza and his printers will continue to use three more times, in 1582, 1588/89 and 1598. There are, however, strong indications that Beza himself considered the 1565 book to be his second edition. First of all, we find the words "hac secunda editione" in the title,[3] though these can still be taken to refer only to the *Annotationes*, as is sometimes argued.[4] But the verb "recognosco" ("to revise") is also used for Beza's "new translation." Moreover, in the title of the 1588/89 edition, normally described as Beza's third major edition, we find the words "Haec Quarta Editio," which clearly refer to the work as a whole as the fourth edition.

The precise numbering of Beza's major editions are important, for the fact that Beza refers to a first edition, without a Greek text, shows the centrality of the Latin part and diminishes somewhat his contribution to the Greek text of the New Testament. Beza considered his contribution to R. Etienne's fifth Latin folio Bible (1556/57) to be the first edition of his New Testament with annotations.[5] This work was enlarged, emended,

---

[2] T.H. Darlow and H.F. Moule, *Historical Catalogue of the Printed Editions of Holy Scripture in the Library of the British and Foreign Bible Society* (part I: English; part II: Polyglots and languages other than English; 3 vols. New York: Kraus Reprint, 1963, original edition London: British and Foreign Bible Society, 1903–1911), 591; E. Reuss, *Bibliotheca Novi Testamenti Graeci cuius editiones ab initio typographiae ad nostram aetatem impressas quotquot reperiri potuerunt* (Brunswick: Schwetschke, 1872), 85; F.H.A. Scrivener, *A Plain Introduction to the Criticism of the New Testament for the Use of Biblical Students* (ed. E. Miller; 4th ed.; 2 vols.; London: Bell, 1894). Vol. II, 192–93 n.2, states correctly that "Beza must have reckoned his Latin amongst his editions when he spoke of his folio of 1565 as his second edition," but does not draw any conclusions from this observation (cf. below). Interestingly, the correct state of affairs was already indicated by J.J. Wettstein, *Novum Testamentum Graecum* (2 vols.; Amsterdam: Officina Dommeriana, 1751–1752), 1: 146, though Wettstein's remark that Beza's editions from 1565 onwards contain a Greek Text, established by Beza himself ("Textum Graecum, ab ipsomet Beza formatum") is an overstatement.

[3] Similarly, the annotations in the 1582 and 1588/89 editions are described in the title as 'quas itidem hac tertia editione recognovit' ("which he also revised for this third edition") and "quas itidem hac quarta edit. accurate recognovit" ("which he also carefully revised for this fourth edition"). The word "itidem" ("also") already indicates that the numbering not only concerns the annotations. The 1598 edition is not numbered in the same way; instead, the title contains the somewhat overstated words "omnia nunc . . . quam accuratissime emendata et aucta, ut quodammodo novum opus videri possit" ("everything now very carefully corrected and augmented, so that it may seem an entirely new work"). Perhaps this is due to the fact that Beza had changed printing houses.

[4] Darlow and Moule, *Catalogue*, 2: 591.

[5] This is also confirmed by the dedication to Queen Elizabeth, when Beza writes in 1564: "Annus iam agitur octavus ex quo nostram hanc novi Foederis versionem, additis annotationibus, aggressus, . . ." ("It is already eight years ago since I undertook my translation of the New Covenant, together with annotations . . ."). Again we see that Beza considers his own translation, together with the annotations that support it, to be his first

corrected, and revised in the 1565 edition. This edition merges the 1556/57 edition, which did not contain a Greek text, with the 1559/60 one, which did not have the Vulgate.

The 1565 edition contains, as indicated, a Greek text (mainly R. Stephanus' 4th ed. 1551), Beza's Latin translation, the Vulgate, and Beza's *Annotationes*. A long dedication to Queen Elizabeth serves as introduction, which will be reprinted in the 1582 and 1588/89 editions.

*   [3]1582: *Iesu Christi D. N. Novum testamentum, sive Novum foedus . . .* This third edition, commonly designated as Beza's "second editio maior," contains the same elements as the 1565 edition. Besides the dedication to Queen Elizabeth (with some changes), it contains a short preface "Christiano lectori" that enumerates the most important innovations over the previous edition.

It is indeed an important edition, as it is the one in which Beza for the first time uses the Peshitta, in the edition of Tremellius, and the Arabic version, a Latin translation of which was provided by Tremellius' son-in-law, Junius. Moreover, Beza had acquired what we now know as Codex Bezae Cantabrigiensis (D^{ea} or 05) and Codex Claromontanus (D^P or 06).[6] Beza made no collation of the new material; he only consulted it when he felt the need to do so. His use of it is haphazard. In his note on Acts 2:47, for example, he first states that "my very old manuscript" ("meus . . . vetustissimus codex") has . . . ἐπὶ τὸ αὐτὸ τῇ ἐκκλησίᾳ . . ., then gives the latter part as ἐν τῇ ἐκκλησίᾳ, and on the whole fails to notice that the manuscript's reading includes the words ἐν δὲ ταῖς ἡμέραις ταύταις. Beza gave Codex Bezae to the University of Cambridge as early as 1581 and suggested that it be kept in storage instead of published.[7] One does not need to be a psychologist to suspect that after his initial enthusiasm, Beza himself felt somewhat uneasy about the manuscript.

---

edition.

[6] Beza obtained the "Codex Bezae" in 1562, after the sack of Lyon by Des Adrets. Readings of it were already known to R. Etienne, probably based on information gathered during the Council of Trent (1546) (see F. H.A. Scrivener, *Introduction*, 1: 124–25). Probably in the same period Beza obtained the Codex Claromontanus, found in "Clairmont near Beauvais," which he kept till his death.

[7] By 1582, Beza had already sent the Lyon manuscript to Cambridge; cf. F.H.A. Scrivener, *Bezae Codex Cantabrigiensis, being an exact copy, in ordinary type, of the celebrated uncial Graeco-Latin manuscript of the four Gospels and Acts of the Apostles, written early in the sixth century, and presented to the University of Cambridge by Theodore Beza, a.d. 1581. Edited with a Critical Introduction, Annotations, and Facsimiles* (Cambridge: Deighton, Bell and Co, 1864), where Scrivener somewhat unjustly remarks on Beza: "[H]is skill as a critic may be estimated by the wisdom of his suggestion to the University of Cambridge, that to avoid giving offence through its extensive deviations from all other documents, however old, it was more fit to be stored up than published."

* [4]1588/1589: *Testamentum Novum, sive Novum Foedus Iesu Christi, D.N.* ... This fourth edition, known as Beza's "third editio maior," contains no preface besides the dedication to Queen Elizabeth. The latter is taken over from the previous edition without changes.

* [5]1598: *Iesu Christi Domini Nostri Novum Testamentum sive Novum foedus.* This is Beza's last editio maior. It is the one on which the King James version is based to an important degree. The dedication to Queen Elizabeth is dropped, and parts of it have gone into a two-page preface "Christiano lectori."

The Character and Significance of Beza's Annotations

Numerous elements indicate that Beza was mostly interested in his "new" Latin translation, which he meant to replace both the Vulgate and Erasmus' translation. In the prefaces of the 1598 edition Beza underlines the necessity of having a good Latin translation in order to have a basis for the authority of orthodox Christian principles ("Christianorum Principium orthodoxorum auctoritatem"), and to have the agreement of all in a truly Christian church ("Ecclesiae vere Christianae"). I have already showed that the printing history of his editions points in this direction, but there is more.

The annotations are invariably introduced as "annotationes, in quibus ratio interpretationis redditur": they aim at giving the reasons behind Beza's new Latin translation (it was still a time in which everything that was new had to defend its place under the sun). And indeed, where Beza's version differs strongly from the Vulgate, or where he found Erasmus or Castellio had gone too far, we usually find a note. But the annotations are a lot more than that, of course: they provide a sort of running commentary in which Beza sets out his basic understanding not of the texts but of orthodox Christian doctrine; and they contain remarks which we would name "text-critical": he notes variant readings, makes some remarks on them, and offers his opinion or choice.[8]

The lay-out of the various editions nicely illustrates the same point. In the centre we find Beza's Latin translation, in large type; on the left, the Greek, also in large ("Royal Greek" type, in order to show that Beza does not betray the "Graeca veritas," and on the right, in small type, the Vulgate, in order to show the differences with and therefore the

---

[8] Beza does not make a choice in all cases. His text-critical remarks are at most only remotely comparable to something like Metzger's *Textual Commentary*.

superiority of Beza's translation.[9] If this is not immediately clear, the annotations at the bottom of the page can help.

These observations have consequences for the way we ought to consider and judge Beza's Greek text. It is not even adequate to call this Greek text a "recension," presumably by Beza himself. It would not have occurred to Beza to publish only the Greek. That this Greek text was to become the most influential one for at least two centuries, as the basis for the Textus Receptus, cannot be imputed to him, as Erasmus cannot be condemned for the choice of manuscripts for his first edition of the New Testament.

Moreover, the most important changes in subsequent editions do not occur in the texts, but in the annotations.[10] Thus, if Beza has any opinion on the Greek, it is to be found in the annotations, for he generally prints the Greek text provided by Etienne, with only some "emendations" of his own. In this he follows the well-known post-humanist editing practice according to which new editions of texts were based on a previous edition, not attempting to establish a totally new text. Emendation is always 'local', that is, limited to individual text places. In Beza's case it was even more limited, and at times the text does not reflect the annotations, that is, he left the text unaltered, while indicating another reading, sometimes even a conjectural one, in the annotations.

In short, saying that Beza had a Greek text printed gives him too much credit or blame. Only in a minor way is this Greek text really his. Moreover, the Greek text we find in his editions of the New Testament is always printed alongside his Latin translation. This fact is very important, for it shows that, although Beza firmly believes in the "Graeca veritas," the Greek in fact serves the Latin, or, to put it more poignantly, this "Greek truth" is subordinate to the authority of the Latin. If there is any textual

---

[9] One involuntarily thinks of the place of the Latin text of the Old Testament in the Complutensian Polyglot between the Hebrew and the Greek, in its preface compared with Jesus' crucified between two robbers. And was not one of the robbers saved by Jesus' words (Luke 23:39–43)?

[10] I also noticed some typographical improvements: fewer ligatures in the Greek font (which remains Garamond's "French Royal Greek type") (whether this really is an improvement may be subject to debate); the various texts are put between vertical and horizontal lines; the annotations are put in columns to enhance readability; starting new paragraphs for annotations even within a verse, sometimes at a new line, sometimes with a ¶ sign, though not consistently; expressions and citations in italic type to set them off from the rest of the text; in Beza's translation, parenthetical remarks from the biblical authors are put in brackets; in Beza's translation, words which have no counterpart in the Greek text are put in italics; to words from Semitic languages (Hebrew or Syriac) a transliteration is added between brackets; fewer abbreviations.

scholarship to be admired in Beza's work, it has to be found in his annotations.[11]

Beza and Conjectural Emendation

Beza's Text-critical Reasoning and Conjectural Emendation

In the preface of the 1589 edition (already in 1565), we read (p. iiii[r-v]): "In addition to all this came a copy from the library of our Etienne, in which Henr. Etienne, his son and heir of his father's industry, had collated as accurately as possible some 25 manuscript codices and almost all the printed ones. This, above all, supported me greatly and in many ways, for I saw thus confirmed by the authority of a codex what otherwise used to rest only upon the conjecture of the interpreter. At the same time we were given an opportunity to know the truth from the traces of an old reading, in which, however, we maintained this restriction, in accordance with the warning, not to change a tittle ('apex', an allusion to Mt 5:18 Vg) on the basis of reason or pure conjecture."[12] This passage sheds some light on Beza's sources: he used only few manuscripts, and depended for the collation of these on the work of Henr. Etienne.

This manuscript information, slight as it may have been, made him see that manuscript readings can confirm conjectures, or, to put it differently, that knowledge of manuscripts lessens the need for conjecture (a relatively modern insight which we find here *in nuce*).

On close reading, Beza's remarks seem to be in contrast with the "lectio difficilior" principle, which was of course not yet explicitly known as such, but only anticipated now and then. He seems to feel free to choose

---

[11] My conclusions on Beza as a textual critic are similar to those of Bentley on Erasmus. Bentley writes: "[I]t makes for thoroughly unhistorical procedure to hold Erasmus responsible for later textual discoveries. (. . .) Erasmus' manuscripts and editions by themselves do not reveal the quality of his New Testament scholarship. (. . .) The only source that allows this sort of analysis is the *Annotations*" (J.H. Bentley, *Humanists and Holy Writ: New Testament Scholarship in the Renaissance* (Princeton: Princeton University Press, 1983), 138–39).

[12] English translations are my own unless otherwise noted. I will give the Latin in a footnote. "Adhaec omnia accessit exemplar ex Stephani nostri bibliotheca cum vigintiquinque plus minus manuscriptis codicibus, et omnibus pene impressis, ab Henrico Stephano eius filio, et paternae sedulitatis haerede, quam diligentissime collatum: quae res una prae caeteris magnopere me in plerisque sublevavit, quum interdum vide-|rem, quae alioqui sola interpretum coniectura nitebantur, alicuius codicis auctoritate confirmata: interdum autem ex veteris lectionis vestigiis aditus ad cognoscendam veritatem nobis patefieret, in quo tamen hunc modum tenuimus, ut admonitione contenti, ex ingenio aut simplici coniectura ne apicem quidem mutaremus." The number 25 may well be a printer's error (xv taken as xxv?) for 15, the number that is mentioned elsewhere.

whatever reading best fits his interests, or not to choose at all, and simply to enumerate the variant readings known to him. To put it more mildly: Beza, in accordance with his time, aims to give the text with the best meaning and to choose or even not to choose among the variant readings accordingly. It could hardly have been otherwise at that time.

Beza, however, shows some awareness of "transcriptional probability," for example in his conjecture on 2 Tim 4:20 (see below) and in his refinement of Erasmus' well-known conjecture on Jas 4:2.[13] The transmitted Greek text in Jas 4:2 has φονεύετε ("you kill"), which in this context seems to be an overstatement. Therefore, Erasmus proposed φθονεῖτε ("you are jealous"), and suggested that a sleeping copyist committed the error. For this conjecture Beza provides what we would now call a simple "genealogical tree," starting with the lost "original" text φθονεῖτε. According to Beza, the correct φθονεῖτε was accidentally changed into a meaningless φονεῖτε, which we still find in a Greek scholion. Another copyist tried to make sense of it by giving the grammatically correct φονεύετε. Thus the Greek scholion serves as a missing link, in order to provide the necessary "transcriptional" probability.[14]

Beza seems sometimes even to have an inkling of the "lectio difficilior" principle, for example in his comment on Acts 6:9: "So that someone without experience could easily have suspected that the place was corrupt, but which he corrupted himself [by 'correcting' it]."[15] Beza clearly takes into account the possibility of a copyist who "corrupts" a difficult text in his effort to correct or simplify it.[16]

---

[13] Erasmus' conjecture φθονεῖτε can be found in the *Editio Critica Maior* , but only as an additional reading of 918, a sixteenth-century manuscript. That this reading undoubtedly depends on Erasmus' conjecture is nowhere mentioned.

[14] 1598 (and earlier): "*Invidetis*, φθονεῖτε. Scio in Graecis cod. legi φονεύετε. quod legit Vulgata et sequitur Syrus interpres. Sed assentior Erasmo, ut qui non videam quînam id conveniat, ne si quidem ad solum occidendi desiderium referatur: quia nimium decresceret oratio. Graecus schol. legit φονεῖτε, quod ego existimo depravate scriptum fuisse a librariis pro φθονεῖτε, cuius loco postea scriptum est φονεύετε, quod illud non sit usitatum" ("You are jealous, φθονεῖτε. I know that in the Greek manuscripts it is read φονεύετε, which the Vulgate reads and the Syriac translator followed. But I agree with Erasmus; like him I cannot see how it may fit, when indeed the text only refers to the desire to murder, for the argument would become very weak. A Greek scholion reads φονεῖτε. I think this is a corruption, written by the copyists instead of φθονεῖτε. Later, φονεύετε has been written in its place, for it was considered uncommon"). Note that Beza is explicitly aware ("scio") that he is accepting a conjecture here.

[15] ". . . ut imperitus aliquis facile suspicari potuerit locum esse depravatum, quem ipse tamen depravarit." This comment is found in the 1565 edition only and not in later editions, for he later solved the textual difficulty differently.

[16] Beza may have been influenced by Erasmus here. In his *Annotationes* Erasmus regularly refers to scribal changes introduced by scribes who apparently were offended

But these are exceptions. There was no canon of text-critical rules then, and no methodical way of judging variant readings. Neither could Beza have an idea of the general state of the Greek text of the New Testament. His involvement with conjectural emendation has to be seen within this context.

For our present discussion, Beza's other remark on conjectures is important as well. He will not allow only "reason and pure conjecture" (read: "reason-inspired conjecture") to decide emendations of the text. In using this well-known expression Beza sets himself off against the humanist tradition, in which conjectures are accepted far more easily. One can wonder, with the small manuscript base known to him, whether Beza's explicit reluctance towards conjectures is well-founded, but another question is more interesting: does Beza follow his own principle? Apparently not, as quite a few conjectures are known of which Beza is the *Urheber*. He also accepts, for example, Erasmus' conjecture on Jas 4:2.[17] The matter, on closer inspection, turns out to be more complicated and more interesting than a mere decision for acceptance or rejection of conjectural emendation. For this, we have to turn to the conjectures themselves.

Conjectures by Beza in the Nestle-Aland Editions

For the purpose of this article, I will mainly limit myself to the conjectures indicated in the various Nestle and Nestle-Aland editions.[18] These alone provide sufficiently good examples of Beza's reasoning, and of the difficulties in the transmission of the conjectures themselves. NA[25] mentions ten conjectures by Beza, on Matt 8:30, Mark 10:46 and 14:36, Luke 9:53, Acts 6:9 and 8:26, Rom 4:12 and 8:15, Gal 4:6, and 2 Tim 4:20.[19] Of these, eight are retained in NA[27], whereas the conjectures on

("offensus") about the reading in their exemplar (Desiderius Erasmus, *Annotations on Romans* (Toronto: University of Toronto Press, 1994 [*CWE* 56]). Cf. Bentley, *Humanists and Holy Writ*, 153–55.

[17] Cf. Beza's comments on Camerarius' conjecture on John 19:29 (1598): "Mihi vero non displicet doctissimi Camerarii coniectura, scriptum fortassis fuisse ὑσσῷ (. . .) Sed ex coniectura nihil volui immutare (. . .)" ("I appreciate the conjecture by the most learned Camerarius, according to which there may been written ὑσσῷ (...) But I did not want to change anything on the basis of conjecture (. . .)").

[18] A comprehensive description of Beza's other conjectures is to be included in my doctoral thesis.

[19] In N[16], all these conjectures are already present (I assume they were introduced in N[13]) in the same form, with one exception: the conjecture on Acts 6:9 is ascribed to Jac. Gothofred (Jacques Godefroy, 1587–1622): Λιβυστίνων Gothofred *cj*, *cf* Libyorum arm. Only later was Beza's name added. This is puzzling. I assume that Schmiedel used Bowyer,

Matt 8:30 and Mark 10:46 are dropped. None of these conjectures have any dogmatical importance, with the possible exception of Rom 4:12.

Matthew 8:30 and Luke 9:53

In two of these ten conjectures, Matt 8:30 and Luke 9:53, Beza simply prefers the Vulgate reading, which he translates back into Greek, in the annotations. This raises the question whether Beza's proposals really are conjectures. I will not enter into such definition matters, but I point out that Beza himself considered them such, and that he felt this to be problematic in both instances.[20]

Why does Beza feel this need to prefer the Vulgate to the Greek? In Matt 8:30, he suggests that οὐ μακράν be read instead of μακράν. This removes a contradiction with the parallel texts Mark 5:11 (ἐκεῖ πρὸς τῷ ὄρει) and Luke 8:32 (ἐκεῖ . . . ἐν τῷ ὄρει). In Luke 9:53, his proposal πορευομένου for πορευόμενον results in a grammatically and logically smoother text.[21] The thought that in both texts the Greek manuscripts have a reading that is harder to explain does not occur to him.

Two points in what he writes on Matt 8:30 deserve attention: firstly, the inclusion of the negative is 'against all the Greek copies that we have

---

Van Manen, Van de Sande Bakhuyzen among others. There he would find Beza's name attached to this conjecture. Maybe he checked, as I did initially, only later editions of Beza's NT. But Wettstein could have indicated the correct source: Beza's first and second editions. Or did Schmiedel notice correctly that Beza immediately withdraws the conjecture after having suggested it and did he therefore choose to give Gothofred's name instead? Bowyer names Oecumenius among those who support Λιβυστίνων (W. Bowyer, *Critical Conjectures and Observations on the New Testament, Collected from Various Authors, as Well in Regard to Words as Pointing: With the Reasons on Which Both are Founded* (3rd/4th ed.; London: Nichols, 1782/1812). Theophylact simply explains the word λιβερτίνων without mentioning any difficulty.

[20] In Luke 2:22 Beza also adopts a Vulgate reading, in preferring τοῦ καθαρισμοῦ αὐτῆς to τοῦ καθαρισμοῦ αὐτῶν, but here he refers to a (Greek) manuscript: "Itaque veterem editionem sequi malui, cui Complutensis adstipulatur" (1598 edition and before). In the Complutension Polyglot, the reading αὐτῆς probably is a conjecture, based on the ambiguity of the Latin "eius" and the rules of the law given in Lev 12:2–4.

[21] 1598 edition: "*Quod facies ei esset proficiscentis*, ὅτι τὸ πρόσωπον αὐτοῦ ἦν πορευόμενον. Ad verbum, Quia facies eius erat vadens, Sed (inquit Eras.) sicut oculi loqui dicuntur qui innuunt quod dictum velis, ita facies ire dicitur quae prae se ferat iter aliquo destinatum esse. Mihi tamen durum et insolens videtur hoc dicendi genus. Itaque etsi nihil in Graeco contextu emendare sum ausus contra codicum fidem, tamen cum vetere Latino interprete existimo scribendum πορευομένου, quoniam Christum tendere viderunt Hierosolymam versus, ipsius videlicet vultu illuc obverso. Norunt autem omnes quae fuerit Samaritanorum haeresis de templo Hierosolymitano, quae paucis explicata Ioan. 4.20."

consulted.'[22] This perhaps shows an awareness of the small manuscript base on which the Greek text stood in those days, and the 'implicit prediction' that "better" manuscripts may be found with a "better" text, in this case "vindicating" Beza's opinion.[23] Secondly, he states that a text with the negation "is nevertheless more correct, if I am not mistaken."[24] This somewhat tempers the audacity which Beza surely felt.

Also in the case of Luke 9:53, Beza remains cautious: "I do not dare to improve something in the Greek text that does not rely upon manuscripts," before he writes: "I nevertheless think with the old Latin translator that πορευομένου should be written."[25] From the rest of his note the influence of Erasmus is clear. The comparison with Erasmus' note is therefore interesting. Erasmus himself notes the difference between the Vulgate's "euntis" and the Greek πορευομένον, but ascribes it to translational freedom. He even remarks that he would have liked to see more occasions on which the Vulgate follows the Evangelist's meaning rather than his words.[26] Beza, apparently, does not accept for the Greek text a discrepancy between meaning and words as did Erasmus.[27]

Thus, in both instances, Beza remembers his principle not to emend the text only on the basis of conjecture, but this does not keep him from supporting two conjectures, albeit only in the annotations. In accordance with his conservative editing practice, he still refrains from altering the text according to his conjectures.

---

[22] 1598 edition and before: ". . . repugnate quidem fide omnium Graecorum exemplarium, quae nobis videre contigit."

[23] Vindication or confirmation has not taken place, but Beza's conjecture is adopted by W.H. van de Sande Bakhuyzen, *Over de toepassing van de conjecturaal-kritiek op den tekst des Nieuwen Testaments* (Haarlem: Bohn, 1880), 123.

[24] ". . . sed tamen rectius (ni fallor) quam absque negante particula."

[25] 1598 (and before): "Itaque etsi nihil in Graeco contextu emendare sum ausus contra codicum fidem, tamen cum vetere Latino interprete existimo scribendum πορευομένου . . ."

[26] From 1519 onwards (not in the 1516 edition): "Et utinam frequentius id ausus esset, Evangelistae sensum magis quam verba reddere."

[27] Interestingly enough, πορευομένου is now known as the reading of 𝔓[45]. It was also noted by Bentley, "Proposals for Printing a New Edition" (see A.A. Ellis, ed., *Bentleii Critica Sacra: Notes on the Greek and Latin Text of the New Testament, Extracted from the Bentley Mss. in Trinity College Library* [Cambridge: Deighton, 1862, xvii–xix], 14) and supported by S.A. Naber, "ΔΕΥΤΕΡΟΝ ΑΥΘΙΣ," (*Mnemosyne*. Bibliotheca Philologica Batava. Nova series 6 [1878]: 357–72, 362) and Van de Sande Bakhuyzen, *Over de toepassing*, 165.

Mark 14:36, Rom 8:15 and Gal 4:6

Three other conjectures, on Mark 14:36, Rom 8:15 and Gal 4:6, are best dealt with together, for they concern the same expression, αββα ὁ πατήρ. According to the conjectures indicated in NA, Beza wanted to omit ὁ πατήρ.

In a frequently overlooked article,[28] Tjitze Baarda has shown that while Beza in his annotations did indeed make the suggestion that ὁ πατήρ was added as an explanation of the "foreign" word αββα, he considered these to be "additions" made by the NT authors, Mark and Paul, themselves. Thus he did not propose to leave out the words ὁ πατήρ in any of these three texts. The error was made in the Dutch school of conjectural criticism (Hollandsche School der Conjecturaalkritiek), possibly already in the early nineteenth century by Everwinus Wassenbergh, and in any case by W.C. van Manen and J.M.S. Baljon (in 1880 and 1884 respectively).[29]

Here we see that the transmission history of Beza's conjectures can be very complicated, and that the only solution to this problem consists of a movement "ad fontes."

[28] T. Baarda, "Abba, Vader," *Kerk & Theologie* 48 (1997): 3–8.

[29] Baarda cites Beza's annotation on Rom 8:15 (from the 1598 edition), and indeed, Van Manen's misunderstanding is based on this text (W.C. van Manen, *Conjecturaal-kritiek toegepast op den tekst van de Schriften des Nieuwen Testaments* [Haarlem: Bohn, 1880], 261). J.M.S. Baljon (*De tekst der brieven van Paulus aan de Romeinen, de Corinthiërs en de Galatiërs als voorwerp van de conjecturaalkritiek beschouwd* [Utrecht: Kemink & Zoon, 1885], 21) even cites Beza's annotation, but still does not realize that no conjectural emendation is intended by Beza. It is interesting to cite also Beza's note on Mark 14:36 (1598 and earlier): "*Abba, pater, ἀββὰ ὁ πατήρ*. Unum istorum est Syriacum, alterum Graecum: ut videri possit posterius additum esse ut prius illud peregrinum declararet. Malo tamen otiosam non esse hanc iterationem, quum Syrus ipse interpres verterit אבא אבי (*abba abi*,)id est Abba, pater mi" ("One of these is in Syriac, the other in Greek. As can be seen, the latter has been added in order to explain the former, foreign one. I prefer, however, not to consider this repetition as superfluous, for the Syriac translator himself renders it by אבא אבי (*abba abi*), that is, 'Abba, my father'.)" In 1565, Beza offered another explanation: "*Abba, pater. ἀββᾶ ὁ πατήρ*. Unum istorum est Syriacum, alterum Graecum: ut videri possit posterius additum esse ut prius illud peregrinum declararet. Sed ego puto potius inter illas gentes quarum idiome ex variarum gentium lingua et moribus erat conflatum, fuisse hanc ἀναδίπλωσιν receptam, ut si Gallice dicas, *Monsieur mon pere*" (". . . But I rather think that such a repetition was usual among those peoples, whose language combines elements from the language and manners of various peoples. It is like saying in French: 'Monsieur mon père' ").

Mark 10:46

We find more or less the same phenomenon in Mark 10:46: ὁ υἱὸς Τιμαίου Βαρτιμαῖος, which indeed appears strange, as the explanation of the patronymic would be more aptly be something like Βαρτιμαῖος [ὅ ἐστιν] υἱὸς Τιμαίου (cf. Mark 3:17). Here, in 1565 at least, we have a real conjecture by Beza. "There is no doubt that this explanation of Bartimeus' Syriac name was brought into the text from the margin of the book ('ex albo libri')."[30] Later, however, Beza withdraws this conjecture, though he still does not accept the traditional Greek text. At first he suggests that the Peshitta is right, which according to him gives Τιμαίος, υἱὸς Τιμαίου,[31] but in the end he writes: "But Jerome in his book *De nominibus Hebraicis* points out yet another reading, 'Filius Timaei Bar semia' ('a blind son'), which certainly is the true reading, though he considered it corrupt."[32] Whether both readings are to be seen as conjectures remains a matter of definition.

The example presents us with another definition problem: what to think of a conjecture when the *Urheber* withdraws it? Is it still a conjecture? What if someone else wants to defend it? Beza withdrew conjectures for various reasons, as can be seen from the following example.

Acts 8:26

Another later addition seems to be indicated in Acts 8:26. Indeed, if one takes the words αὕτη ἐστὶν ἔρημος as referring to Γάζαν, then there is a problem. In Luke's time Gaza was destroyed and not yet rebuilt. Therefore the author of Acts cannot make the distinction between an old, deserted Gaza and a new one. The words have to be considered an addition made by someone other than the author. In earlier editions, Beza mentions explicitly that he is making a conjecture, and apparently he feels no hesitation in doing so. He withdraws this conjecture in later editions, however, because he finds another solution to the textual problem as he

---

[30] 1565: "*Filius Timaei*, υἱὸς Τιμαίου. Non dubito quin haec explicatio nominis Syriaci Bartimaei, ex albo libri in contextum irrepserit."

[31] 1598: "*Filius Timaei*, υἱὸς Τιμαίου. Si vera est haec lectio, dubium non est quin haec explicatio nominis Tyri, ex albo libri in contextum irrepserit. Sed mihi omnino rectum videtur quod habet Syrus interpres, nempe *Timaeus, filius Timaei* (. . .)" (". . . If this reading is true, there is no doubt that this explanation of Bartimeus' Syriac name was brought into the text from the margin of the book. But what the Syriac translator has seems to me entirely correct: 'Timaeus, son of Timaeus' (. . .)").

[32] "Sed et Hieronymus lib. De nominibus Hebraicis, aliam lectionem annotat, nempe, *Filius Timaei Bar semia*, i. Filius caecus, quae est certe vera lectio, quanvis corruptam esse existimet."

sees it. Inspired by the Syriac and Arabic translations, he discovers that αὔτη can also refer to ὁδόν. No problem remains if one supposes that Philip is instructed to take the desert road. Interestingly, Beza does not hide the fact that he was once making a conjecture, but only shows that it has become unnecessary.

In both Mark 10:46 and Acts 8:26, Beza, or at least the young Beza, shows no hesitation about making a conjecture. This may suggest that his attitude towards conjecture changed with the years, although not completely, as the next example will show.

2 Tim 4:20

A conjecture that Beza did not withdraw is the one on 2 Tim 4:20. As many others it is not very interesting for its intrinsic value, but it constitutes a good example of Beza's interests and reasoning. What is at stake is a possible contradiction between this verse and what we read elsewhere in the New Testament, notably in Acts. Erastus, we are told in 2 Tim 4:20, stayed behind in Corinth, whereas Trophimus is left behind by Paul in Miletus. This reference to Erastus agrees nicely with Rom 16:23, from which it can be inferred (Romans having been written in Corinth) that he is there just before Paul leaves for Jerusalem. According to Acts 20:4, Trophimus was among those who accompanied Paul on this journey. They passed through Miletus, in Asia Minor (Acts 20:15–38), but Trophimus evidently went on to Jerusalem with Paul, because he is mentioned again in Acts 21:29. Although Trophimus is never again mentioned in Acts, Beza thought that he must have been left behind somewhere on Paul's journey from Jerusalem to Rome, even though there is not a shred of evidence for this in the concluding chapters of Acts.

In his short note on 2 Tim 4:20,[33] Beza first considers the possibility that Acts 27:7 leaves some room for a visit to Miletus, where, according to the known Greek text of 2 Tim 4:20, Trophimus has been left behind by Paul, but obviously (and correctly) Beza was not satisfied with this "solution" and therefore offers a second, conjectural one. It is creative and therefore worth mentioning: "I conjecture (coniicio)," he writes, "that it is better to read ἐν Μελίτη, *in Melite*, a word which could easily be

---

[33] 1598 and earlier: "*Reliqui*, ἀπέλιπον. Nempe in illa tarda navigatione quum praeterveheretur littus Asiae, sicuti narratur Act. 27. 7. Quanquam potius coniicio legendum ἐν Μελίτη, *in Melita*, quod vocabulum facile fuit in Μιλήτῳ depravare." ("Surely in that late travel, when he sailed along the Asian coast, as Acts 27:7 narrates. However, I conjecture that it is better to read ἐν Μελίτη, *in Melite*, a word which could easily be corrupted into Μιλήτῳ.")

corrupted (depravatam) into Μιλήτῳ." Note that Beza is even concerned about the "transcriptional probability" of his conjecture.

In Acts 28:1–11, Melite (which he must have held to be Malta) leaves ample space for Trophimus to fall ill and to be left behind. So one of the reasons for conjectural emendation suggests itself: the need to have a text without "historical" errors or contradictions. It would go too far to state that "scriptural inerrancy" is safeguarded by conjectural emendation, but my impression is that Beza expects the text of the New Testament to be consistent in itself, both historically and dogmatically.

Another conclusion can be drawn: as long as Beza simply prints the already traditional Greek text, he sees no problem about venturing conjectures in his annotations.[34] On this point, however, his annotations remain remarkably uneven.

Acts 6:9

Names are also an issue in the conjecture on Acts 6:9. The first name in this verse, Λιβερτίνων, though it is followed by καὶ Κυρηναίων καὶ Ἀλεξανδρέων καὶ τῶν ἀπὸ Κιλικίας καὶ Ἀσίας, is not a geographical name, surprisingly enough. The conjecture ascribed to Beza, Λιβυστίνων ("Libyans") remedies this incongruity. However, it cannot even be found as such in his annotations, let alone in his text. In the 1565 edition, Beza mentions that he "somewhere, once" ("aliquando") had thought that this place was possibly corrupted by copyists, who changed λιβιστίνων (sic!) into λιβερτίνων.[35] The names are so much alike that an error could be easily made. But already in 1565, Beza withdraws his earlier conjecture, not willing to go against all the manuscripts known to him and finding satisfactory meaning in the text as it stands.[36]

---

[34] This points to an interesting debate, which has been going on for some centuries already: what is the proper place for conjectures: apparatus and commentary, or the text? Beza seems to opt for the former, as did Bentley ("Proposals for Printing") and De Koe (S.S. de Koe, *De conjecturaal-critiek en het Evangelie naar Johannes* [Utrecht: Kemink, 1883], 275) among others, whereas Van de Sande Bakhuyzen (*Over de toepassing*, 105) defends the latter. I tend to take a different position from both: editors can print whatever they like, as long as the information on their sources and their way of using them remains readily available, if possible on the same page. Moreover, we should perhaps no longer play off the text against the apparatus, for an edition is no less than the whole of text and apparatus (and the rest).

[35] I assume that the 1556/57 edition is hinted at, but I have not been able to verify this. The form λιβιστίνων is not a printing error but an orthographical one. The intention, however, is clear enough: to provide the Greek for "Libyans."

[36] 1565 (not later): "Sed praeterquam quod omnes codices quos inspexi, summo consensu legunt λιβερτίνων, non est etiam necesse ad hanc coniecturam venire" ("But

Here again, this time as early as 1565, Beza indicates that he is not willing to accept conjectures. But would he have written the same had he found no good explanation for the text? And again, we may be inclined to think that Beza gradually became more reluctant towards conjectural emendation, albeit not on the basis of a specific textual theory.

Rom 4:12

By far the most important and complex conjecture can be found in Beza's notes on Rom 4:12. There is a real grammatical and exegetical crux in this verse, which can most easily be indicated by pointing to the unevenness in the construction of the sentence: in the first part, the article τοῖς precedes the element οὐκ . . . μόνον, whereas in the second part it follows the corresponding element ἀλλὰ καί.[37]

Beza writes in his notes: "The expression would be clearer if one either leaves out the article τοῖς or reads ἀλλὰ τοῖς καὶ στοιχοῦσιν. Maybe the order of these words was changed by those who thought that a change in word order had taken place in the first part of the sentence [that is, οὐ τοῖς ἐκ περιτομῆς μόνον instead of τοῖς οὐκ ἐκ περιτομῆς μόνον]. But whatever this may be, the Apostle's meaning is clear: he wants to distinguish between non-believing Jews and believing Jews."[38] Thus Beza in fact offers two conjectures, without making a choice and without insisting on a conjectural solution of the textual problem. Here we see that

---

while all manuscripts I consulted read λιβερτίνων, without any exception, it is not even necessary to come to this conjecture"). In later editions, Beza does not even mention the conjecture λιβιστίνων or Λιβυστίνων. He starts with the assertion that λιβερτίνων is found in all Greek and Latin (!) "exemplars." *Redaktionskritik* would now suggest that this remark is a leftover from the earlier text, as indeed it is. Instead of his earlier conjecture, which he withdrew already for this reason, Beza now tries directly to explain the word Λιβερτίνων as it stands (which he obviously finds difficult), and offers several possibilities, for instance a synagogue belonging to freed slaves, or a synagogue named "from the freed slave" (singular). He finally chooses a third explanation: there was a part of Rome where many freed Jews lived, so that their synagogue was named after them; a synagogue in Jerusalem was named after this one in Rome.
The conjecture Λιβυστίνων is also present in the Armenian version. It has found various supporters, cf. BDAG, s.v. Λιβερτῖνος.

[37] Most modern translations simply ignore the problem, thereby implicitly accepting the conjecture ascribed to Beza.

[38] 1598 and earlier editions: "Planior quidem erit oratio si vel articulum τοῖς expungas, vel legas ἀλλὰ τοῖς καὶ στοιχοῦσι. Et fortassis permutata est horum verb. collocatio ab iis qui in priore membro putarunt esse traiectionem. Sed utut sit, plana est Apostoli sententia, distinguentis Iudaeos infideles a fidelibus." Confusing matters even more, the 1598 edition gives the second conjecture as ἀλλὰ καὶ στοιχοῦσι. Earlier editions do not contain this error.

conjectural emendation is often a special kind of commentary, a way of interacting with the text by asking the question: how would the meaning I think the author wants to transmit be best expressed? It is also typical for Beza's "method" in that he is generally more concerned with the meaning than with the exact words.

Beza, however, as I found out, is not the *Urheber* of these two conjectures; Erasmus was the first to propose them, in the 1535 edition of his *Annotationes*. Perhaps the remark has often escaped attention due to the fact that it is found only in this last of Erasmus' five editions of his *Annotationes*, and even there it is tucked away at the end of a long discussion on a specific manuscript of Theophylactus' commentary.[39] But Beza must have known about Erasmus' conjectures, probably through his own reading of the *Annotationes*. He did not mention Erasmus' name in connection with these conjectures, though he does mention him in the previous annotation in order to show that he does not agree with him on some other point. This need not surprise us. We need not even see this as some sort of plagiarism.[40]

---

[39] Erasmus discusses various interpretations, and writes in conclusion: "Utraque lectio sensum habet catholicum ac ferme eundem. In utraque tamen est scrupulus, in priore de τοῖς repetito, in altero de καὶ transposito. Prior sic habebit sublato articulo τοῖς οὐκ ἐκ περιτομῆς μόνον, ἀλλὰ καὶ στοιχοῦσι τοῖς ἴχνεσι πίστεως, τῆς ἐν τῇ ἀκροβυστίᾳ, id est, his qui non solum sunt circumcisi, sed qui ingrediuntur etiam per vestigia fidei, quae fuit in praeputio. Posterior sic habet, οὐ τοῖς ἐκ περιτομῆς μόνον, ἀλλὰ τοῖς καὶ στοιχοῦσιν τοῖς ἴχνεσιν πίστεως, id est, Non his qui nihil aliud sunt que circuncisi, sed his qui etiam incedunt per vestigia fidei, ut coniunctio etiam repetat circuncisionem. Posterior mihi magis probatur. Interpres neutram lectionam reddidit, nisi quod suspicor locum a librariis depravatum" ("Either reading has almost the same—and a Catholic—sense. Yet in each there is a difficulty: in the first, the repetition of [the article] τοῖς; in the second, the transposition of καί. If we remove the article, the first reads as follows: τοῖς οὐκ ἐκ περιτομῆς μόνον, ἀλλὰ καὶ στοιχοῦσι τοῖς ἴχνεσι πίστεως, τῆς ἐν τῇ ἀκροβυστίᾳ, that is, 'to those who not only have been circumcised, but who follow also in the footsteps of faith, the faith [Abraham] had in the time of uncircumcision.' The second reads: οὐ τοῖς ἐκ περιτομῆς μόνον, ἀλλὰ τοῖς καὶ στοιχοῦσι τοῖς ἴχνεσι πίστεως, that is, 'not to those who are nothing other than circumcised, but to those who also walk in the footsteps of faith,' so that the word 'also' recalls the circumcision. I prefer the second reading. But the Translator has given us neither reading, though I suspect the passage was corrupted by copyists" [Translation *CWE* 56, 114]). Note that the second conjecture presupposes, as Erasmus indicates, that οὐ τοῖς be read instead of τοῖς οὐ. Beza fails to notice this.

[40] Beza's preface to the 1598 edition shows that he is aware of the problem of plagiarism in a more general way: if one takes over a large quantity of information from others without giving their names *in the preface*, the accusation of plagiarism can be justified. This remark, however, can also been regarded as a particular way to thank colleagues for the support they have given.

A full discussion of this verse and its problems lies beyond the scope of this article, of course, and also belongs to another subject: "Erasmus and NT conjectural emendation," which I hope to discuss elsewhere.

Recapitulation

The following table summarizes the results for the conjectures ascribed to Beza in the Nestle-Aland editions.[41]

	NA²⁵	NA²⁷	conjecture	remark(s)
Matt 8:30	+	–	μακράν] οὐ μακράν	Beza prefers the Vulgate.
Mark 10:46	+	–	ὁ υἱὸς Τιμαίου] *om*	Only in the 1565 edition.
Mark 14:36	+	+	ὁ πατήρ] *om*	Not a conjecture by Beza; cf. Rom 8:15.
Luke 9:53	+	+	πορευόμενον] πορευομένου	Beza prefers the Vulgate.
Acts 6:9	+	+	Λιβερτίνων] Λιβυστίνων	An idea from before 1565; withdrawn.
Acts 8:26	+	+	αὕτη ἐστὶν ἔρημος] *om*	Only in the 1565 edition; later withdrawn.
Rom 4:12	+	+	τοῖς στοιχοῦσιν] στοιχοῦσιν	*Urheber* is Erasmus, before 1535; one out of two conjectures.
Rom 8:15	+	+	ὁ πατήρ] *om*	Not a conjecture by Beza.
Gal 4:6	+	+	ὁ πατήρ] *om*	Not a conjecture by Beza; cf. Rom 8:15.
2 Tim 4:20	+	+	Μιλήτῳ] Μελίτῃ	

[41] For practical reasons, these conjectures are collated against the NA²⁷ text. This poses no problem for these conjectures, but in other instances it does, as Beza sometimes considers a conjecture on a 𝔐 reading rejected by NA²⁷.

For a future manual edition, I would suggest that all conjectures by Beza be dropped, apart perhaps from the one on 2 Tim 4:20, and that the one on Rom 4:12 acknowledge its proper *Urheber*, Erasmus. For Acts 6:9, a solution has to be found for the phenomenon of withdrawn conjectures. The conjecture on 2 Tim 4:20 should perhaps be retained as it is a good example of a typical way of historical and textual reasoning. Users should be allowed to understand conjectures such as this one. Therefore, even a manual edition will need an appendix or *Begleitheft* with essential information on the conjectures it contains. In general, conjectures cannot be considered complete without the argumentation that supports them.

Conclusion

At first sight, Beza is a typical representative of the tradition of reluctance towards conjectural emendation of the text of the New Testament. Specific annotations, however, show us another, more liberal attitude. In most instances, Beza's conjectures remain restricted to his annotations; they do not make it into the text. This may confirm the reluctance I just indicated, but it may also be due to caution; perhaps Beza was unwilling to run the risk of being accused of tampering with the Greek text. To limit conjectural suggestions to the annotations remains sufficiently innocuous.

When Beza considers or even adopts conjectures on the text, he does so for various reasons. He expects the text to be grammatically and logically smooth, and, even more importantly, he has a harmonistic view of the text. Different versions of the same story should not contradict each other, and even the "super-story" that can be inferred by putting different texts together should be consistent. In most cases, (apparent) contradictions can be explained, but sometimes Beza goes beyond explanation and offers a conjecture. Not surprisingly, Beza's views hardly correspond with modern ones, which tend to leave each individual writer in his own rights, both externally, with regard to other New Testament writers, and internally, with regard to the consistency that can be expected within the book itself.

The transmission history of Beza's conjectures is remarkably complicated. In fact, there are more conjectures ascribed to Beza than rightly belong to him, and this is so for various reasons. First, Beza made conjectures but then withdrew them, be it in a later edition or immediately. Second, he sometimes adopted conjectures made by others without attribution. Third, *Konjekturensammler* in subsequent centuries have not always read him with the appropriate care. The study of the transmission of conjectures, as part of textual criticism, clearly has dimensions which are not easily dealt with.

If this contribution has shown how hard it is for us, in our modern information era, to imagine what working with the Greek New Testament meant in the second half of the sixteenth century, and if it has also become clear that Beza's work has to be judged not according to present-day standards, and that therefore even his conjectures are not what they seem to be at first sight, then I will have achieved my aim. And indeed, a lot of work remains to be done, if we want our modern editions to record faithfully at least some interesting or otherwise important conjectures.

Beza's Editions of the New Testament: Full Titles

[1]1556: *Biblia utriusque Testamenti*. De quorum nova interpretatione et copiosissimis in eam annotationibus lege quam in limine operis habes epistolam; NT part: Novum D. N. Iesu Christi Testamentum Latine iam olim a Veteri interprete, nunc denuo a Theodoro Beza versum, cum eiusdem annotationibus, in quibus ratio interpretationis redditur, [Geneva] Oliva Roberti Stephani, 1556.

1559: *Τῆς Καινῆς Διαθήκης ἅπαντα. Novum D.N. Iesu Christi Testamentum*, a Theodoro Beza versum, ad veritatem Graeci sermonis e regione apposti: cum eiusdem annotationibus, in quibus ratio interpretationis redditur. Additi sunt indices tres . . . Basileae. Impensis Nicolas Barbirii, et Thomæ Courteau, 1559.

[2]1565: *Iesu Christi D. N. Novum testamentum, sive Novum foedus*. Cuius Graeco textui respondent interpretationes duae: una, vetus: altera, nova, Theodori Bezae, diligenter ab eo recognita. Eiusdem Th. Bezae annotationes, quas itidem hac secunda editione recognovit, et accessione non parva locupletavit. Indices etiam duo, theologis (praesertim Hebraicae, Graecae et Latinae linguae studiosis) multum profuturi adiecti sunt. Responsio eiusdem ad Seb. Castellionem, in qua multi N. Testamenti et harum in ipsum annotationum loci accuratissime excutiuntur, seorsum excusa prostat. Geneva, Excudebat Henricus Stephanus, illustris viri Huldrici Fuggeri typographus, 1565.

[3]1582: *Iesu Christi D. N. Novum testamentum, sive Novum foedus*. Cuius Graeco contextui respondent interpretationes duae: una, vetus: altera, nova, Theodori Bezae, diligenter ab eo recognita. Eiusdem Th. Bezae annotationes, quas itidem hac tertia editione recognovit, et accessione non parva locupletavit. Responsio eiusdem ad Seb. Castellionem, in qua multi Novi Testamenti et harum in ipsum annotationum loci

accuratissime excutiuntur, seorsum excusa prostat. Genevae, Henricus Stephanus, 1582.

[4]1589: *Testamentum Novum, sive Novum Foedus Iesu Christi, D.N.*, Cuius Graeco contextui respondent interpretationes duae: una, vetus: altera, Theodori Bezae, nunc quarto diligenter ab eo recognita. Eiusdem Annotationes, quas itidem hac quarta edit. accurate recognovit, et accessione non parva locupletavit: ut docebunt asterici margini appositi, necnon eius ad lectorum epistolium. Haec Quarta Editio, propter accessiones non paucas, duos Indices novos habet: quorum prior priori parti, posterior posteriori subiunctus est. Seorsum edetur Recensio earundem in diversis Novi Testamenti locis vocum (vulgo Concordantiae Novi Testamenti) cui etiam operam multum lectori profuturam idem Theodorus Beza et quidam alii impenderunt. Geneva, Henricus Stephanus, 1589.

[5]1598: *Iesu Christi Domini Nostri Novum Testamentum, sive Novum foedus,* Cuius Graeco contextui respondent interpretationes duae: una, vetus: altera Theodori Bezae. Eiusdem Th. Bezae annotationes in quibus ratione Interpretationis vocum reddita, additur Synopsis doctrinae in Evangelica historia, et Epistolis Apostolicis comprehensae, et ipse quoque contextus, quasi brevi commentario explicatur. Omnia nunc demum, ultima adhibita manu, quam accuratissime emendata et aucta, ut quodammodo novum opus videri possit. Geneva, Haered. Eust. Vignon, 1598.

The *Editio Critica Maior*:
One Reader's Reactions[1]

James Keith Elliott (University of Leeds)

The *Editio Critica Maior* (ECM hereafter) is a modern-day replacement for Tischendorf's monumental *Novum Testamentum Graece* of the 19th century. The first volume (IV) of ECM is The Catholic Epistles. Part 1 gives the Text. Part 2 is entitled Supplementary Material. Part 3, not yet published, will contain supplementary studies. Instalment 1 is on James, instalment 2 contains 1 and 2 Peter, instalment 3 will be 1–3 John and Jude. (According to the Table of Contents the supplementary studies will also be designated as the 4th instalment.) The next volume planned will be vol. II, The Acts of the Apostles. Eventually we should see I Gospels, III Pauline Corpus and V Revelation. The present article looks at this new edition from a reader's viewpoint.

The first and most obvious impression given, even on first opening the edition, is the spaciousness of the *apparatus*. It is a model of clarity and has set a standard by which all other *apparatus* will now be judged. Not only is it easy to consult, thanks to the numbering of every word and space in each verse which permits an unambiguous cross-reference to the relevant part of the *apparatus*, but the setting out of the sense units beneath the line of text to display the precise context of complicated variants gives the reader an overview of variants differing from the primary text and enables him to see the wood from the trees. Usually

---

[1] B. Aland, K. Aland, G. Mink and K. Wachtel, eds., *Novum Testamentum Graecum: Editio Critica Maior* (Stuttgart: Deutsche Bibelgesellschaft, 1997–). My reviews of the first two instalments are in *NovT* 40 (1998): 195–204, with a digest in the electronic journal *TC* 3 (1998); *NovT* 42 (2000): 328–39. [The corrigenda slip inserted into the fascicules on Peter telling us to change the figures on p. 2* and p. 12* is accurate: there are indeed 180 continuous text MSS (or 181 MSS including $\mathfrak{P}^{100}$) selected for the Catholic Epistles (8+1 papyri, 25 majuscules and 147 minuscules) as listed on pp. B5–B7. I was wrong to query that correction in my review *NovT* 52 (2000): 339. We do however need to avoid confusion with a similar total elsewhere: there happen to be 182 MSS, including lectionaries, used in James.]

in other critical editions the atomized presentation of variants, even when these may be represented sometimes by the same MS(S), makes it difficult to appreciate the overall significance of the changes individual variants introduce.

Another reason for the clear presentation is that this is an uncluttered *apparatus*. The ambiguities inherent in many variants represented in versions are signalled but are not discussed ad loc.: instead these (and other ambiguities) are collected together in part 2 sections 5.2 ("Further Information on Greek witnesses" i.e. those marked by a double-headed arrow) and 5.3 ("Further Information on Versional Witnesses [marked ? or >]"). Greek patristic evidence only is recorded: that wise decision removes another layer of potentially misleading or, at best, ambiguous readings from the *apparatus*. Problems caused by lacunose Greek MSS are also dealt with separately (in section 2.3). Nonsense readings are avoided in the *apparatus* although are collected together in another place (2.4: "List of errors in the Greek manuscripts").[2]

My first and main interest in the edition is the changes to the text when comparing it with the standard hand editions, Nestle-Aland, *Novum Testamentum Graece*[27] and the United Bible Societies' *Greek New Testament*[4revised] (hereafter NA and UBS). Unlike the IGNTP edition of Luke,[3] which is a thesaurus of variant readings, the *Editio Critica Maior* (ECM) is, as its name suggests, an *edited* text.

When the first volume of ECM was published I expressed some disappointment that the critically edited text of James resulted in only two changes from the text of NA/UBS.[4] Since then the fascicule containing 1 and 2 Peter has been published: here we see that more changes to the text have been made, although these are still relatively modest. A judgement on the overall text in ECM may remain the same as that made on NA/UBS, namely that it reproduces a text similar to that circulating in the 4th century, and does not replicate a text of an earlier century.

---

[2] I am not convinced of the value of this list.

[3] The American and British Committees of the International Greek New Testament Project, *The New Testament in Greek* III, *The Gospel according to St. Luke* Part One: Chapters 1–12 (Oxford: Clarendon Press, 1984); Part Two: Chapters 13–24 (Oxford: Clarendon Press, 1987).

[4] Review, *NovT* 40 (1998): 198.

James

In James the following changes are made:[5]
1:22 ἀκροαταὶ μόνον (μόνον ἀκροαταὶ)
2:3 ἢ κάθου ἐκεῖ (ἐκεῖ ἢ κάθου [B])[6]
An additional change was made subsequent to the publication of the James fascicules and was announced only in a footnote in the Petrine volume (IV, 2 part 1 p. 22* note 4 and p. 24* note 4):
2:4 καὶ οὐ διεκρίθητε (οὐ διεκρίθητε)
(It is encouraging to note that the editors are still reconsidering their earlier judgements. That is healthy, but indicates that the primary text is still in a state of flux while investigations into the textual complexion of the MS witnesses are still being undertaken.)

1 Peter

In 1 Peter the following changes are made:
1:6 λυπηθέντας (λυπηθέντες)
1:16 γέγραπται (γέγραπται [ὅτι])
1:16 ἐγω ἄγιος (ἐγω ἄγιος [εἴμι])
2:25 ἀλλ' (ἀλλά)
4:16 ἐν τῷ μέρει (ἐν τῷ ὀνόματι)
5:9 τῇ ἐν κόσμῳ (τῇ ἐν [τῷ] κόσμῳ)
5:10 ἐν Χριστῷ (ἐν Χριστῷ ['Ιησοῦ] [C])

2 Peter

There are eight changes to the text of 2 Peter:
2:6 ἀσεβεῖν (ἀσεβέ[σ]ιν[C])
2:11[7] παρὰ κυρίῳ (παρὰ κυρίου[C])
2:15 παραλιπόντες (παραλείποντες)
3:6 δι' ὅν (δι' ὧν)
3:10 οὐχ εὑρεθήσεται (εὑρεθήσεται[D])
3:16 ταῖς ἐπιστολαῖς (ἐπιστολαῖς)
3:16 στρεβλώσουσιν (στρεβλοῦσιν)
3:18 εἰς ἡμέραν αἰῶνος (εἰς ἡμέραν αἰῶνος [ἀμήν] [C])

---

[5] In each case the earlier reading (in NA[27]/ UBS[4rev.]) is given in brackets.

[6] These letters are the rating letters in UBS[4rev.].

[7] This change is wrongly reported in IV, 2 part 1 p. 21* and p. 23*. Repeating this information thoughtlessly, caused me to reproduce the error in my review (*NovT* 42 [2000]: 333).

The nature of those changes is worth exploring. The two changes found in the fascicule of James alter the meaning and thus affect translation. At James 2:3 the (now jettisoned) reading of UBS was rated B in the 4th. edition (having been upgraded from C found in the earlier editions). The decision by the ECM committee to print as its primary text a different reading is yet another nail in the ludicrous rating letter system. The rejected reading is now earmarked as an alternative. However, there are no bold dots and thus no alternative readings are proffered for the readings at James 1:22; 2:4 and therefore the jettisoned readings in NA/UBS are not highlighted. (On the bold dots see below.)

We were not informed if the changes here were occasioned by a reexamination of the alleged reliability of the MSS of James in reproducing "*A*" (the Ausgangstext or hypothetical initial text, otherwise known in some quarters as the original text of the Biblical author). Only in the "Notes on the Reconstruction of the Text of 1 and 2 Peter" found in "Installment 2" (part 1, p. 24* cf. p. 22*) do we belatedly have information on "special" MSS that swayed editorial decisions in James! We are told there that the primary witnesses are 01 03 04 025 81 307 (a Byzantine MS in James according to IV 1 pt. 2 p. B8!) 1175 1243 1739 1852. Let us now check on how this newly acquired information has affected the new texts in James. At 1:22 the new text is indeed found in 03, but all the other "*A*" category MSS except 1852 read the old, rejected text found in NA/UBS. At 2:3 the new text has the support of only half of these "*A*" rated witnesses, namely 03 1175 1243 1739 1852. The newly added changed reading at 2:4 is read by only 025 from among these favoured witnesses. (No dots had alerted us to the fact that that reading was being earmarked as uncertain.)

When we turn to 1 and 2 Peter we see that the significance of the changes is that six involve the removal of a word (or part of a word) bracketed in NA/UBS. These are at 1 Peter 1:16 *bis*; 5:9, 10; 2 Peter 2:6; 3:18). Of these the inclusion of ἀμήν in UBS[4] at 2 Peter 3:18 was given a low rating letter, "C" (previously "D" in UBS[1–3B]): the removal of the word now allows 1 and 2 Peter to be consistent in their endings. NA/UBS made the two Petrine letters differ in this regard, a phenomenon that causes exegetes unwarranted heartache. The new reading at 2 Peter 3:18 is made on the evidence of the reading of 03. On 1 Peter 5:10 B.M. Metzger in his *Commentary*[8] in a signed note

---

[8] B.M. Metzger, *A Textual Commentary on the Greek New Testament* (2nd ed.; Stuttgart: Deutsche Bibelgesellschaft, 1994).

rightly stated that the shorter text was to be preferred because scribes tended to expand divine names: that view has now been accepted. Several of the new readings in 1 and 2 Peter (1 Peter 1:6, 16*sec*; 4:16; 5:9, 10; 2 Peter 2:6, 15; 3:16bis, 18) are printed surrounded by bold dots and a suggested alternative reading is given. On this siglum and its significance see below.

The reading at 2 Peter 3:10 is a conjecture. In the Introduction p. 24★ it is stated that "Hitherto there has been no known Greek evidence for this reading" as if some newly discovered Greek reading were available. This is not the case,[9] although a footnote on p. 24★ tries to argue that the variants ἀφανισθήσονται and κατακαήσεται in effect agree with οὐχ εὑρεθήσεται. Metzger, *Commentary* (2nd ed.) argues that no reading here seems original, and the UBS text rates εὑρεθήσεται with a rare "D." Disquiet may greet this change. There is often hesitation about accepting a reading not found in Greek manuscripts—it smacks of modern rewriting of the text especially of a text deemed to be "holy writ." NA/UBS prints as the supposed original text of Acts 16:12 a conjectural reading. Similarly, the reading πλήρη[ς] σῖτον at Mark 4:28 is often questioned because the MSS in support of the longer text are according to NA[27] only C★[vid] 28 and 2542[c], a combination seemingly unlikely to inspire many readers' confidence.[10]

At 1 Peter 2:25 ECM has moved away from ἀλλά, a reading read by 03 virtually alone. Likewise at 1 Peter 1:16 the reading with ὅτι is the reading of 03, virtually alone. In general, many of the changes to the text have been away from the readings supported by this MS.

More significant changes are the ones at 1 Peter 4:16 and at 2 Peter

---

[9] The translation of the German (p.22★) may be the cause of the confusion: "bislang" should be "as yet," and "immerhin" should be "however" or "nevertheless."

[10] This is not the place to investigate the role of conjecture in textual criticism, but the Nestle editions have often carried in their *apparatus* a number of conjectures attributed (usually) to a modern scholar. Even ancient scholars made conjectures and it may well be that the reading Γεργεσηνῶν at Matt 8:28 and parallels now found in continuous text Greek witnesses began with Origen's conjectural emendation. Even ὑσσῷ found in 476★ b ff[2] n v at John 19:29 may have been the result of a conjecture. In fact we may say that many deliberate changes made by scribes to the MSS they were copying are conjectures, in the belief that their exemplar did not represent the author's intended reading at that point. A critical *apparatus* to the NT is the place to reproduce the alternative readings of all MSS (and versions and conventionally Patristic citations) that are copies of the original text, however flawed. Modern conjectures have no place in an *apparatus*, although some may merit inclusion and discussion in a learned commentary.

2:11.[11] It is worth noting that the reading now at 1 Peter 4:16 is largely a Byzantine reading, although MSS 025 307 1735 and 2298 were important MSS for the editors, according to a private communication from one of them, Dr. Gerd Mink.[12] At 2 Peter 3:6 δι' ὅν is read by only 025, eight minuscules and one lectionary. One of the minuscules, 1175, is a "special" MS in 2 Peter according to Introduction p. 21*f., pp. 23*f.

In 1 Peter and in 2 Peter the high ranking MSS differ not only from those identified as *A* or "*A*-related" in James but also from each other. 02 and 5 are said (on p. 24*) to be specially related to the "*A*" text in 1 Peter, and $\mathfrak{P}^{72}$ $\mathfrak{P}^{81}$ and 623 are of high rank. In 2 Peter the editors alert us to the high rank of 1 665 1448 2423 among others. I am not sure of the extent to which the readings of MSS such as these have occasioned the changes to the text, but we suspect they ought to have exercised an important role.

Whatever one's judgement on the changes, the most significant consequence that needs to be fully recognised is that the text as printed in NA is not now to be seen as an inviolate text whose readings are to be thought of as being as close to the original text as it was once claiming to be. The changed introductory matter in NA[27] opened the way to this liberalization of that text: "The purpose of the 27th edition remains the same as that of the 26th edition. It intends to provide the user with a well-founded *working text* together with the means of verifying it or alternatively of correcting it" (pp. 45*f., italics mine). And that of course is what has happened in the creation of ECM, even though its editors (from the Münster Institut, the body also behind the NA/UBS editions) were not deliberately reediting NA of course, but were, we understand, starting with a *tabula rasa*. We await a fuller explanation of the processes behind the establishing of the text in this edition.

In so far as the new readings will increasingly be adopted by commentators and translators of the books appearing in ECM it may be worth the while of the publishers of NA to signal in their *apparatus* (by means of an added special siglum, comparable to the dagger

[11] It is interesting to see that B.M. Metzger, *Textual Commentary* (2nd ed.), ad loc., in a dissentient note signed by Metzger himself argued for the omission of the words or, as the "least unsatisfactory" alternative, to read παρὰ κυρίῳ and place the words in square brackets. The reading selected on the basis of majority voting within the UBS committee resulted in παρὰ κυρίου being printed with the rating "D," subsequently upgraded to "C" in UBS[4].

[12] This information is not yet published and is certainly not divulged in IV 2 part 1 p. 21* and 23* where similar information about "special" MSS is revealed.

indicating a change from the text printed in NA[25]) where the ECM text has opted for a different reading. [It does not seem as if the text of NA editions will itself be changed in the near future.]

Bold Dots

Not only is the text of ECM different from NA—albeit not in as radical a way as some of those who identify themselves with thorough-going principles of textual criticism might have liked—but certain other readings printed as the text are queried by means of having a bold black dot (or "bullet point") inserted on the running line. There are normally two dots: these surround the questionable words. In 2 Peter 3:18 (the end of the book) one dot occurs after the last word. If an addition is being indicated as an alternative reading then one dot is placed in the relevant space between words in the running text (e.g. James 4:14*sec*). In all instances the dot(s) draw(s) our attention to an alternative reading, or in two cases (1 Peter 4:14; 2 Peter 1:4) more than one alternative reading, in the *apparatus*: this is then marked with another dot alongside the alternative reading(s) beneath the primary text.

The places concerned are as follows, with the suggested alternative(s) after the solidus:

James

1:20 οὐκ ἐργάζεται/ οὐ κατεργάζεται
2:3 ἤ κάθου ἐκεῖ (changed text)/(3,1,2) [B]
2:19 εἷς ἐστιν ὁ θεός [B]/(1,4,2)
3:4 ἀνέμων σκληρῶν/(2,1)
3:8 οὐδεὶς δαμάσαι δύναται ἀνθρώπων /(1,3,2,4)
3:15 αὕτη ἡ σοφία ἄνωθεν κατερχομένη /(2,3,1,4,5)
4:12[13] ὁ[C]/*om.*
4:14 τό[B]/ τὰ
4:14 ποία[B]/ ποία γὰρ
5:10 ἐν τῷ ὀνόματι κυρίου/ τῷ ὀνόματι κυρίου[14]
5:18 ὑετὸν ἔδωκεν/ (2,1)

---

[13] These readings are not mentioned in UBS[1–3A] nor are they in Metzger, *Textual Commentary*, first edition.

[14] This alternative is a rare instance of the omission of a word not bracketed in NA/UBS.

1 Peter

1:8 ἰδόντες[A]!/ εἰδότες
1:9 τὸ τέλος τῆς πίστεως ὑμῶν[C][15]/om ὑμῶν
1:12 ἐν πνεύματι[C]/ om. ἐν
1:18 ὑμῶν ἀναστροφης πατροπαραδότου[C]/(1,3,2)
1:22 καθαρᾶς καρδίας[C]/ om. καθαρᾶς
2:5 οἰκοδομεῖσθε/ ἐποικοδομεῖσθε
2:5 τῷ θεῷ/ om. τῷ
2:6 ἀκρογωνιαῖον ἐκλεκτὸν ἔντιμον/(2,1,3)
2:11 ἀπέχεσθαι/ ἀπέχεσθε
2:16 ἀλλ' ὡς θεοῦ δοῦλοι/(1,2,4,3)
2:20 παρὰ θεῷ/ παρὰ τῷ θεῷ
2:25 ἐπεστράφητε[C]/ ἐπεστρέψατε
3:1 αἱ γυναῖκες[C]/ om. αἱ
3:1 καὶ εἴ τινες ἀπειθοῦσιν[C]/(2,1,3,4)
3:22 τοῦ θεοῦ / om. τοῦ
4:5 ἑτοίμως ἔχοντι κρῖναι/ ἑτοίμως κρίνοντι
4:11 εἰς τοὺς αἰῶνας τῶν αἰώνων/ om. τῶν αἰώνων
4:14 ἀναπαύεται[A]!/ ἀναπέπαυται/ ἐπαναπαύεται
4:17 ὁ καιρός/ om. ὁ
4:19 ἀγαθοποιΐᾳ/ ἀγαθοποιΐαις ·
5:2 κατὰ θεόν[C]/om.
5:5 ὁ θεός/ om. ὁ
5:8 τίνα καταπιεῖν[C]/om. τίνα
5:11 εἰς τοὺς αἰῶνας [A]!/ εἰς τους αἰῶνας τῶν αἰώνων
5:14 ἐν Χριστῷ [A]!/ ἐν Χριστῷ Ἰησοῦ

[It is surprising how many readings given an A rating by UBS, thereby expressing that committee's confidence in the originality of the reading, here show that that confidence was profoundly misplaced. This reenforces our dissatisfaction with the fatuous rating system.][16]

In addition we repeat the five places in 1 Peter where there is a new

---

[15] C is the conventional letter applied to variants where the editorial committee could not decide between a longer and a shorter reading and resolved their dilemma by resorting to the placing of the disputed word(s) in square brackets in the text. Most of the examples of C ratings in the list are of this type.

[16] See J.K. Elliott in various articles e.g. *NovT* 15 (1973): 278–300; *NovT* 20 (1978): 242–77.

text, and a bold dot:[17]
1:6 λυπηθέντας/ λυπηθέντες
1:16 ἐγω ἅγιος/ ἐγω ἅγιος εἶμι
4:16 ἐν τῷ μέρει/ ἐν τῷ ὀνόματι
5:9 τῇ ἐν κόσμῳ/ τῇ ἐν τῷ κόσμῳ
5:10 ἐν Χριστῷ/ ἐν Χριστῷ Ἰησοῦ

2 Peter

1:2 Ἰησοῦ τοῦ κυρίου[A]! / Ἰησοῦ Χριστοῦ τοῦ κυριοῦ
1:4 τίμια καὶ μέγιστα ἥμιν ἐπαγγέλματα *(1,4,2,3,5,6)*/*(3,2,1,4,5,6)*
1:4 τῆς ἐν τῷ κοσμῷ/ *om.* τῷ
1:9 ἁμαρτιῶν/ ἁμαρτημάτων
1:12 διὸ μελλήσω/ διὸ οὐκ ἀμελήσω
1:21 προφητεία ποτέ/ *(2,1)*
2:6 καταστροφῇ κατέκρινεν[C]/ *om.* καταστροφῇ
2:13 ἀπάταις αὐτῶν[B]/ ἀγάπαις αὐτῶν
2:18 ἀσελγείαις/ ἀσελγείας
2:18 ὀλίγως[A]!/ ὄντως
2:19 δεδούλωται/ καὶ δεδούλωται
2:20 κυρίου ἥμῶν[C]/ *om.* ἥμῶν
2:22 κυλισμόν/ κύλισμα
3:3 ἐν ἐμπαιγμονῇ/ *om.* ἐν
3:3 κατὰ τὰς ἰδίας ἐπιθυμίας αὐτῶν πορευόμενοι/ *(1,2,3,5,4,6)*
3:18 αὐξάνετε/ αὐξάνεσθε

In addition we repeat the five places in 2 Peter[18] where the text was changed, but where an alternative is proffered by means of the bold dots:
2:6 ἀσεβεῖν/ ἀσεβέσιν
2:15 καταλιπόντες/ καταλείποντες
3:16 ταῖς.ἐπιστολαῖς / ἐπιστολαῖς
3:16 στρεβλώσουσιν/ στρεβλοῦσιν
3:18 *om.* ἀμήν/ ἀμήν

---

[17] Places where there are changes for which no bold dot appear at 1 Peter 1:16 *pr.* and 2:25. The earlier, now rejected, readings of UBS/NA for these verses are not therefore signalled as potential alternatives or even as interesting readings.

[18] The other three places where the text was changed (2 Peter 2:11; 3:6, 10) appear without a dot signifying that no alternative is contemplated. The earlier reading in NA/UBS is rejected entirely. The new text is therefore printed confidently.

Again, this reader is pleased to see that important readings are being drawn to our attention in this way, especially as it seems that these are being flagged as genuine alternatives to the text printed. Anyone who has tried to wrestle with text-critical variants is all too aware that, frequently, the balancing of probabilities, be they based on internal or on external criteria—or a mixture of the two—sometimes results in stalemate. The editor has to make a decision and print one reading but this is not always done with confidence. The lack of confidence and the inability to make a watertight case for the printing of reading x rather than reading y or z may manifest itself in marginal notes, bracketed words (where the choice is between a longer or a shorter text) or rating letters, signalling the relative degree of confidence with which the text is printed (as in the UBS edition). Here the dots serve that purpose.

However the instruction how to interpret the dot is confusing. In the Introduction to James (p. 11*) we are told that the dots signify places where the alternative reading so marked in the overview of variant readings is "of equal value" with the text in the primary line. In *The Letters of Peter* p. 24* we are given the disconcerting information that the use of the dot is "not governed by any absolute or precise definition"! The variant marked with a dot may sometimes be of equal value, but may merely indicate that the primary line of text has not been printed with complete confidence[19] or that an alternative may merit special attention. Thus we must guess which category of dot we are dealing with.

Part of the confusion may be explained by a translation error. The German on p. 1* says that the suggested alternative readings are "*etwa* gleichwertig," by which we must sometimes imply that "ähnlich" rather than "gleichwertig" is meant. "Etwa" has been left untranslated on p. 11*! Thus even in James these suggested alternatives may vary in their likelihood to be deemed as equivalent in value to the primary text - some may, some may not. This clarification means we are all at sea for James as well as for 1 and 2 Peter, and we are at the mercy of the editors' subjective judgement. Perhaps all we may do is to take comfort that certain variants of text-critical importance are drawn to the readers' attention in this way. But even when that is taken into account, we now must reckon that the alternative readings marked with a dot need not, in every case, be offered by the editors as genuine replacements for the text printed as the running line. They are merely

---

[19] Surprisingly, the conjectural reading printed as the primary line at 2 Peter 3:10 is not marked with a dot: such is the confidence with which our editors print that text!

telling us that the passages call for special consideration and reexamination.

This new explanation is understandable and reasonable, but we do need to be alert to the change from the explanation in the James volume, which was perhaps seen as too simplistic.

When we look in detail at the places where the device of the dots has been utilized the following deductions may be made:

1) One result of the newly edited text of which I am wholeheartedly in favour is the abandonment of bracketed words within the text.[20] Whether this was explicitly intended as a conscious policy decision by the editors remains to be seen, but that is not important; the importance lies in the fact that users of ECM do not have to scratch their heads in bewilderment as they all too frequently have to do when consulting the text in NA/UBS.

The presence of a word or words (or, occasionally even parts of words!) surrounded by square brackets inevitably raises the question whether the reader should ignore the presence of the brackets (and thus accept the longer text) or overlook the word(s) bracketed and therefore accept the shorter text. In the present volumes brackets in the NA/UBS text have been abandoned thus giving us a longer text. In some places we see that the alternative, i.e. the shorter, text is earmarked with a bold dot in the letter address. In some ways the device of introducing the bold dots replaces brackets.

It is clear that where brackets have now been removed from the text the reading giving the shorter text (an omission that occasioned the use of brackets in UBS/NA) has been compensated for by the identification of that shorter text as a recommended alternative reading still worthy of consideration. This accounts for the dots at James 4:12; 1 Peter 1:9, 12, 22; 2:5; 3:1, 22; 4:17; 5:5, 8; 2 Peter 2:6, 20; 3:3.

Strangely, there are four places where brackets have been removed but they do not merit a dot in ECM:

i)   James 5:14: αὐτόν²

ii)   1 Peter 1:6 ἐστὶν

iii) 1 Peter 5:2 ἐπισκοποῦντες (In Metzger, *Commentary*, 2nd ed., this reading is rated "C" because it is said the decision about which textual variant to print as the text was "difficult": the

---

[20] J.K. Elliott, "The Use of Brackets in the Text of the United Bible Societies' Greek New Testament," *Biblica* 60 (1979): 575–77.

dilemma of that committee seems therefore not to have been shared by those preparing ECM.)

iv)   2 Peter 3:11 ὑμᾶς

The variants giving a shorter text, signalled as important to the editors of NA/UBS have therefore not been deemed worthy of note by the ECM committee.

2) Some variants involving a changed word-order now bear a dot (James 2:3; 3:4, 8, 15; 5:18; 1 Peter 1:18; 2:6, 16; 3:1; 2 Peter 1:4, 21; 3:3).

3) Others concern a choice between a longer and a shorter text (These are passages not bracketed in UBS/NA): James 5:10; 1 Peter 4:11 and 5:11 where consistent usage within the Petrine Letters should be restored. UBS/NA also inconsistently print the longer doxology at 4:11 and not at 5:11. We also note 1 Peter 5:14 where, again, the rejected text was printed in UBS with complete confidence, denoted by its being rated "*A*"—the decisions and dilemmas of that text as exemplified by the often arbitrary and inevitably ludicruous rating letters have obviously been ignored or disregarded by the ECM committee. To this list we add 1 Peter 4:5; 5:2; 2 Peter 1:2; 2:19.[21]

4) It will also be seen from the list above that some alternatives concern orthographical, or grammatical variation.

5) The alternatives dotted at 2 Peter 1:12 and 2:18sec. are interesting— the latter, in particular, because, once again, the reading of UBS was a confidently printed "*A*" reading.[22] James 2:19 is theologically signifi- cant. At James 4:14*pr.* the reading τὰ is a scribal assimilation to Proverbs 27:1.

As far as the MSS used are concerned I have been most interested in the way the selection has been made. On the basis of the results of the *Teststellen* in the *Text und Textwert* volumes on the Catholic Epistles[23] a number of Byzantine and non-Byzantine MSS have been identified in as objective and verifiably statistical way as possible.

The edition has a controlled selection of continuously cited witnesses. As a result of the Münster Institut's investigation of the 550

---

[21] The omission of και is read by 𝔓[72] ℵ* B only.

[22] Possibly we may deduce that this reading is dotted here merely "for special consideration" (p. 24*).

[23] K. Aland (ed.), *Text und Textwert der griechischen Handschriften des Neuen Testaments* (ANTF 9, 10a, 10b, 11; Berlin: De Gruyter, 1987).

or so MSS in their 98 Teststellen selected for the Catholic Epistles, 372 of the 522 or 523[24] complete MSS and larger fragmentary MSS were shown to agree with the majority of MSS in at least 90% of these Teststellen (see also ECM p. 2★ and p. 12★). That includes the readings designated 1 a well as 1/2, when these are in agreement in *Text und Textwert*. All MSS differing from the majority of MSS more than 10% are included "without exception" (according to p. 12★ with specific reference only to James, although we must assume that were these introductory pages to be made applicable to other letters in volume IV then the same would be true for 1 and 2 Peter and the other letters as well).

In James 182 MSS are used. The non-Byzantine MSS comprise 5 papyri, 10 majuscules and 70 minuscules. Of the 97 Byzantine witnesses 5 are majuscules, 19 are lectionaries, 73 minuscules.

Among the 142 MSS containing 1 Peter and the 140 containing 2 Peter listed on p. B41 (excluding the LXX Prophetologium used for lections in 1 Peter) are 53 MSS identified as Byzantine witnesses in 1 Peter (6 majuscules, 38 minuscules and 9 lectionaries) and 54, somewhat different MSS, used in 2 Peter (5 majuscules, 40 minuscules, and 9 lectionaries). The non-Byzantine in 1 Peter are three papyri, 9 majuscules and 77 minuscules; in 2 Peter there are 2 papyri, 9 majuscules and 75 minuscules.

As far as minuscules are concerned, James uses 143. In 1 and 2 Peter there are fewer MSS cited than in James—only 115. The use of twenty-seven other minuscules, among thirty-nine MSS used in James and extant for 1 and 2 Peter, has been discontinued. The full list appears on p. B41 and we are told that the reason for their exclusion beyond James will be explained in *Supplementary Studies* (by which we are to understand that this is not the "Supplementary Material" of part 2 but "Begleitende Untersuchungen" said on p. B42 to be ECM IV,3).[25] On the face of it, and in the light of the selection processes described on p. 2★ and p. 12★, we ought to assume these thirty-nine

---

[24] K. Wachtel, *Der Byzantinische Text der Katholischen Briefe* (ANTF 24; Berlin: De Gruyter, 1995), 55 refers to 522 MSS, and places them in five categories, but the total of these categories is 523.

[25] I had been confused by the numbering of these parts when I wrote my reviews. Part of the confusion occurred because p. 11★ says "An additional volume offers supplementary studies . . . ." On the basis of the present tense I took that to refer to the supplementary material already published as part 2 rather than a forthcoming volume "Supplementary Studies" part 3. I should have checked the German original, which on p. 1★ makes it clear that it is a future, planned, volume that is referred to. It is always worth double-checking the English translation in such instances.

MSS failed to reach the required percentage agreements as Byzantine or as non-Byzantine representatives. Another anomaly is that of the twenty-seven minuscules, MS 38 is to be found in 1 and 2 in the "Additional Apparatus" set out on pp. B68f. The statement on p. B41 must therefore be understood to mean that certain MSS have not been cited *consistently* beyond James, rather than that they are never to be found in ECM IV beyond James. We await IV, part 3 for the explanation.

There are nineteen lectionaries in James, ten lectionaries are used in 1 Peter and nine for 2 Peter. (Eleven of those used in James have been jettisoned beyond James and are so listed on p. B41.) Lectionary 1575 is used in 1 Peter: this is a lectionary independent of the Byzantine system and is an 8th. century Greek-Coptic bilingual MS.

The extent and age of all these MSS is found only in *Installment 1* pp. B5–7.

The Byzantine MSS are listed separately on p. B8 (James) and on p. B42 (1 and 2 Peter) under "Codices Byzantini." The explanation why these have been selected seems, on the evidence of the Einleitung/ Introduction (p. 2* and p. 12*) to be that the *codices Byzantini* are all the MSS that agree with the undivided Byzantine text in at least 80% of the passages.[26] The passages themselves are set out on pp. B9f. for James and on p. B43 in the fascicles for Peter. In James there are only 69 passages where the undivided Byzantine text occurs, out of a total of 800+ instances of textual variation. In 1 Peter the undivided Byzantine text differs from the primary line (i.e. the critically established text) 52 times from a total of 700+ variants. In 2 Peter there are 33 instances of Byzantine readings from a total of 400+ variants.

The use (but NOT the meaning) of the siglum "Byz" in 1 and 2 Peter to mean the "Codices Byzantini" listed on p.B42 differs from the James fascicule. There "Byz" was abandoned if three or four of the solid core of seven "nearly pure" Byzantine witnesses, listed on pp. B8–9, do not agree with the others. Now we learn that the siglum is relinquished if more than one differ from the others. This decision was reached after the committee analyzed the Byzantine support throughout each epistle and differing results are only to be expected. The actual "pure" MSS are not identical for James, 1 Peter or 2 Peter, but, as it happens, there are seven for each epistle. As usual, it is possible to detect how many MSS are included under the siglum

---

[26] I am grateful to Dr Gerd Mink of the Münster Institut for drawing my attention in a private communication to these explanations, which I failed to appreciate when I wrote my reviews.

"Byz" on those occasions when it is utilised in an *apparatus*. For example at 1 Peter 2:8 (numbers 14–16) we can eliminate all the Byzantine MSS listed on p. B42 actually cited individually in the different readings or deficient at this point. That leaves 45 MSS not accounted for and these therefore must be the MSS subsumed under "Byz."

Although the Introduction speaks of the edition's being concerned with establishing the text and reconstructing the history of the New Testament text during its first thousand years, some of the MSS used in ECM are themselves from outside that first Christian millennium. Non-Byzantine MSS come from all centuries including the 15th and 16th. The lectionaries are from the 10th (*l* 156) to the 15th (*l* 593, *l* 1281) and 16th (*l* 2087). The Byzantine MSS are from the 9th–17th centuries.

★★★

We noted four places involving the deletion of brackets where no dotted alternatives were signalled. There are other places where we might have expected dots. I refer to those readings printed in UBS⁴ where, despite its general tendency to move previously low rating letters up, some ratings below "*A*" still mark the following:

James

1:17 παραγγαλὴ ἤ τροπῆς ἀποσκίασμα[B]
3:3 εἰ δὲ[C]
4:5 κατῴκισεν[B]
4:14 ἀτμὶς γάρ ἐστε ἡ[C]
5:20 γινωσκέτω ὅτι[B]²⁷
5:20 αὐτοῦ ἐκ θανάτου[C]

1 Peter

2:3 εἰ[B]
3:7 συγκληρόνομοις [B]
3:18 περὶ ἁμαρτιῶν ἔπαθεν[B], over which reading Metzger,

²⁷ At James 5:4 the reading ἀποστερημένος by 018 020 33 is accepted as a proper reading by Metzger, *Textual Commentary* (2nd ed.) ad loc., but labelled here "f," that is an error. Metzger's own dissentient note—a rare change to a note in *Textual Commentary* 2nd ed. surviving from the previous edition—advocates printing ἀφυστερημένος: that *v.l.* is not accorded any special attention in ECM.

Commentary (2nd ed.) claims that the UBS committee had great difficulty ascertaining the original text.

3:18 ὑμᾶς [C]

5:10 καταρτίσει, στηρίξει, σθενώσει, θεμελιώσει[B]

5:11 τὸ κράτος [B]

2 Peter

1:1 Συμέων[B]

1:3 ἰδίᾳ δόξῃ καὶ ἀρετῇ[B]

1:17 ὁ υἱός μου ὁ ἀγαπητός μου οὗτός ἐστιν[B] (a reading found in only $\mathfrak{P}^{72}$ B 1751)

2:4 σειραῖς[C] where Metzger, *Commentary* (2nd ed.) ad loc. claims that "the textual evidence is singularly evenly balanced."

2:13 ἀδικούμενοι[B]

★★★

The reliability and usefulness of ECM have certainly not been exhausted in the above brief sketch. My notes and observations represent but one reader's interests in this splendid new series. Others may rightly find much of value and interest in the references in the *apparatus* to Greek Patristic citations, for, unlike other hand editions which unhelpfully merely give a father's name, ECM allows the source of the reference and its location in a printed edition of the patristic work to be verified. A fuller discussion into the Patristic material is promised for the Supplementary Studies (= IV part 3). Others may profit from the versional evidence presented here, possibly to verify an often ambiguous reference in another *apparatus*, knowing that any such ambiguities are spelled out in part 2 section 5.3. Still others may use the edition to reconstruct the contents of each of the Greek MSS used for the edition. In so far as these are cited consistently and their lacunae listed (under Supplementary Material 2.3) such a task is theoretically practicable although this was not the editors' intended use for such an edition.

Textkritik in frühchristlicher Literatur außerhalb des Neuen Testaments: Barn 1,6 als Beispiel[1]

Dietrich-Alex Koch (Universität Münster)

I

Nirgends wird der Unterschied in der Rezeptionsgeschichte zwischen kanonischen und außerkanonischen Schriften des frühen Christentums so schlagartig deutlich wie im Bereich der Textüberlieferung. Zur Verdeutlichung möchte ich kurz die Situation im 2.Petrusbrief und im Barnabasbrief miteinander vergleichen. So werden für den 2.Petrusbrief in der *Editio Critica Maior* 131 griechische Handschriften verwendet, um die Textrekonstruktion zu begründen und die Textgeschichte zu dokumentieren. Von diesen 131 Handschriften sind immerhin 98 vollständig. Zusätzlich werden weitere 28 Handschriften genannt, die textgeschichtlich unergiebig sind.[2] Hinzu kommen Übersetzungen in sieben verschiedene Sprachen (mit z.T. beachtlichem Handschriftenbestand) und Zitate bei immerhin 26 verschiedenen Kirchenvätern.[3]

[1] Überarbeitete Fassung des Vortrags am 6.1.2001. Für mannigfache Beratung und Hilfestellung bin ich den Mitarbeitern des Instituts für Neutestamentliche Textforschung in Münster/W., allen voran Herrn Michael Welte, zu großen Dank verpflichtet. Ihm verdanke ich nicht nur den Zugang zu den Mikrofilmen vom Codex Sinaiticus und insbesondere vom Codex Hierosolymitanus, sondern ich konnte mit ihm auch alle Aspekte der Druckfassung durchsprechen und dabei von einem Wissensschatz profitieren, den man nur im jahrzehntelangen Umgang mit Handschriften erwerben kann.

[2] B. Aland et al., Hrsg., *Novum Testamentum Graecum: Editio Critica Maior* IV/2. Die Katholischen Briefe. Begleitende Materialien B 41.46; nicht enthalten sind in diesen Zahlen die Lektionare.

[3] Aland, ebd. B 58f.

Dagegen ergibt die Textüberlieferung des Barnabasbriefs ein ganz anderes Bild: Hier gibt es nur zwei vollständige griechische Handschriften:

a) Die Handschrift S, den aus der ntl. Textkritik (und der der Septuaginta) wohlbekannten Codex Sinaiticus aus dem 4. Jahrhundert, der eben nicht nur die Septuaginta und die kanonischen Schriften des NT enthält, sondern auch den Barnabasbrief und den Hirten des Hermas.

b) Die Handschrift H, den Codex Hierosolymitanus 54, eine Sammelhandschrift nichtkanonischer Schriften von 1056 n.Chr; diese Handschrift enthält neben dem Barnabasbrief u.a. den 1.Clemensbrief, den 2.Clemensbrief, das Corpus der Ignatiusbriefe (in der Langrezension) und die Didache, für die diese Handschrift sogar der einzige Textzeuge ist.

Darüber hinaus gibt es nur noch Textzeugen, die Teile oder Bruchstücke des Barn enthalten:

c) Die Minuskelhandschrift V, der Codex Vaticanus Graecus 859 aus dem 11. (oder vielleicht auch dem 12.) Jahrhundert.[4] Dieser Codex ist genealogischer Ausgangspunkt[5] für 8 weitere griechische HSS aus dem 15. und 16. Jahrhundert,[6] die alle einen frappierenden gemeinsamen Defekt aufweisen: Sie bieten alle den Brief des Polykarp an die Philipper, brechen aber alle 3 Wörter vor dem Satzende von PolPhil 9,2 ab[7] und setzen dann übergangslos mitten im Satz von Barn 5,7 fort. Hier ist in der Vorlage von Vat.Gr. 859 eine Lage ausgefallen, die (mindestens) den Schluß den Polykarpbriefs und Barn 1,1–5,7Anfang enthielt.[8]

---

[4] Zur Datierung vgl. F.R. Prostmeier, *Der Barnabasbrief* (KAV 8; Göttingen: Vandenhoeck & Ruprecht, 1999), 18 mit A 41.

[5] So F.X. Funk, "Der Codex Vaticanus gr. 859 und seine Descendenten", *TQ* 62 (1880): 629–37; übernommen von J.M. Heer, *Die versio latina des Barnabasbriefes und ihr Verhältnis zur altlateinischen Bibel* (Freiburg im Breisgau: Herder, 1908), LXIV; ebenso jetzt auch Prostmeier, *Der Barnabasbrief*, 18; anders R.A. Kraft in P. Prigent und R.A. Kraft, *Épître de Barnabé* (SC 172; Paris: Les Editions du Cerf, 1971), 51; natürlich sind nicht alle internen Differenzen innerhalb dieser Handschriftengruppe (die traditionell G genannt wird) in direkter Ableitung von V erklärbar, doch ist die Annahme von Untergruppen (die von V abstammen) wesentlich wahrscheinlicher als das Postulat eines (nicht mehr vorhandenen) Archetyps für V und alle anderen HSS diesen Typs.

[6] Vgl. Prigent und Kraft, *Épître de Barnabé*, 50–52 und Prostmeier, *Der Barnabasbrief*, 18–31.

[7] Für den Polykarpbrief ist dies auch der einzige griechische Textzeuge! Vgl. J.B. Bauer, *Die Polykarpbriefe* (KAV 5; Göttingen: Vandenhoeck & Ruprecht, 1995), 13–15.

[8] Beschreibung bei Prostmeier, *Der Barnabasbrief*, 18–22.

d) Dann ein Papyrusfragment, Papyrus PSI 757b, das gerade mal 6 Verse enthält, Barn 9,1–3 (verso) und 9,3–6 (recto) aus dem 3.–5. Jahrhundert.[9] Die Bedeutung dieses Fragments liegt nicht so sehr in der Anzahl der Lesarten, die das Fragment direkt für die Textkritik des Barn beisteuert, sondern in der Tatsache, daß es den Text des Codex Vat. Gr. 859 aus dem 11./12. Jahrhundert stützt und somit zeigt, daß auch dieser Codex grundsätzlich alte Lesarten enthalten kann.

Die sonstigen Textzeugen sind:

e) Eine lateinische Version, in einer einzigen Handschrift bezeugt, dem Codex Petropolitanus Q v. I. 39, der aus dem 9.–10. Jahrhundert stammt, wobei die Übersetzung selbst vom Erstherausgeber auf das 3. Jahrhundert datiert wird.[10] Für diese Datierung gibt es in der Tat gute Gründe. Dennoch ist der Textwert der lateinischen Version recht begrenzt. Es fehlt nicht nur Barn 18–21, also der gesamte sog. Zwei-Wege-Katechismus, vor allem aber stellt diese lateinische Übersetzung eine sehr verkürzte Wiedergabe der griechischen Vorlage dar; immer wieder werden überflüssig erscheinende Wendungen, ja ganze Satzteile und Sätze übergangen. Deshalb läßt einen die lateinische Übersetzung oft im Stich. Versucht man, die lateinische Version den übrigen Handschriften zuzuordnen, so ist eine gewisse Nähe zu V feststellbar.

f) Ein kurzes, aus dem 13. Jahrhundert stammendes Exzerpt aus Barn 19 und 20 (insgesamt 4 Verse) ist auf syrisch erhalten: Codex Cantabrigiensis Univ. Add. 2023.[11]

g) Eine armenische Übersetzung ist höchstwahrscheinlich im 12. Jahrhundert aufgrund von Codex Vat.Gr. 859 angefertigt worden (dort ist eine entsprechende Übersetzernotiz angebracht). Sie ist jedoch nicht erhalten.[12]

h) Von den Kirchenvätern zitiert Clemens von Alexandrien den Barn vergleichsweise häufig, nämlich 28 mal;[13] allerdings zitiert er manchmal recht frei, und auch nur jeweils einzelne Verse oder Halbverse.[14]

---

[9] Vgl. Prostmeier, *Der Barnabasbrief*, 31.

[10] Heer, *Die versio latina*, XL–LIX.

[11] Prostmeier, *Der Barnabasbrief*, 32–34.

[12] Vgl. Prostmeier, *Der Barnabasbrief*, 23–25.

[13] Die Zitate betreffen Barn 1,5; 2,2f; 4,11; 6,5a. 8–10; 10,1.3.4.9f.11f.; 16,7–9; 21,5f.9. Die Fundstellen finden sich jeweils als Fußnote zur deutschen Übersetzung der betreffenden Stelle in K. Bihlmeyer, *Die Apostolischen Väter: Neubearbeitung der Funkschen Ausgabe*, Erster Teil (Tübingen: Mohr, 1924; 2. Aufl. 1956), 10–34; Neuausgabe: A. Lindemann und H. Paulsen, Hrsg., *Die Apostolischen Väter. Griechisch-deutsche Parallelausgabe auf der Grundlage der Ausgaben von Franz Xaver Funk, K. Bihlmeyer und M. Whittaker* (Tübingen: Mohr, 1992), 26–75 (deutsche Übersetzung des Barn: D.-A. Koch).

[14] Vgl. Prostmeier, *Der Barnabasbrief*, 34–44.

Darüber hinaus gibt es noch Zitate bei drei weiteren Kirchenvätern, und zwar jeweils ein Zitat bei Origenes, Didymus dem Blinden und Hieronymus, die jeweils auch nur 5 Wörter umfassen und insgesamt textkritisch unergiebig sind:

> Origenes, *c. Celsum* I, 63 (Barn 5,9): 9 Wörter sind aus Barn aufge-
> nommen, von denen allerdings nur 5 in der ursprünglichen Reihenfolge
> belassen sind;[15]
> Didymus der Blinde, *Commentarii in Psalmos* 40–44,4, p. 300, 12f (Barn
> 19,12); Umfang: 5 Wörter;[16]
> Hieronymus, *tract. de Ps.* XV 4, 175–178 / CChr.SL 78 (*series altera*)
> 369,175–178: Zitat von Barn 5,9; Umfang: 5 Wörter, vom denen 4 mit
> L übereinstimmen.[17]

i) Angesichts dieser schmalen Textüberlieferung ist es bemerkenswert, daß kürzlich ein weiterer Textzeuge bekannt geworden ist:[18] In einem rekonstruierten koptischen Papyrus aus dem 4. Jahrhundert, der sich heute in Berlin befindet, P. Berol. 20915, finden sich drei Zitate aus dem Barn, und zwar aus 6,11–13 und 6,17f. Dabei enthält dieser Papyrus keine Übersetzung des Barn selbst, sondern es handelt sich um die Fragmente einer Abhandlung, deren thematische Schwerpunkte die Schöpfung und der Zorn Gottes sind. In diesem Zusammenhang werden die beiden Stellen aus Barn ausdrücklich zitiert. H.-M. Schenke, der den Text erstmals bekannt gemacht hat, vermutet, daß hier nicht eine koptische Übersetzung des Barn verwendet ist, sondern daß es sich um eine ad-hoc-Übersetzung im Zuge der Gesamtüberset-zung der griechischen Vorlage handelt.[19] Textkritisch bestätigt dieser

---

[15] In *de princ.* III 2,7 (Barn 18,1) liegt dagegen kein eigentliches Zitat, sondern ein verkürztes Textreferat unter Verwendung von Stichwörtern aus dem Barn-Text vor.

[16] Bei Didymus gibt es außerdem noch 4 reine Verweise (ohne Textwiedergabe) auf den Barn: a) *Comm in Zach* 3,278: Verweis auf die Anrede υἱοὶ καὶ θυγατέρες in Barn 1,1 und b) *Comm in Zach* 3,196; 4,312 und *Comm in Ps* 35–39, p. 262,34 auf die Bezeichnung des Satans als ὁ μέλας, vgl. Barn 4,10; 20,1.

[17] Zugleich ist das Verhältnis zum griechischen Text, der hier einhellig von S, H und V bezeugt ist, ausgesprochen eng; dagegen zitiert Hieronymus die gleiche Aussage in *dial adv. Pel.* III 2,14–16 offensichtlich gedächtnismäßig: Er schreibt sie irrtümlich Ignatius zu und bietet auch eine viel freiere Fassung.

[18] H.-M. Schenke, "Der Barnabasbrief im Berliner 'Koptischen Buch' (Pap. Berolinensis 20915)", *Enchoria* 25 (1999): 53–75.

[19] Schenke, "Barnabasbrief", 74f.

Zeuge die Variationsbreite der griechischen Überlieferung: Er stimmt in einem Falle mit V, in einem anderen Falle mit H überein.[20]

Der Unterschied zwischen dem 2Petr und dem Barn ist deshalb besonders instruktiv, weil beide Schriften nahezu oder möglicherweise direkt zeitgleich entstanden sind: Der 2Petr wird fast durchweg ins 2. Jahrhundert datiert, wobei die Ansetzungen zwischen dem 1. und dem 2. Viertel des 2. Jahrhundert schwanken,[21] und der Barn ist nach weitgehend übereinstimmender Meinung in den Zeitraum von 130–132 n.Chr. zu datieren,[22] gehört also auch in das 2. Viertel des 2. Jahrhundert Aufgrund der völlig andersartigen Textgrundlage steht die Textkritik des Barn allerdings vor ganz anderen Problemen als die neutestamentliche Textkritik. Das zeigt sich auch in den gängigen Textausgaben.

Im Prinzip bieten alle Textausgaben des Barnabasbriefs einen eklektischen Text, da ganz offensichtlich kein einziger Texttyp (der ohnehin zumeist nur durch jeweils eine einzige Handschrift vertreten ist) den frühesten Text bietet. Dennoch sind deutliche Unterschiede in der Behandlung der einzelnen Textzeugen feststellbar: Die Ausgabe von (Funk-)Bihlmeyer[23] von 1924 läßt eine deutliche Bevorzugung von H erkennen; dagegen berücksichtigt Wengst[24] häufig den recht eigenwilligen Text des Sinaiticus, während in der von Kraft besorgten Textausgabe in der Reihe *Sources Chrétiennes*[25] häufiger V herangezogen wird.

---

[20] Schenke, "Barnabasbrief", 71–73.

[21] U. Schnelle, *Einleitung in das Neuen Testament* (Göttingen: Vandenhoeck & Ruprecht, 1994; 3. Aufl. 1999), 438f.

[22] Dazu vgl. jetzt ausführlich Prostmeier, *Der Barnabasbrief*, 111–19.

[23] Bihlmeyer, *Die Apostolischen Väter*.

[24] K. Wengst, *Didache (Apostellehre); Barnabasbrief; Zweiter Klemensbrief; Schrift an Diognet* (SUC 2; Darmstadt: Wissenschaftliche Buchgesellschaft, 1984), 101–202.

[25] Vgl. Kraft in Prigent und Kraft, *Épître de Barnabé*, 56–66.

II

Nach diesem knappen Überblick über den Gesamtrahmen der textkritischen Arbeit am Barnabasbrief möchte ich an einem einzelnen
Beispiel die Probleme verdeutlichen, und zwar an dem Problem der
Textüberlieferung von Barn 1,6. Allerdings muß man dabei zunächst
kurz den inhaltlichen Zusammenhang von Kap. 1 in den Blick
nehmen. Der Barn umfaßt zwei große Teile:

I: Barn 2–17: Die wahre Erkenntnis: Der Sinn der Schrift
II: Barn 18–21: Der wahre und der falsche Weg: Der Zwei-Wege-
        Katechismus (vgl. Did 1–6).

Zu diesen beiden Teilen bietet Kap. 1 die briefliche und thematische
Einleitung. In Barn 1,1 liegt das (natürlich pseudepigraphische) Prä-
skript vor mit Empfängerangabe und Grußformel. Daran schließt sich
in Barn 1,2–8 das Proömium an. In diesem Proömium werden die
Leser betont als Geistträger angeredet (1,2), und es wird auch bewußt
eine persönliche Beziehung zwischen Verfasser und Lesern fingiert
(1,3); dabei attestiert der Vf. seinen Lesern in 1,4, daß in ihnen "großer
Glaube und (große) Liebe ... wohnen aufgrund der Hoffnung auf sein
Leben" (gemeint ist: das von Herrn eröffnete bzw. verheißene Leben).
In 1,5 formuliert dann der Vf. sein Briefziel. Ziel seines Schreibens ist,
daß "ihr neben eurem Glauben vollkommene Erkenntnis erlangt".
Hier wird also eine Zweiteilung vorgenommen, und zwar zwischen
πίστις und γνῶσις. Der Vf. setzt bei seinen Lesern, die er ja als
Geistträger bezeichnet hat, die πίστις ohne Einschränkung voraus, die
darüber hinausgehende "vollkommene Erkenntnis" dagegen nicht,
vielmehr will er sie ihnen durch sein Schreiben überhaupt erst
vermitteln. Diese τελεία γνῶσις bietet der Vf. dann auch in seinem
Brief, aber nicht sofort, sondern erst ab Kap. 2, wo er den wahren Sinn
der Schrift (d.h. des Alten Testaments) entfaltet. Zuvor werden in 1,6
drei δόγματα κυρίου, drei "Satzungen des Herrn", angekündigt:

> τρία οὖν δόγματά ἐστιν κυρίου
> "dreierlei Satzungen des Herrn gibt es nun".

Diese δόγματα gehören, wenn man die Unterscheidung von πίστις
und γνῶσις von 1,5 zugrunde legt, noch zur πίστις, zum "Glauben",
der durch diese drei δόγματα in zusammenfassender Weise formuliert
werden soll. Der Text dieser drei δόγματα, der danach offensichtlich
folgen soll, ist jedoch in allen drei Textzeugen, die hier zur Verfügung
stehen, ganz unterschiedlich überliefert.

Barn 1,6 im Codex Sinaiticus

Der Codex Sinaiticus ist eine der wenigen Bibelhandschriften, die neben den kanonischen Schriften des AT und NT auch außerkanonische frühchristliche Schriften enthält, nämlich den Barn und den Hirten des Hermas. Die Tatsache, daß er nach der Apokalypse Johannes angefügt wurde, zeigt einerseits eine deutliche Wertschätzung dieser Schrift; andererseits ist aber auch deutlich, daß der Sinaiticus mit der Aufnahme des Barnabasbriefs ein Einzelgänger geblieben ist.

Für den Barn selbst ist wichtig:[26]

a) Der Text ist von einem derjenigen Schreiber geschrieben worden, die auch andere Teile des Codex angefertigt haben.

b) Eine frühe Korrektur des Barn ist durch den Abschreiber selbst oder einen anderen Abschreiber erfolgt; dabei sei aber (so die Analyse der Spezialisten),[27] anders als in den ntl. Schriften, keine andere Vorlage verwendet worden.

c) Eine Korrektur im 7. Jahrhundert hat, im Unterschied zu den ntl. Schriften, nicht stattgefunden

d) Die Korrektur durch den Korrektor "C" (12. Jahrhundert [?]) beschränkte sich weitgehend auf formale Probleme.

Inhaltliche Korrekturen sind daher im Barn auf den Abschreiber selbst oder zeitgleiche Revisoren zurückzuführen.

Der in *scriptio continua*, grundsätzlich ohne Interpunktion und ohne Sinnabschnitte oder gar Sinnzeilen geschriebene Text des Codex Sinaiticus weist in 1,6 eine Besonderheit auf: Im direkten Zusammenhang mit der Ankündigung der τρία δόγματα erscheinen plötzlich Interpunktionszeichen.

---

[26] Zu den Einzelheiten vgl. Prostmeier, *Der Barnabasbrief*, 13.

[27] H.J.M. Milne und T.C. Skeat, *Scribes and Correctors of the Codex Sinaiticus: With plates and figures* (London, 1938), 46–50.

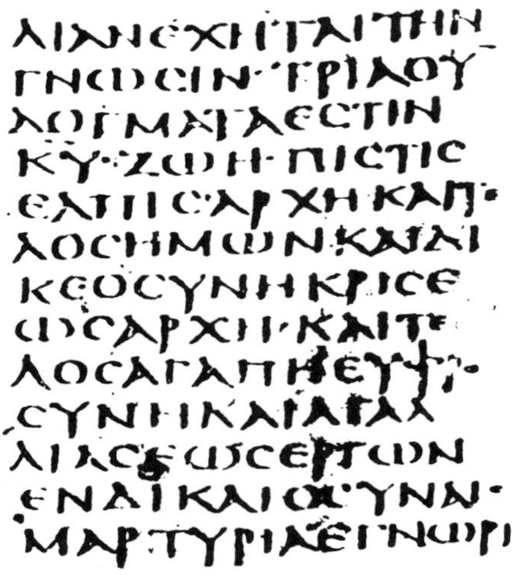

ΛΙΝΝΕΧΗΓΑΙΤΗΝ
ΓΝωCΙΝ·ΓΡΙΑΟΥ
ΛΟΓΜΑΤΑΕCΤΙΝ
ΚΥ·ΖωΗ·ΠΙCΤΙC
ΕΛΠΙCΑΡΧΗΚΑΠ·
ΛΟCΗΜωΝΚΝΑΙ
ΚΕΟCΥΝΗΚΡΙCΕ
ωCΑΡΧΗ·ΚΑΙΤ·
ΛΟCΑΓΑΠΗΕΥΤ·
CΥΝΗΚΑΙΑΓΑ
ΛΙΛCΕωCΕΡΓωΝ
ΕΝΑΙΚΑΙΟΥΝΝ·
ΜΑΡΤΥΡΙΑΕΙΝωΡΙ

10 λιαν ἔχηται τὴν
γνῶσιν· τρία οὖν
δόγματά ἐστιν
κυρίου· ζωή· πίστις
ἐλπίς· ἀρχή [·] καὶ τέ-
15 λος ἡμῶν καὶ δι-
κεοσύνη κρίσε-
ως ἀρχή [·] καὶ τέ-
λος ἀγάπη εὐφρο-
σύνη καὶ ἀγαλ-
20 λιάσεως ἔργων
ἐν δικαιοσύναις
μαρτυρία· ἐγνώρι

Abb. 1: Barn 1,6 im Codex Sinaiticus fol. 334ʳ, 3.Spalte, Zeile 10–22.[28]

Der gesamte Satz, der nach jetziger Einteilung den V. 6 bildet, ist durch Punkte vom Kontext abgesetzt (Z. 11 vor τρία und Z. 22 nach μαρτυρία), und er wird außerdem auch in sich durch Punkte strukturiert (in den Z. 13.14 und 17). Allerdings begegnen hier sofort auch Korrekturen, und zwar gleich in zwei Fällen: Wie der Herausgeber des Codex Sinaiticus, C. Tischendorf, in seiner kritischen Ausgabe von 1863 vermerkt,[29] ist in Z. 14 und 17 der Punkt nach ἀρχή jeweils getilgt worden. Dabei ist klar, daß die Interpunktion hier dem Versuch dient, den in sich unübersichtlichen Satz zu gliedern. Um die Absicht, die dieser Interpunktion zugrunde liegt, zu erfassen, ist es sinnvoll, den Text in Sinnzeilen zu schreiben.

---

[28] Die Abbildung ist der Faksimileausgabe des Codex Sinaiticus entnommen: H. Lake und K. Lake, Hrsg., *Codex Sinaiticus Petropolitanus: The New Testament, the Epistle of Barnabas and the Shepherd of Hermas* (Oxford: Clarendon Press, 1911).

[29] C. Tischendorf, *Novum Testamentum Sinaiticum sive Novum Testamentum cum Epistula Barnabae et fragmentis Pastoris ex codice Sinaitico* (Leipzig: Brockhaus, 1863), und zwar LXXVI (Kommentar zum Text von Barn 1,6); der Text selbst ist auf S. 135 abgedruckt (jeweils mit Punkt).

Den Text einer Handschrift in Sinnzeilen zu schreiben, ist natürlich ein moderner Versuch, das inhaltliche Verständnis des hier vorliegenden Textes nachzuvollziehen. Die Handschriften waren ja ursprünglich in erster Linie zum Vorlesen bestimmt, also für einen Vorleser, einen Anagnosten,[30] der im öffentlichen Vortrag aus dem unstrukturierten Wort-, ja Buchstabenbestand einer Handschrift sinnvolle Sinn- und Satzeinheiten bilden mußte.[31] Dabei ist die Interpunktion im Codex Sinaiticus in Barn 1,6 als zusätzliche Hilfe für den Anagnosten zu verstehen, weil schon damals in diesem Satz eine besondere Schwierigkeit gesehen wurde. Der Anagnost erhält also zusätzliche Hinweise, welche Sinneinheiten er bei seinem Vortrag gestalten soll.

Unter Beachtung der vorgegebenen Interpunktion ergibt sich folgende Textstruktur für Barn 1,6 im Codex Sinaiticus:

1 τρία οὖν | δόγματά ἐστιν | κυρίου·
2 ζωή · πίστις | ἐλπίς · ἀρχὴ ⟦·⟧ καὶ τέ|λος ἡμῶν
3 καὶ δι|καιοσύνη κρίσε|ως ἀρχὴ ⟦·⟧ καὶ τέ|λος
4 ἀγάπη εὐφρο|σύνη καὶ ἀγαλ|λιάσεως ἔργων| ἐν δικαιοσύναις μαρτυρία·

1 Dreierlei Satzungen des Herrn gibt es nun:
2 Leben / Glaube / Hoffnung / (sie sind) (unser) Anfang [[/]] und unser Ende(,)
3 und die Gerechtigkeit des Gerichts Anfang [[/]] und Ende (ist sie)
4 Liebe(,) Freude und das Zeugnis der Werke des Jubels in gerechten Taten.

Klar abgeteilt ist die erste Sinneinheit (Z. 1), die auch in ihrer Funktion als Überschrift eindeutig zu bestimmen ist. Die im folgenden Text sofort wieder gestrichenen beiden Punkte (jeweils nach ἀρχή) sind als Fehlversuche zu beurteilen, die mit Recht verworfen wurden, weil hierbei die zusammmgehörige Wendung ἀρχὴ καὶ τέλος nicht erkannt worden ist. Ohne diese sofort wieder getilgte Interpunktion wird man

---

[30] Vgl. P.L. Schmidt, "Lector", in *Der neue Pauly: Enzyklopädie der Antike*, Band 6 (H. Cancik und H. Schneider, Hrsg., Stuttgart: Metzler, 1999), 1217–18.
[31] Gleiches wurde auch von jedem einzelnen Leser erwartet; dies dürfte einer der Hauptgründe dafür gewesen sein, daß auch individuelle Lektüre in aller Regel akustisch vollzogen wurde, man sich also selbst "vorlas"; so m. R. G. Cavallo, "Buch" in *DNP*, Band 2 (1997), 809–16, dort 815. Zur Verbreitung des lauten Lesens vgl. auch H. Blanck, *Das Buch in der Antike* (München: Beck, 1992), 71–74.

eher so abzuteilen haben, daß gerade mit ἀρχὴ καὶ τέλος jeweils eine Zeile abgeschlossen wird, so daß zwei relativ parallel endende Sinneinheiten entstehen (Z. 2 und 3). Der verbleibende Wortbestand bildet dann bis zur Schlußinterpunktion die letzte Sinneinheit (Z. 4).

Die Interpunktion in Z. 2 zeigt, daß der Schreiber bzw. Korrektor in den drei Begriffen ζωή / πίστις / ἐλπίς die drei δόγματα sah, auch wenn zwischen πίστις und ἐλπίς das Satzzeichen fehlt.[32] Damit ist allerdings eine Schwierigkeit verbunden: δόγμα meint an sich einen Grundsatz, eine Regel, ein Gebot, eine Weisung (so auch Barn 9,7; 10,1.9f), d.h. immer eine längere Formulierung, jedoch sonst nie einen einzelnen Begriff.

Außerdem ist die Struktur der gesamten Fortsetzung des Satzes (ab Z. 2, 2.Hälfte) unklar, denn Funktion und Bezug des zweimaligen ἀρχὴ καὶ τέλος bleiben schwierig. Beim ersten Mal ist die Wendung ἀρχὴ καὶ τέλος ὑμῶν ("unser Anfang und Ende") offenbar auf die Dreierreihe ζωή, πίστις, ἐλπίς zu beziehen, und zwar in dem Sinne, daß "Leben, Glaube und Hoffnung" Grundlage und Ziel der Existenz des Glaubenden sind, obwohl "Leben, Glaube und Hoffnung" natürlich eine recht ungewöhnliche Trias bilden.

In Z. 3 ist dagegen ἀρχὴ καὶ τέλος nicht auf eine Dreierreihe, sondern auf einen Einzelbegriff, nämlich δικαιοσύνη bezogen, womit sich natürlich sofort die Frage nach dem Verhältnis von Z. 3 zu Z. 2 stellt. Außerdem ist das absolute ἀρχὴ καὶ τέλος ohne Ergänzung kaum verständlich, und schließlich ist offen, wie in Z. 3 κρίσεως zuzuordnen ist; es bestehen zwei Möglichkeiten:
a) "und die Gerechtigkeit, (sie ist) des Gerichts Anfang und Ende";
b) man bezieht κρίσεως auf δικαιοσύνη; dann müßte man wahrscheinlich in Analogie zur vorherigen Zeile ἡμῶν zu ἀρχὴ καὶ τέλος ergänzen, also: "und die Gerechtigkeit des Gerichts, (sie ist) (unser) Anfang und Ende".

Schwierig ist schließlich auch die Schlußzeile. Man kann zwar vermuten, daß mit ἀγάπη, εὐφροσύνη und μαρτυρία am Schluß eine weitere Dreierreihe intendiert ist, doch ist unklar, in welchem Verhältnis sie zur Dreiererreihe in Z. 2 stehen soll.

---

[32] Immerhin steht πίστις am Ende einer Zeile, so daß hier eine zusätzliche Interpunktion möglicherweise nicht als notwendig angesehen wurde.

Barn 1,6 im Codex Hierosolymitanus 54

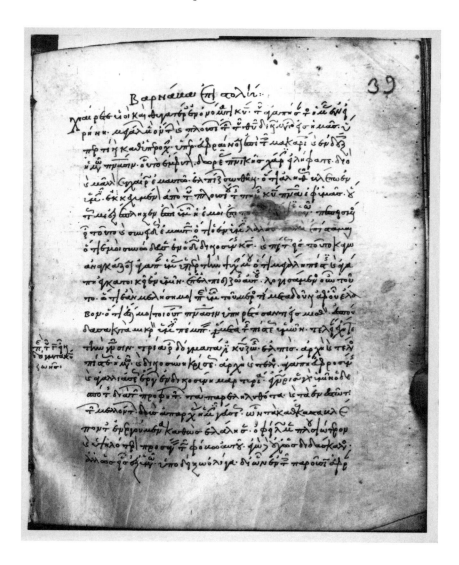

Abb.2: Codex Hierosolymitanus 54 fol. 39r[33]

[33] Kopie vom Mikrofilm des Codex, zur Verfügung gestellt von der Bibliothek des Griechischen Patriarchat in Jerusalem; für die freundliche Vermittlung der Kopie bin ich Herrn Michael Welte vom Institut für Neutestamentliche Textforschung in Münster/W. zu großem Dank verpflichtet.

Der Codex Hierosolymitanus 54 (Αγίου Τάφου Κῶδ. πατρ. 54) aus
dem Jahr 1056 ist eine Minuskelhandschrift, und schon ein Blick auf
das erste Blatt des Barnabasbriefs (folio 39recto) zeigt, daß die Handschrift ausgesprochen viele Kürzel aufweist und insgesamt sehr mühsam
zu lesen ist, und zwar offenbar nicht nur für Nichtspezialisten. Auch in
den Editionen hat es gerade für Barn 1,6 eine fehlerhafte Lesung von
erheblicher Tragweite gegeben.

Auffällig sind zunächst die häufigen Kürzungen und das Fehlen des
Iota subscriptum,[34] das jedoch im 11. Jahrhundert keineswegs ungewöhnlich ist.[35]

Der Text von Barn 1,6 befindet sich auf dem unteren Drittel von
fol. 39r, in den Z. 16–18.

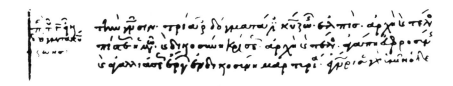

Abb. 3: Barn 1,6 im Codex Hierosolymitanus 54

Zunächst ist die Randnotiz in Höhe von Zeile 16 und 17 bemerkenswert:

πὲ(ρι) τ(ο)ῦ Γ̄ (τρία) εἶναι δόγματα κῡ (κυρίου) ζωῆς[36]
"darüber, daß es drei Satzungen des Herrn des Lebens gibt".

Mit dieser Notiz hat der Schreiber gleich am Rande auf den besonderen Inhalt von Barn 1,6 hingewiesen, d.h. auch in H wird Barn 1,6

---

[34] S. gleich den Beginn Barn 1,1 (Zeile 1f); besonders instruktiv ist hier der Schluß
ἐν εἰ | ρήνη.

[35] Im 10. und 11. Jahrhundert ist das *Iota subscriptum* allenfalls unregelmäßig anzu-
treffen, eine regelmäßige Setzung erfolgt erst ab dem 15. Jahrhundert (freundlicher
Hinweis von Herrn Wolfgang Richter vom Institut für Neutestamentliche Textforschung in Münster/W.).

[36] Transkription nach Heer, *Die versio latina*, 19, App. zu Z. 20. Bei dem Versuch,
die Kürzungen wiederzugeben, waren Herr Michael Welte und Herr Wolfgang
Richter behilflich.

als besonders hervorzuhebender Bestandteil des Textes gesehen. Der Text selbst lautet dann in transkribierter Form:[37]

16 τὴν γνῶσιν· τρία οὖν δόγματά ἐστιν κυρίου ζωῆς·
                              ἐλπίς· ἀρχὴ καὶ τέλος
17 πίστεως ἡμῶν· καὶ δικαιοσύνη κρίσεως· ἀρχὴ καὶ
                         τέλος· ἀγάπη εὐφροσύνης
18 καὶ ἀγαλλιάσεως ἔργων ἐν δικαιοσύνῃ μαρτυρία·
                              ἐγνώρισε γὰρ ὑμῖν ὁ δε

16 . . . Dreierlei Satzung des Herrn des Lebens gibt es: die
                         Hoffnung, (sie ist) Anfang und Ende
17 unseres Glaubens; und die Gerechtigkeit des Gerichts, (sie ist)
                         Anfang und Ende; die Liebe, (sie ist)
18 das Zeugnis der Werke der Freude und des Jubels in
                              Gerechtigkeit. . . .

Besondere Beachtung erfordern bei der Transkription die letzten drei Wörter von Barn 1,6; sie lauten: ἐν δικαιοσύνῃ μαρτυρία. Hier ist zwar, entsprechend gängiger Schreibpraxis im 11. Jahrhundert, kein *Iota subscriptum* gesetzt, aber die Präposition ἐν vor δικαιοσύνη ist eindeutig vorhanden.[38] Das ist deshalb wichtig, weil es hier einen schon auf Bryennios zurückgehenden Fehler in den Textausgaben gibt. Philoteos Bryennios hatte den Codex 1873 entdeckt, 1875 die beiden Clemensbriefe ediert, und dann 1883 die Didache herausgegeben,[39] für deren vollständigen Text dieser Codex ja überhaupt der einzige Zeuge bis heute ist. Vom Barnabasbrieftext dieses Codex erfolgte zwar keine eigenständige Edition, doch gab es Listen von Lesarten, die Bryennios erstellte und die in die älteren Editionen einflossen, so auch in den griechischen Text, den Heer abdruckt, und in die Textausgabe von Funk-Bihlmeyer. Und dort erscheint, aufgrund der Lesartenliste von

---

[37] In diesem Falle sind die Kürzungen sogleich aufgelöst worden, da eine annähernd exakte Wiedergabe des Schriftbildes mit den Mitteln heutiger Zeichensätze gar nicht möglich ist; man vergleiche allein den Beginn von Barn 1,6, nämlich τρία οὖν δόγματά ἐστιν κυρίου ζωῆς mit dem Schriftbild im Codex H. Aufgrund dieser Schwierigkeit sind nicht nur Abkürzungen aufgelöst, sondern es ist auch konsequent die schulmäßige Orthographie (z.B. Schlußsigma und *Iota subscriptum*) verwendet worden.

[38] Auch das vorangehende Wort ἔργων ist durchaus vollständig vorhanden, jedenfalls wenn man den Bogen über dem Schluß von εργ beachtet.

[39] Ph. Bryennios, Τοῦ ἐν ἁγίοις πατρός ἡμῶν Κλήμεντος Ἐπισκόπου Ῥώμης αἱ δύο πρὸς Κορινθίους ἐπιστολαί (Konstantinopel, 1875) und Ph. Bryennios, Διδαχὴ τῶν δώδεκα ἀποστόλων ἐκ τοῦ ἱεροσολυμιτικοῦ χειρογράφου νῦν πρῶτον ἐκδιδομένη (Konstantinopel: Typois S.I. Boutyra, 1883).

Breynnios regelmäßig die Angabe, H lese lediglich δικαισυνη, also den Nominativ,[40] was so keinen Sinn macht, und zur Konjektur in δικαιοσύνης, also den Genitiv führte, die schon Bryennios selbst vorgeschlagen hatte und von Heer und Bihlmeyer übernommen worden ist.[41] In neueren Ausgaben ist dieser Fehler bemerkt worden und richtiggestellt.[42]

Versucht man, den Wortlaut von Barn 1,6 in der Fassung von H und unter Beachtung der dortigen Interpunktion in Sinnzeilen zu schreiben, ergibt sich folgendes Bild:

1 τρία οὖν δόγματά ἐστιν κυρίου ζωῆς·
2 ἐλπίς· ἀρχὴ καὶ τέλος πίστεως ἡμῶν·
3 καὶ δικαιοσύνη κρίσεως· ἀρχὴ καὶ τέλος·
4 ἀγάπη εὐφροσύνης καὶ ἀγαλλιάσεως ἔργων ἐν δικαιοσύνη μαρτυρία·

1 Dreierlei Satzung des Herrn des Lebens gibt es nun:
2 die Hoffnung, (sie ist) Anfang und Ende unseres Glaubens;
3 und Gerechtigkeit des Gerichts, (sie ist) Anfang und Ende;
4 die Liebe, (sie ist) das Zeugnis der Werke der Freude und des Jubels in Gerechtigkeit.

Hier gibt es in der Tat nach der Ankündigung der drei δόγματα drei Satzformulierungen, die als zusammenfassende Weisungen oder Grundsätze gelten können, wobei jedes δόγμα mit einem Begriff beginnt, also mit ἐλπίς, δικαιοσύνη bzw. ἀγάπη, der dann durch einen Nominalsatz erläutert wird. Dennoch bleiben Zweifel, ob das hier vorliegende Verständnis dem Text völlig gerecht wird. Immerhin fällt auf, daß die Wendung ἀρχὴ καὶ τέλος ganz unterschiedlich verwendet wird: In Z. 2 ist vom Anfang und Ende "*unseres Glaubens*" die Rede, in Z. 3 steht "Anfang und Ende" völlig isoliert und ohne jede Näherbestimmung. Hier kann man fragen, ob das damit

---

[40] Offenbar hat Bryennios die beiden Buchstaben vor δικαιοσυνη irrtümlich für den Schluß von εργων gehalten.
[41] Heer, *Die versio latina*, 19; Funk-Bihlmeyer, *Die Apostolischen Väter*, 11 (Neuausgabe 1992: S. 28) Zeile 1; die Anhäufung von Genitiven, die durch diese Konjektur entstanden ist, hat dann eine weitere Konjektur nach sich gezogen! vgl. H. Windisch, *Der Barnabasbrief* (HNT, Ergänzungs-Band, Die Apostolischen Väter 3; Tübingen: Mohr, 1920), 306.
[42] Vgl. Wengst, *Didache*, 140; Kraft, *Épître de Barnabé*, 76; in der Neuausgabe von Funk-Bihlmeyer durch Lindemann/Paulsen, in der der Vf. dieses Artikels den Barn übersetzt hat, ist auf S. 29 eine entsprechende Fußnote angebracht.

vorliegende Verständnis tatsächlich der Intention des Vf.s entspricht. Bevor das geklärt wird, ist noch der dritte Textzeuge heranzuziehen, die lateinische Übersetzung bzw. Version.

Barn 1,6 in der versio latina

Die *versio latina*, die mit guten Gründen auf das 3. Jahrhundert datiert wird, liegt in einer einzigen Handschrift aus dem 9.–10. Jahrhundert vor, Codex Petropolitanus Q. v. I 39, für den eine Herkunft in Nordfrankreich vermutet wird und der sich in Petersburg befindet.

fol. 8ᵛ

ad.ppiaui pauca uobismittere utfidēurā̄m consū̄matam
habeatis &scientiā̄· **⁶** Tressunt ergo constitutiones dn̄i
uite spes initium &consummatio **⁷** ,ppalauit enī dn̄s
p.pphetas quip̄(rae)terier(un̄t) &futurorū̄ deditnob̄ initiascire
sicut ergolocutusest honestius &altiusaccedere ad
arā̄ illius **⁸** egoautē̄ nontā̄quā̄doctor sedunusexuobis
demonstrabo pauca p̄ que inplurimis l&ioressitis·
2¹ Cumsint ergodies nequissimi &contrarius habeat hui(us)

Abb. 4: Barn 1,5–2,1 im Codex Petropolitanus Q.v.I.39 fol. 8v[43]

Hier zeigt sich sofort sehr deutlich: Der lateinische Übersetzer hat massiv gekürzt. Er bietet lediglich:

> . . . *tres sunt ergo constitutiones domini vitae spes initium et consummatio* . . .

Das Verständnis dieses Textes ist nicht ganz eindeutig: Je nachdem, wie man *vitae* zuordnet, ergibt sich:

a) "Es gibt drei Bestimmungen des Herrn: die Hoffnung auf Leben, Anfang und Ende";[44]

b) "Es gibt drei Bestimmungen des Herrn des Lebens: Hoffnung, Anfang und Ende";

---

[43] Wiedergegeben ist die Transkription bei Heer, *Die versio latina*, 2. Eine fotographische Wiedergabe des Codex bietet Heer nur von fol. 8r (*Die versio latina*, 2).

[44] So die Transkriptionswiedergabe von Heer, *Die versio latina*, 19.

In jedem Fall muß man aber in den drei Begriffen *spes* (mit oder ohne *vitae*), *initium* und *consummatio*, die drei *constitutiones* sehen. Deutlich ist auch, daß der Übersetzer

a) soweit er übersetzt, eine griechische Vorlage voraussetzt, die mit H übereinstimmt;

b) daß der Übersetzer nach dem ersten ἀρχὴ καὶ τέλος seiner Vorlage abbricht, weil ihm offensichtlich der restliche griechische Text undurchschaubar war.[45]

Textkritische Beurteilung der Textfassungen

Die Analyse der drei Textzeugen hat ergeben, daß es zwei eigenständige Textzeugen gibt, die für die Rekonstruktion des Ausgangstextes zugrunde zu legen sind, den Codex Sinaiticus und den Codex Hierosolymitanus, während L, soweit vorhanden, lediglich als zusätzlicher Zeuge für H in Betracht kommt.

	S(inaiticus)	H(ierosolymitanus)
1	τρία οὖν|δόγματά ἐστιν|κυρίου·	τρία οὖν δόγματά ἐστιν κυρίου ζωῆς·
2	ζωή· πίστις|ἐλπίς·ἀρχὴ καὶ τέ|λος ἡμῶν	ἐλπίς· ἀρχὴ καὶ τέλος|πίστεως ἡμῶν·
3	καὶ δι|καιοσύνη κρίσε|ως ἀρχὴ καὶ τέ|λος	καὶ δικαιοσύνη κρίσεως· ἀρχη καὶ τέλος·
4	ἀγάπη εὐφρο|σύνη καὶ ἀγαλ|λιάσεως ἔργων| ἐν δικαιοσύναις|μαρτυρία.	ἀγάπη εὐφροσύνης|καὶ ἀγαλλιάσεως ἔργων ἐν δικαιοσύνη μαρτυρία.

1	Dreierlei Satzungen des Herrn gibt es es nun:	Dreierlei Satzungen des Herrn des Lebens gibt es nun:
2	Leben, Glauben, Hoffnung, (sie sind) unser Anfang und Ende;	Die Hoffnung, (sie ist) Anfang und Ende unseres Glaubens;
3	Und die Gerechtigkeit des Gerichts Anfang und Ende (ist sie);	und die Gerechtigkeit des Gerichts, (sie ist) Anfang und Ende;
4	Liebe, Freude u. das Zeugnis der Werke des Jubels in Gerechtigkeit(staten?).	die Liebe, (sie ist) das Zeugnis der Werke der Freude und des Jubels in Gerechtigkeit.

[45] So mit Heer, *Die versio latina*, LXVII.

Beide Textfassungen bieten zwar einen fast identischen Wortbestand, die Wortfolge ist in drei von vier Zeilen sogar völlig identisch (Z. 1.3.4), doch ist die syntaktische Struktur von Z. 2 und auch die Makrostruktur von V. 6 insgesamt deutlich verschieden.

Erkennbar ist:

a) In Z. 1 werden übereinstimmend drei δόγματα angekündigt. Dieser Ankündigung entspricht der nachfolgende Text in der von H gebotenen Struktur wesentlich besser als in der Fassung von S: In H sind die Z. 2–4 jeweils als δόγμα identifizierbar. Dagegen bietet S in Z. 2 lediglich eine Begriffstrias; außerdem bleibt der strukturelle Zusammenhang von Z. 3 und 4 mit Z. 2 im Sinaiticus unklar, obwohl das doppelte ἀρχὴ καὶ τέλος eine Parallelität von Z. 3 mit Z. 2 nahelegt. Es ist also grundsätzlich von H auszugehen.

b) Für die Wendung ἀρχὴ καὶ τέλος ist jeweils eine parallele Verwendung anzunehmen, dabei ist in Z. 2 in H die Zuordnung des Genitivs πίστεως ἡμῶν unproblematisch. Will man nun in Analogie dazu dem zweiten ἀρχὴ καὶ τέλος (in Z. 3) ebenfalls einen Genitiv zuordnen, steht hierfür nur κρίσεως zur Verfügung, d.h. es ist (im Unterschied zu H) in Z. 3

     καὶ δικαιοσύνη· κρίσεως ἀρχὴ καὶ τέλος
zu lesen.

c) Für Z. 1 Ende/Z. 2 Anfang besteht grundsätzlich die Alternative, ob der Genitiv ζωῆς auf κυρίου (also Z. 1) oder auf ἐλπίς (also Z. 2) zu beziehen ist. Von V. 6 selbst her ist dies m.E. nicht zu entscheiden. Immerhin bietet der Kontext einen Hinweis auf den Sprachgebrauch des Verfassers des Barnabasbriefs. Am Ende von V. 4 hat der Verfasser schon einmal eine Begriffstrias gebildet, allerdings nicht so kompliziert wie in 1,6 mit der Bildung von drei δόγματα. Dort sagt er an die Adresse der Briefempfänger, daß "großer *Glaube* und (große) *Liebe* in euch wohnen aufgrund der *Hoffnung* auf sein Leben".

Dies ist zunächst ein klarer Rückgriff auf die neutestamentliche Formel πίστις / ἀγάπη / ἐλπίς (vgl. 1Thess 1,3; 5,8; 1Kor 13,13; Hebr 10,22–24). Darüber hinaus ist der letzte Begriff dieser Trias in Barn 1,4 zur Wendung ἐλπὶς ζωῆς "Hoffnung *auf Leben*" erweitert, die daher auch in 1,6 vorausgesetzt werden kann. Dies ist um so wahrscheinlicher, als auch die Wendung ἐλπὶς ζωῆς selbst im NT durchaus belegt ist, und zwar in Tit 1,2f und 3,7; vgl. außerdem Herm Sim IX,14 (91),3; Sim IX 26 (103),2.

Als Text von 1,6 ergibt sich damit:

τρία οὖν δόγματά ἐστιν κυρίου·	Dreierlei Satzungen des Herrn gibt es nun:
ζωῆς ἐλπίς, ἀρχὴ καὶ τέλος πίστεως ἡμῶν·	Die Hoffnung auf Leben, (sie ist) Anfang und Ende unseres Glaubens;
καὶ δικαιοσύνη, κρίσεως ἀρχὴ καὶ τέλος·	und Gerechtigkeit, (sie ist) Anfang und Ende des Gerichts
ἀγάπη, εὐφροσύνης καὶ ἀγαλλιάσεως ἔργων ἐν δικαιοσύνῃ μαρτυρία.	die Liebe, (sie ist) das Zeugnis der Werke der Freude und des Jubels in Gerechtigkeit.

Damit zeigt sich inhaltlich, daß der Vf. nach der Ankündigung der δόγματα eine Begriffstrias bildet: ζωῆς ἐλπίς, δικαιοσύνη und ἀγάπη, wobei er jeden Begriff durch einen Nominalsatz erläutert: Dabei sind die beiden ersten Erläuterungssätze bewußt parallel gebaut, jeweils unter Verwendung der ἀρχὴ-καὶ-τέλος-Formel, während die abschließende dritte Zeile selbständig formuliert ist und eine rhetorisch sicherlich beabsichtigte Redundanz aufweist.

Das textkritische Ergebnis lautet, daß hier vom unveränderten Wortbestand von H auszugehen ist, wobei nur die Interpunktion an zwei Stellen zu verändern ist.

Zur Kontrolle ist abschließend zu fragen, ob von hier aus der Textbefund bei S als sekundäre Veränderung erklärbar ist. Dies scheint mir in der Tat der Fall zu sein. Für den Schreiber von Barn 1,6 im Sinaiticus (bzw. für den Schreiber seiner Vorlage) ist lediglich anzunehmen, daß er die syntaktische Struktur des Textbestandes, der nach der Ankündigung der drei δόγματα folgt, nicht durchschaut hat. Auch der lateinische Übersetzer hat ja an dieser Stelle offensichtlich kapituliert. Der Schreiber von S hat aus den drei am nächsten befindlichen theologischen Begriffen (ζωή, πίστις und ἐλπίς) eine Begriffstrias gebildet, wobei er für die Zusammenordnung von πίστις und ἐλπίς durchaus neutestamentliche Vorbilder hat, (vgl. 1Kor 13,7 und bes. 13,13 sowie 1Petr 1,21, aber auch Tit 1,1f.; außerdem 1Clem 12,7; 58,2), aber auch die Zusammenstellung von ζωή und πίστις erscheint hier nicht zum ersten Mal, vgl. 1Tim 6,12. In Z. 4 hat der Abschreiber (oder sein Vorgänger) die undurchsichtige Kette der vielen Genitive zu vereinfachen versucht und faktisch eine weitere Dreierreihe theologischer Leitbegriffe gebildet.

Der Vergleich mit den Ausführungen zur neutestamentlichen Textkritik auf dieser Tagung[46] zeigt, wie große der Unterschied ist: Hier sind nicht Massen von Handschriften und Lesarten zu strukturieren, um sie überhaupt handhabbar zu machen, hier ist der Handschriftenbestand derart gering, daß vom Handschriftenbefund selbst her wenig Entscheidungskriterien gewonnen werden können. Vielmehr sind hier textkritische Entscheidungen in viel höherem Maße sofort mit exegetischen Fragen, also dem Verständnis des zu rekonstruierenden Textes selbst verbunden.

---

[46] Vgl. in diesem Band den Aufsatz von B. Aland, "Der textkritische und textgeschichtliche Nutzen früher Papyri, demonstriert am Johannesevangelium", 19–38.

Part III

Jewish Literature

Erfahrungen mit der Münsteraner Josephus-Ausgabe: Ein Werkstattbericht mit Seitenblicken auf griechische Bibelausgaben

Folker Siegert (Universität Münster)

Einleitung

Eine Hilfe für die biblische Textkritik ist stets die Arbeit an "normalen" Texten gewesen, was heißen soll: an profanen Texten, die nicht besser und nicht schlechter, vor allem nicht zahlreicher überliefert sind als allgemein üblich. *Codices unici* liegen für die textkritische Methodik ebenso am Rande wie die unglaubliche Flut an Textzeugen, die das Göttinger Septuaginta-Unternehmen und das Münsteraner Institut für Neutestamentliche Textforschung zu bewältigen haben. An deren Arbeit etwas Allgemeingültiges abzulesen, wäre schwer.

Leichter dürfte es fallen, das textkritische Handwerk an einer Schrift wie der *Vita* des Josephus zu demonstrieren. Im Jahre 2001 erschien diese *Vita* als erster Band einer neuen zweisprachigen Josephus-Ausgabe, die hier, nicht ohne eine Note von Patriotismus, die "Münsteraner" Josephus-Ausgabe heißen soll. Diese Ausgabe ist nach über hundert Jahren die erste, die sich "kritisch" nennen kann, wenngleich sie nicht die Dimensionen einer Großen Ausgabe haben soll.

Diese Beschränkung liegt nicht nur an der Arbeitsökonomie für das Team, das sie—unter Vor- und Mitarbeit von Dr. Heinz Schreckenberg—in intensiven Diskussionen erstellte; sondern es ist auch arbeitsökonomisch gedacht für die künftigen Benützerinnen und Benützer. Folgende Regeln haben wir uns gesetzt:

- Nur das soll im Text stehen, was man auch lesen soll (eckige Klammern für zu Verwerfendes haben nach unserer Meinung dort nichts zu suchen);
- nur das soll im Apparat stehen, was auch erwägenswert ist.

Die Angaben, die so zum Druck kommen, sind also streng vorsortiert. Erhöhte Deutlichkeit gegenüber der Großen Ausgabe von Benedictus

Niese—sie ist unser Hauptinformant—weist die Münsteraner Ausgabe in zweierlei Hinsicht auf:

- Hochzahlen im Text kennzeichnen diejenigen Wörter und Wortgruppen, zu denen Varianten vermerkt sind;
- Kursivdruck im Text kennzeichnet eine Konjektur.

Ein ständiges Mitlesen des Apparates wird also, abweichend von altphilologischen Gepflogenheiten, niemandem mehr zugemutet. Ja auf den einschneidendsten Eingriff in die Überlieferung, auf Konjekturen nämlich, wird mit einem zusätzlichen Mittel aufmerksam gemacht.

Zu all solchen Vorsichtsmaßnahmen veranlasste uns die keineswegs günstige Überlieferungslage der Schriften des Josephus, und der *Vita* im Besonderen.

Die Überlieferungslage und die Notwendigkeit eines eklektischen Textes

Die kleinen Schriften des Josephus sind schlecht überliefert. Die insgesamt sechs ernstzunehmenden Handschriften der *Vita* sind voller Fehler, orthographischer und inhaltlicher. Zitate bei Eusebius, wo wir sie denn haben, sind meist besser. Ein Beheben der textlichen Verwilderung ist erschwert durch die Kontamination (gegenseitige Beeinflussung) der Entwicklungslinien.

Diplomatische und kritische Ausgabe

Ideal wäre, man könnte einen Textzeugen, wie er steht, veröffentlichen und alles von ihm Abweichende in den Apparat packen. Das wäre ein *diplomatischer* Text (von δίπλωμα "Verdoppelung"). Ausgaben der *Biblia Hebraica* sind seit langem oberhalb ihres Anmerkungsstrichs nichts weiter als die genaue Reproduktion des Textes eines Mustercodex, des Leningradensis. Er wird mit all seinen Eigenheiten, auch was Rechtschreibung betrifft, wiedergegeben, in der Meinung, dass er von Satz zu Satz wenigstens ebenso ernst zu nehmen und verständlich ist wie all die—nicht weit abweichenden—Konkurrenzhandschriften.

Ähnlich könnte man vielleicht von neutestamentlichen Büchern jedes genau nach einer Handschrift wiedergeben und hätte so einen wenigstens verständlichen und—auf ein überliefertes Exemplar bezogen—sogar "authentischen" Text (z.B. des 4.Jh.), diesmal allerdings mit den schon in der *Koine*-Zeit üblichen Schreibfehlern und Nachlässigkeiten, die auf einer weniger differenzierenden Aussprache als der klassischen beruhen.[1]

Doch bieten alle Ausgaben des Neuen Testaments etwas Anderes, nämlich einen "eklektischen" Text, kombiniert aus den besten Lesarten der jeweils ernstzunehmendsten Handschriften (dieses Urteil variiert bekanntlich innerhalb des Neuen Testaments von Buch zu Buch und von Gruppe zu Gruppe). Da die Auswahl der Lesarten nach Kriterien erfolgte, heißen diese Ausgaben besser nicht "eklektischer", sondern *kritischer* Text.

Vornehmstes Kennzeichen einer kritischen Ausgabe ist jenes von Karl Lachmann u.a. herrührende Verfahren, die gesamte Überlieferung einem Stemma zuzuordnen—mit der Methode des Vergleichs nach sog. Trennfehlern—und damit zu erreichen, dass die Zeugen nicht nur "gezählt", sondern "gewogen" werden (*codices non numerantur, sed ponderantur*) und im Apparat dann möglichst nur noch nach Gruppen zu nennen sind. Erst damit kommt man weg vom eklektischen—oder überhaupt nur kumulierenden—Nennen all dessen, was vorhanden ist.

Noch die Große Ausgabe des griechischen Neuen Testaments, deren Druck nunmehr angelaufen ist, wird textkritische Daten in vorsortierter Auswahl mitteilen; zum Glück: Weiteres wird man eines Tages elektronisch in den Datenbanken direkt abfragen. Nur so lässt sich diese Riesenaufgabe meistern.

Zum Vergleich: Ausgaben der Septuaginta

Von der Septuaginta hingegen hat man erstaunlich lange versucht, einfach nur einen "diplomatischen" Text zu liefern.[2] Seit vorkritischen Zeiten, aber noch bis ins 20. Jh., haben die Ausgaben sich darauf beschränkt, den Codex Vaticanus (B) wiederzugeben, in seinen Lücken ergänzt sowie in seinen gröbsten Fehlern und seiner Orthographie verbessert. Von dieser Art ist selbst noch die Ausgabe Konstantins v. Tischendorf (1880), die immerhin den—von Tischendorf selbst entdeckten—Codex Sinaiticus und einige andere alte Zeugen zusätzlich einbezieht, jedoch weder von den Lesarten des

---

[1] Dieses Problem hat man im Hebräischen erst mit Ivrit-Texten. Ich erinnere an den ersten Raubdruck, der von 4QMMT in Umlauf kam, und wo—offenbar infolge hastiger Abschrift von moderner Hand—*alef* mit *ʿajin* und *ḥet* mit *kaf (rafe)* verwechselt wurden.

[2] F. Siegert, *Zwischen Hebräischer Bibel und Altem Testament: Eine Einführung in die Septuaginta* (Münsteraner Judaistischer Studien 9; Münster, 2001); Idem, *Register zur Einführung in die Septuaginta* (Münsteraner Judaistischer Studien 13; Münster, 2002).

Textes noch von denen des Apparats (der mit läppischen Ortho-
graphika gefüllt ist) die nähere Herkunft angibt. Die Ausgabe von
Henry Barclay Swete (1887ff) folgt in ihrem Haupttext, dem
Vaticanus, selbst an sinnlosen Stellen (so Ez 24,9; 25,9; 32,27) und gibt
Alternativen nur im Apparat.

Von eben dieser Art ist, außer dem Psalter von Ayuso, auch noch
die große Ausgabe von Alan Brooke und Norman McLean, die, schon
zu drei Vierteln vollendet, zugunsten der kritischen Göttinger
Septuaginta—der Kleinen, in Stuttgart 1935 erschienenen, wie der
Großen—eingestellt wurde. Diese geht nun endlich ab von dem—
ohnehin stets kompromittierten—Versuch, *einen* autoritativen Codex
wiederzugeben.

Der Einwand, auch diese Ausgabe sei "eklektisch", der Herausgeber
wähle eben aus, was sich in den Handschriften so nicht nebeneinander
findet, wird von einem ihrer Verantwortlichen, Joseph Ziegler, an die
Handschriften weitergegeben: "Alle Handschriften zeigen irgendwie
eine bessernde Hand und sind so 'subjektiv'."[3] Dann also besser ein
"Mischtext" nach erprobten Kriterien als ein Mischtext aus dem
Archiv.

So ist nun auch die Lage bei Josephus—mit der bedauerlichen
Einschränkung, dass die klassische Stemma-Methode kaum greift. Hier
hat er mit den Bibeltexten beider Testamente eine leidige
Gemeinsamkeit, worin er sie auch noch übertrifft: Die Entwicklungs-
(d. h. Entartungs-) Linien haben sich vor der Zeit unserer meisten
Textzeugen schon überkreuzt; Textformen sind durch eklektisches
Abschreiben gemischt worden.

Die Kontamination der Entwicklungslinien bei Josephus

Alle Handschriften, die von der *Vita* des Josephus existieren, sind auf
irgendeine Weise miteinander verwandt. Methodisch kommt man
gerade noch so weit, dass man einzelne von ihnen als Abschriften einer
anderen erweisen und damit aus dem zu vergleichenden Material
ausscheiden kann. So entfällt der Athos-Codex (Vadopediou), der
gegenüber der Haupthandschrift P (Palatinus, im Vatikan) nichts
Nennenswertes bietet, u.z. entfällt er bis auf die Stelle, wo in P ein
Blatt fehlt und sein Text dann eben im Vatopedianus nachgelesen wird
(*Vita* 384–393).

Es bleiben sechs Handschriften, die teilweise, aber niemals gänzlich,

---

[3] J. Ziegler, *Sylloge: Gesammelte Aufsätze zur Septuaginta* (Mitteilungen des
Septuaginta-Unternehmens 10; Göttingen: Vandenhoeck & Ruprecht, 1971), 394.

von gemeinsamen Vorlagen abstammen. Die Abschreiber haben häufig nicht nur *einen* Codex vor sich gehabt, sondern mehrere, haben deren Texte verglichen und das, was ihnen jeweils am Plausibelsten erschien, übernommen. Wenn es dazu noch eines Beweises bedürfte, findet man ihn ausdrücklich auf den Rändern des Codex A (Ambrosianus, Mailand), wo zu *Vita* 178 eine Variante mitgeteilt wird unter der Formel: γρ(άφεται) ἐν ἄλλοις; sonst vielfach nur: γρ(άφεται).[4] Dass damals kriterienlos—oder jedenfalls nicht nach unseren Kriterien—die jeweilige Hauptlesart herausgesucht worden ist, ist unser Nachteil; denn nun können wir nicht mehr wissen, wo sie herstammt, und auch ihr Alter nicht mehr bestimmen. Es kommt durchaus vor, dass gleiche Lesarten aus verschiedenen Ursachen entstehen;[5] die eine kann authentisch sein, die andere gleicht ihr nur zufällig.

So ist auch bei "guten" Lesarten eines Josephus-Codex der Verdacht nie zu beheben, dass erst eine Konjektur des Schreibers sie hineingebracht hat. In Paris liegt ein Codex in einer sauberen, professionellen Schrift des 16. Jh., dessen Auswertung geradezu unmöglich ist, weil er, wie nähere Inspektion erweist, aus mehreren nicht genannten Vorlagen auf eine nicht genannte Weise zurechtfusioniert wurde:[6] Es handelt sich um eine Privatrezension, und ihre Sonderlesarten haben mangels Feststellbarkeit ihrer Herkunft überhaupt kein Gewicht.

Ein Stemma der verbleibenden sechs Haupthandschriften ist von Günther Christian Hansen zwar aufgestellt worden,[7] doch unter dem Vorbehalt, dass es nur tendenziell stimmt und keine Trennlinien aufzeigt, damit auch keine Datierung von Lesarten aufgrund ihrer Abstammung erlaubt. Wir haben es darum in unserer Ausgabe nicht abgedruckt, sondern nur in einem vorbereitenden Artikel sowie in einem sie begleitenden kritischen Bericht.

---

[4] So etwa zu *Vita* 234, wo zu συνηκώς, einem verschriebenen συνεικώς (von συνίημι), am Rand die Variante συνείς mitgeteilt wird: Diese findet sich tatsächlich in Cod. R, M und W.

[5] Ein Beispiel bei F. Siegert, "Eine 'neue' Josephus-Handschrift. kritischer Bericht über den Bologneser Codex Graecus 3568", in *Internationales Josephus-Kolloquium Amsterdam 2000* (Hrsg. J. Kalms; Münsteraner Judaistischer Studien 10; Münster, 2001), 31–63, Punkt 3.2.3 Ende.

[6] Ebd. Punkt 4.2.2 und 4.3 Ende. Der Schreiber war noch nicht einmal ein Grieche, denn er schreibt κατησάμενοι (sic) für καθισάμενοι.

[7] G.C. Hansen, "Textkritisches zu Josephus", in *Internationales Josephus-Kolloquium Münster 1997: Vorträge aus dem Institutum Judaicum Delitzschianum* (Hrsg. F. Siegert und J. Kalms; Münsteraner Judaistischer Studien 2; Münster, 1998), 144–58, 150; dasselbe, ergänzt um den Josephus-Cod. B bei Siegert, "Eine 'neue' Josephus-Handschrift", 44.

Um einen Erklärungsversuch zu geben: Anscheinend war Josephus im Mittelalter ein so wichtiger Autor, dass man sich nicht damit begnügte, aus einem verschlissenen Codex einen neuen zu fertigen, sondern bei der Gelegenheit auch den Text "verbessern" wollte. So ähnlich wie Origenes in seiner *Hexapla* in gut gemeintem Eifer ältere Septuaginta-Texte fusionierte und damit deren frühere Zustände unkenntlich machte, ja den "Antiochenischen" Text, den streckenweise nur noch er kannte, damit gänzlich verdarb, so hat gerade das editorische Bemühen der Josephus-Abschreiber dessen Text verwildern lassen.

Diese Lage zwingt nun seither jeden Josephus-Herausgeber, ähnlich zu verfahren wie seine Vorgänger, nämlich *eklektisch*: Von Fall zu Fall muss nach inneren Kriterien—da die äußeren wenig taugen—das Plausibelste ermittelt werden.

Fehler und Variante

Selbst wer mit dieser Lage völlig zufrieden wäre, müsste sich daran stören, dass auf jeder zweiten Seite der *Vita* eine Stelle kommt, wo keine der überlieferten Lesarten tragbar ist—sei es, dass sie der Grammatik und dem Stil des Josephus widerspricht, sei es sogar dem Inhalt und dem Kontext. Verbleibende *Fehler* müssen also konjektural behoben werden. Was aber ist ein "Fehler"?

Die Definition und ihre Anwendung

Auf dem Kolloquium, von dem dieser Band berichtet, erwies sich folgende Definition als konsensfähig:

> "Variante" sei eine Lesart, die grammatisch korrekt und inhaltlich (logisch) möglich ist, "Fehler" sei eine Lesart, die gegen mindestens eine dieser Bedingungen verstößt.

Bei Varianten ist über die Wahrscheinlichkeit der Lesart zu entscheiden, beim Verdacht auf Fehler aber nur über ihre Möglichkeit.

Hierbei ist natürlich dasjenige Maß an grammatischer Korrektheit und inhaltlicher Kohärenz anzulegen, dass aus dem zu bearbeitenden Autor sonst bekannt ist. Da wir das Gesamtwerk des Josephus besitzen, sind wir in der glücklichen Lage, dieses Maß anzulegen; die *Complete Concordance to Flavius Josephus,* an diesem Institut erarbeitet und 1968–1983 in Leiden erschienen, ist das ideale Arbeitsinstrument hierzu.[8]

---

[8] Weniger bewährt hat sich C.D. Gross, *A Grammar of Josephus' Vita"* (Diss. Duke

Wir haben dieses Kriterium so weit verfeinert, dass es auch den Stil des Josephus einschließt. Nicht nur hat Josephus nach der Vollendung des *Bellum* und der *Antiquitates* diejenige Beherrschung des literarischen Griechisch erreicht, die nunmehr aus jedem Absatz hervorgeht.[9] Es ist auch bekannt, dass Josephus den Literaturlehrer des augusteischen Rom, Dionysios v. Halikarnass, Autor der 20-bändigen *Antiquitates Romanae,* aus eigener Lektüre kennt: Derselbe schrieb auch ein *De compositione verborum,* wo genau die Kriterien der Euphonie formuliert sind, die wir—ehe wir auf Dionysios stießen—in der *Vita* bereits am Werke fanden.[10] Einige Beispiele werden nachstehend unter "Hören, dann entscheiden" vorzuführen sein.

Die Hypothese eines perfekten Urtextes

Bei der Fehlerbeseitigung durch Konjizieren versucht man, ein Textstadium herzustellen, dass jeder der überlieferten Entartungen vorausliegt. Die Hypothese ist, dass es ein solches jemals gab; anders gesprochen: dass das Urexemplar (das Original, das Autographon, oder wie immer man es nennen will—von keinem antiken Autor haben wir eines) fehlerfrei war.

Ist das überhaupt wahrscheinlich? Nach menschlichem Ermessen kann doch auch das allererste Exemplar kaum gänzlich frei gewesen sein von Fehlern. *Paulisper dormitat Josephus,* ist die eine Wahrscheinlichkeit; die andere sind Unzulänglichkeiten des Materials: Das Auftreten völlig verschiedener Verschreibungen an jeweils derselben Stelle[11] führte uns auf die Vermutung, hier habe schon das Urexemplar eine rauhe Stelle gehabt, ein Loch, einen Klecks oder was immer.

Die Forderung, solche Ur-Fehler heute noch festzustellen, würde unsere Möglichkeiten bei weitem übersteigen. So arbeitet man mit der *Hypothese eines fehlerfreien Originals,* obwohl diese, genau genommen, extrem unwahrscheinlich ist. Doch schrieb Josephus für Leute, die Griechisch können; und natürlich hat schon die erste Benützer-

---

University, 1988), Dissertation eines Debütanten, der offensichtlich noch nicht viel Griechisch gelesen hat.

[9] Zum Spracherwerb des Josephus bietet G.C. Hansen, "Anmerkungen zum Sprachgebrauch des Josephus", in *Internationales Josephus-Kolloquium Brüssel 1998* (Hrsg. J. Kalms und F. Siegert; Münsteraner Judaistischer Studien 4; Münster, 1999), 39–52, 43–51 feine lexikalische Beobachtungen.

[10] Die immer noch klassische Anleitung zu solchen Analysen ist E. Norden, *Die antike Kunstprosa vom VI. Jh. v. Chr. bis in die Zeit der Renaissance* (2 Bände; 7. Auflage, Stuttgart: Teubner, 1974; 1. Auflage, Leipzig: Teubner, 1898).

[11] Beispiele bei Siegert, "Eine 'neue' Josephus-Handschrift", Punkt 3.4.6.

gemeinschaft solche etwaigen Versehen im Gebrauch berichtigt.[12]

So unmöglich es ist, hier wie bei anderen antiken Texten, die *eine* fehlerfreie Urschrift zu rekonstruieren, so unnötig ist es auch. Es reicht, denjenigen Text zu rekonstruieren, wie er von seinen ersten—noch sprach- und sachkundigen, dem Autor im übrigen wohlgesonnenen—Benützern rezipiert wurde.[13]

Dieser ist eventuell nicht an allen Stellen einheitlich gewesen. Mit der ersten Abschrift beginnen die Varianten und beginnt die (Qual der) Wahl. Darum werden gute Ausgaben stets Apparate tragen.

Um nochmals einen Vergleich mit der Septuaginta zu ziehen: Puristen wie Emanuel Tov tadeln die Versuche kritischer, d.h. hinter den Stand der erhaltenen Handschriften zurückgehender, Ausgaben von Septuaginta-"Urtexten" als unvollkommen und letztlich irreführend. Die Gefahr sei, einen Text besser zu machen—in sich konsequenter, geschlossener—, als er je war. Die Editoren der Rahlfs-Schule halten demgegenüber eine annähernde Urtext-Rekonstruktion immer noch für nutzbringender als ein Nebeneinanderstellen von Varianten, über deren Wert sich Laien gar keine Meinung bilden könnten.[14]

Dass also die kritischen Ausgaben die nachweislich jungen Varianten unerwähnt lassen (Rahlfs) bzw. in den Apparat relegieren (so die Göttinger Ausgabe), ist jedenfalls ein großer Fortschritt gegenüber ihren Vorgängerinnen. Hinter diesen Stand werden wir nicht zurückfallen. Hierbei können wir das Späte ganz ausscheiden, wohingegen bei der Septuaginta gerade diese die "kirchlichen" Lesarten waren, die von der Rezeption und ihrem Inspirationsdenken sogar "geheiligt" wurden.

---

[12] Von Spinoza ist bekannt, dass er sich weigerte, von eigenen Texten Korrekturen zu lesen: Wer sie versteht—so war sein Argument—, kann vorkommende Fehler selbst beheben; wer sie jedoch nicht versteht, für den ist die Mühe umsonst.

[13] Von den Konzilsakten von Nicaea ist eine Rezeption bekannt, die den Text an der empfindlichen Stelle bereits änderte; doch ist das ein Extremfall und nicht unser Problem bei Josephus.

[14] Vgl. Siegert, *Zwischen Hebräischer Bibel und Altem Testament*, 110–17.

Die Ausscheidung von späten Varianten

Das heißt, dass auch bei uns solche Varianten unerwähnt bleiben, von denen sich mühelos nachweisen lässt, dass sie sekundär sind. Nicht jeder Benützer, nicht jede Benützerin des Josephus-Textes sieht das in Nieses Apparat, zumal nicht allgemein bekannt ist, was Rechtschreibfehler (insbesondere Itazismen) sein können und was nicht.

Geben wir ein Beispiel, gleich ein komplexes. In *Vita* 234 ist die beste erhältliche Lesart συνικως (sic) in dem noch großenteils unakzentuierten Codex P. Das ist die defektive Schreibweise von συνεικώς (von συνίημι), wie wir, Niese folgend, das Wort in unserer Ausgabe bieten. Cod. A hat es verschrieben zu συνηκώς, andere vereinfachen es zu συνείς.[15] Der von uns nachkollationierte Cod. B (Bononiensis, 14./15. Jh.), dessen Vorlage P (Palatinus) nahe stand, verschlimmbessert zu συνεγνωκώς. Dies kann gut eine der Stellen sein, wo schon Josephus (oder der Schreiber, dem er diktierte) einen Buchstaben zu wenig schrieb. Hier ist es Herausgeberpflicht, συνεικώς zu schreiben—was keine Konjektur darstellt, weil jeder intelligente antike Abschreiber desgleichen getan hätte,[16] nur dass es hier zufällig unterblieb bzw. später durch Fehlleistungen ersetzt wurde.

Dies ist der Grenzfall, wo wir zu einer bloß orthographischen Korrektur des Überlieferten dennoch den gesamten Variantenbestand in den Apparat gesetzt haben, denn der auslösende Schreibfehler scheint sehr alt zu sein. In hundert anderen Fällen haben wir es nicht getan, etwa bei dem fast ständigen Verschreiben des Ortsnamens Ταριχαῖαι. Wir wollten nur auf diejenigen Varianten hinweisen, die uns eine Entscheidung gekostet haben.

Beim Kollationieren des Codex B, den Niese noch nicht benutzt hatte, sind uns Hunderte von Lesarten begegnet, die eigentlich nur eines belegen: Dass die Entwicklungslinien kontaminiert sind, manche stärker, andere weniger.[17] Das damit gewonnene Material hätte den Apparat ungeheuer aufgebläht, ohne mehr als dies zu besagen. Eine Liste von typischen Sekundärfehlern, die wir daran feststellen konnten, dass der P-nahe Vorgänger von B an genau diesen Stellen eine

---

[15] Vgl. oben Anm. 4.

[16] Schon jeder antike Vorleser hätte *syni:kó:s* gesprochen, mit langen *i* und *o* und einer Stimmhebung auf der Schlusssilbe.—Ein Beispiel, wo die Sache überwiegend gut ging, ist εξαψιεν (so P) in *Vita* 123, das meist richtig als ἐξάψειεν gelesen wird, in Cod. B aber zu (. . .) εξάψαντες führt, im Gefolge einer bereits gemachten Verlesung.

[17] Nachweise bei Siegert, "Eine 'neue' Josephus-Handschrift", Punkt 3.1–3.

schlechte Orthographie aufwies, haben wir ebenfalls nur im Revisionsbericht veröffentlicht;[18] für sie ist uns der Apparatplatz zu schade. Zu
schweigen von anderen Orthographika, kleinen Lücken und
Wucherungen,[19] deren Herkunft uns unklar blieb und, ehrlich gesagt,
auch nicht sehr interessierte.

Dass wir die Handschrift B überhaupt eingearbeitet haben, liegt
daran, dass sie uns mehrmals Varianten lieferte, die die anderen
überhaupt erst erklärten.[20] Auch hat sie mehrere Konjekturen, die wir
auf jeden Fall übernommen bzw. gemacht hätten, bestätigt, sieben an
der Zahl. Das erhöht die Wahrscheinlichkeit, dass es echte Josephus-
Lesarten sind—eine Gewissheit ist es freilich nicht.

Einen anderen, sogar älteren Codex im Besitz der Yale University
haben wir hingegen unberücksichtigt gelassen, als sich's erwies, dass er
an keiner der Stellen, wo wir zu Konjekturen gezwungen waren,
etwas anderes brachte als die von Niese schon kollationierten
Handschriften. Daraus schlossen wir, dass er keine unabhängige—und
sei es auch nur partiell unabhängige—Überlieferung darstellt.

Hören, dann entscheiden

Wir kommen jetzt zu einem bisher allzu wenig beachteten Kriterium
der "inneren" Kritik:

> Wie ernst zu nehmen eine Variante ist, hängt nicht nur damit zu-
> sammen, wie sie belegt ist und wie sie geschrieben aussieht,
> sondern auch, wie sie klingt.

Antike Texte, auch geschriebene, sind Texte zum Hören; sie wurden
akustisch weitervermittelt. Hierbei ist nun aber zu bedenken: Die
orthographische Konvention, die wir gewöhnt sind, beruht auf einem
Lautstand, der 500 Jahre älter ist als Josephus und 1500 Jahre älter als
die verfügbaren Handschriften. Wenn also das Kriterium des Klanges
angelegt werden soll, dann kann es nur darum gehen, wie der Text zu
Josephus' Zeiten klang. Das oben gebrachte Beispiel aus *Vita* 234
konnte nur deshalb als reines Orthographieproblem eingestuft werden,
weil ει und langes ι schon zu Josephus' Zeiten gleich gesprochen
wurden—bzw. umgekehrt: weil man den Laut /i:/ auf zwei Arten
schrieb, ει und ι—bald auch η, aber dazu später.

---

[18] Ebd. 3.2.1. Das wäre eine Vorlage für ein Proseminar in Textkritik.
[19] Ebd. 3.4.1, 3.4.3 und 3.4.8.
[20] Ebd. 3.6.1; folgendes 3.6.2–3.

Das Kriterium der Euphonie

Wichtig zum Entscheiden, was in des Josephus Stil überhaupt passt, ist das laute Lesen des zu konstituierenden Textes. Dass Josephus auf Wohlklang Wert legt, ist allein schon aus den Klauselrhythmen (s.u.) ersichtlich. Diese empfiehlt nicht zuletzt der erwähnte Dionysios v. Halikarnass, *De compositione verborum* 17,13; vgl. sein Textbeispiel aus Thukydides in 18,3 und im Folgenden. In 14,5–27; 16,8 u.ö. sagt er uns auch, dass grundsätzlich Vokale schöner klängen als Konsonanten, auch dass unter den Vokalen die langen schöner seien als die kurzen usw., wobei das lange *a* als schönster aller Laute zu stehen kommt, Konsonantenhäufungen aber als das zu vermeidende Gegenextrem.

Das haben wir bei der Auswahl der Lesarten und vollends beim Aufstellen von Konjekturen beherzigt, mehr als die "stumme" Philologie des 19. Jh., deren Vertreter uns Niese war. Eine Konjektur wie die folgende, in Nieses Kleiner (und letzter) Ausgabe zu *Vita* 228 aus inhaltlichen Gründen vorgeschlagen, ist wegen einer ungeschickten Silbenrepetition akustisch unmöglich: ἔταξα δὲ καθ᾽ ἕκαστον αὐτῶν τῶν πιστῶν ὁπλιτῶν ἕνα. Viermal –ῶν an aufeinanderfolgenden Wortenden, und das an unbetonter Stelle im Satz, ist so auffällig, wie der Inhalt hier banal; so etwas durfte nicht unmotiviert vorkommen. So entschlossen wir uns zu einer anderen Konjektur:[21] ἔταξα δὲ καθ᾽ ἕκαστον αὐτῶν πιστὸν ὁπλίτην ἕνα. Man kann sich unsere Freude vorstellen, als wir genau dieses ein Jahr später im Codex B wiederfanden.

Ein anderes Beispiel haben wir nunmehr in Arbeit: Josephus, *Contra Apionem* 1:181, ein Zitat aus Ps.-Hekataeos: παρεδίδου τι μᾶλλον ὧν εἶχεν, wörtlich: "Er gab etwas mehr, als er hatte". Der Kontext lässt erwarten: "Er gab eher, als er empfing"; und das soll der Text auch heißen. Statt hier zu konjizieren, erklärten wir ihn uns als Hyperbaton (Wortumstellung) anstelle von παρεδίδου μᾶλλον τι ὧν εἶχεν—zur Vermeidung des Hiatus (τι ὧν) und zugunsten des Rhythmus: παρεδίδου τι μᾶλλον ὧν εἶχεν (Schluss: - v - | - x). Diese Figur ist, zugegeben, ungeschickt gesetzt, weil sie den Sinn verdunkelt, was im Spätstil des Josephus ungewöhnlich wäre—doch spricht hier ja ein anderer als Josephus, nämlich ein Möchtegern-Grieche, dessen geschwollene Redeweise uns auch vorher schon unangenehm auffiel.

---

[21] F. Siegert, "Die akustische Probe der Lesarten", in Siegert und Kalms, *Josephus-Kolloquium Brüssel 1998*, 161–70, 169.

Kunstprosa und Klauselrhythmen

Das vorige Beispiel illustriert auch schon, was Josephus selbst sehr gerne tat und an Stellen von einigem Nachdruck auch nie versäumt: den Redefluss durch Anhäufung metrisch langer Silben zu verlangsamen. Dies konnte in Reinkultur (- - - - usw.) geschehen oder—häufiger—durch Bildung und Iterierung von *versus Cretici*: - v - | - v - usw.[22] Eine solche Reihe kann an beliebiger Stelle abgebrochen werden. Mindestlänge ist 1 Creticus; von angebrochenen weiteren Cretici wird die Schlusssilbe nicht gemessen (Zeichen: x), ist also potentiell auch lang. Die gepflegte *Koine* machte, wie wir nicht zuletzt aus Dionysios wissen, durchaus diese Quantitätsunterschiede; das markierte mehr und mehr ihren Unterschied zu der vieles nivellierenden Alltagssprache.

Man kann sich bei Josephus an jedem Absatzende der *Vita* davon überzeugen, dass er literarisch, d.h. für den künstlerischen Vortrag schreiben wollte. Noch für die *Vita* des Libanios (4. Jh.) gilt genau das Gleiche. Sie ist eines der spätesten Beispiele des hier darzustellenden Stils.

Davon haben wir nun auch für die Textkritik profitiert. In *Vita* 112 hat uns für ὑποκομίζοντες die aus verschiedenen Gründen vorge-schlagene Konjektur ὑπεκκομίζοντες auch deswegen überzeugt, weil nur sie den besagten Rhythmus ergibt—und es handelt sich um ein Satzende.[23] Umgekehrt haben wir Konjekturen, die dieser Stilregel widersprachen, verworfen.

Zu *Vita* 399 haben wir leider nicht aufgepasst: Die Variante ἐπυθόμην ἐγώ des Cod. R, von uns in den Apparat verwiesen (zu ἐγὼ ἐπυθόμην), hätte sich durch ihren Rhythmus empfohlen (. . . - v -, vor einem Komma) und zudem den Hiatus nicht gehabt. Sie ist die bessere.

---

[22] Auf die Beispiele des Dionysios, die dieser mit wechselnden Termini belegt, haben wir eben schon hingewiesen; sie reduzieren sich bei näherem Hinsehen meist auf Cretici.

[23] In *Contra Apionem* 1:285, einem sehr korrupten Satz, hat uns der Rhythmus in dem konjizierten Schluss-Wort συντεθειμένους (- v -, gegenüber "unrhyth-mischem" συντιθεμένους in der Handschrift) darin bestätigt, die Konjektur früherer Herausgeber zu übernehmen.

Die Phonetik der Koine und die des Mittelgriechischen

Das Kriterium des Klanges bezieht sich, so sagten wir, auf die Aussprache des Griechischen zur Zeit des Autors. Wörter wie ἐφτά, ὀχτώ waren zur Zeit des Josephus so unmöglich, wie sie heute gängig sind.

Das zu berücksichtigen, sollte eigentlich selbstverständlich sein; doch muss es hier betont werden angesichts der vielfach kolportierten Meinung, die sog. "Itazismen" (Lautverschiebungen zum i) sowie die "Isochronie" (die gleiche Länge) der Vokale und die Verwandlung der Aspiratae in Reibelaute (Grundlage des eben gegebenen Beispiels) seien im Griechischen schon für die frühe Kaiserzeit anzunehmen. Es mag Inschriften geben und v.a. Papyri, namentlich von Zweitsprachlern aus Ägypten, die das schon lange belegen; aber jemand wie unser Josephus lernte es spätestens als Glied der römischen Oberschicht besser und genauer. Catull 84,1 spottet über einen Ungebildeten, der das Wort *commoda* als *chommoda* ausspricht; und bei Gellius 13:6,3 (Zitat aus Nigidius) lesen wir: *Rusticus fit sermo, si adspires perperam.*

Was aber die Itazismen angeht, so ist jahrhundertelang υ nicht ει gewesen. So trug die *Odysse*-Übersetzung des Livius Andronicus (3. Jh. v. Chr.) den Titel *Odusia*. Noch Reuchlin hat gelernt, οι und υι wie υ (unser ü) auszusprechen, nur η aber und ει wie ι, Länge jeweils vorausgesetzt. Das sind längst keine Regeln der Volkssprache mehr gewesen (s. nächstes), wohl aber solche der Gelehrten; ja die Verständlichkeit von literarischen Texten beruht auf ihnen.

Für Zwecke der Textkritik ist hier mehr als nur Handbuchwissen vonnöten, nämlich eine zeitlich *und sozial* (am besten auch noch regional)[24] differenzierende Kenntnis der griechischen Phoneme. Die verbreitete Auffassung, wonach alle Itazismen gleichzeitig aufgetreten seien—was an sich schon unwahrscheinlich ist—lässt sich bei näherer Betrachtung der Belege nicht halten; und sie gilt umso weniger, je bessere Bildung für einen Schreiber anzunehmen ist. Noch für die späteste *Koine* gilt ein relativ stabiles Vokalsystem, das den ü-Laut umfasst;[25] es besteht aus:

---

[24] Von Ägypten war gerade die Rede: Dort sind υ wie ο anscheinend als u ausgesprochen worden; τροφή und τρυφή werden im Koptischen ununterscheidbar. Ferner hat man auch die Tenues aspiriert, wie im Deutschen, mit entsprechenden τ-θ-Verschreibungen usw.

[25] Folgendes nach R. Browning, *Medieval and Modern Greek* (Cambridge: Cambridge University Press, 1983; 1st ed. 1969), 26.

Geschrieben werden diese Laute als α (ᾳ), als ε (αι), als ι (ει, η, ῃ), als
υ (οι, υι) und als ου; von den o-Lauten mochte ω näher bei α, o
näher bei ου gelegen haben. Die "steigenden" Diphthonge αι, ει und
οι assimilierten sich ihren i-Bestandteil, die "fallenden" Diphthonge
αυ und ευ behielten den u-Bestandteil als w (Halbvokal, später
Konsonant).[27]

So gesehen, ist Itazismus nicht gleich Itazismus: Wo ι zu ει eine
rein orthographische Variante sein kann, ja auch ι zu η, da ist υ es
noch lange nicht. Vertauschungen dieser letzteren Art sind uns eher
eine Apparatnotiz wert gewesen als die banalen Itazismen. Auch hatten
wir nie das leidige ἡμεῖς-ὑμεῖς-Problem der Neutestamentler.[28]

Gebildete und ungebildete Abschreiber

Alle diachronen Schemata griechischer Lautwechsel sind unvollständig,
solange nicht der soziale und Bildungsstand der Sprecher berücksichtigt wird.

Das zeigt sich sogar in Rom: Das griechische υ wurde von
römischen Gebildeten mehr und mehr mit dem Lehnbuchstaben y
wiedergegeben; volkssprachlich jedoch blieb *u* oder *i*. Der andere
Testfall eines "typisch griechischen" Lautes (wie man es empfand) war
das φ: Auch dafür sind in Pompeji sowohl *p* wie *f* als mithin datier-
bare Alternativen belegt;[29] die Erklärung des Unterschieds dürfte v.a.
der Soziolinguistik zufallen.

---

[26] Offenes e (unser ä). Das geschlossene e, instabil in vielen Sprachen und im
Attischen mit ει, in der frühen *Koine* noch mit η wiedergegeben, war verschwunden
und /i:/ geworden.
[27] Das gilt m. E. auch für das etwas künstliche Μωυσῆς, worin ja ägypt. *mow*
"Wasser" stecken soll: Josephus, *Contra Apionem* 1:286 (μωῦ zu akzentuieren, mit dem
ωυ-Diphtong der Ionier [Herodot u.a.]).
[28] Z. T. liegt das natürlich am Inhalt; der Text hat selten appellativen Charakter.
Dennoch bleibt merkwürdig, dass wir diese häufigste Art von η-υ-Verwechslung nie
zu notieren hatten, außer in einem Konjekturvorschlag zu *Vita* 298. Vergleichbar ist
noch *Vita* 350, wo wir die Konjektur ὑμῖν in den Text gesetzt haben als vermutlichen
Ursprung der Lesarten ἥμην PBRA gegen ὑμῶν MW.
[29] Natürlich stand auch ph zur Verfügung, v.a. literarisch; doch erfahren wir damit
noch nichts Sicheres über dessen Aussprache, die vielleicht auch nicht einheitlich war.

Die Josephus-Manuskripte haben in dieser Hinsicht ihre Charakteristika, die man bedenken sollte, ehe man eine Variante als Adiaphoron einstuft oder als ernstliche Variante. Unser ältester *Vita*-Codex, der Palatinus vom Anfang des 10. Jh., ist so vulgär,[30] wie der um vier Jahrhunderte jüngere, mit ihm stammverwandte B gewissenhaft: Er korrigiert (oder vermeidet) weit mehr Itazismen, als er neu begeht. Eine Verwechslung von ü- und i-Lauten haben wir dort nur ein oder zweimal gesehen, was sie direkt interessant macht: Nach den Gewohnheiten des B-Schreibers zu urteilen, scheinen sie aus der Vorlage zu stammen.

Natürlich ist die relative Korrektheit des Codex Bononiensis verdächtig, auf Konjekturen seines Schreibers zu beruhen:[31] so sicherlich in *Vita* 145, wo statt δείσαντες bei ihm δήσαντες steht. Dieser Fehler (die Lesart ist kontextwidrig) ist nicht die Schuld des B-Schreibers, sondern seiner Vorlage, über die P uns glücklicherweise informiert: Dort steht δισαντες.[32] Aus dieser und vielen anderen Beobachtungen ergibt sich der Eindruck, dass der Schreiber von P über geringere sprachliche Bildung verfügte als der von B.

Um nun wieder mit der Bibel zu vergleichen: Das einfache, semitisierende Griechisch der (meisten und wichtigsten) Schriften der Bibel beider Testamente ist weniger anfällig für nivellierende Aussprache; auch beim gröbsten Itazismus mag ihnen noch eine gewisse Verständlichkeit geblieben sein, bis heute gestützt auf die Gewohnheit liturgischen Hörens. Für Josephus kann man das aber nicht annehmen. Leute, die Josephus lasen, mussten klassische Bildung haben. Darum werden i/ü-Unterschiede bei ihnen noch eher beachtet.[33] Auch Homer hat ja nicht so unter vulgären Schreibungen leiden müssen wie gerade die Bibel.

---

[30] Selbst i-ü-Verwechslungen können schon vorkommen: *Vita* 282 διεννίας (für δι᾽ ἐννοίας).

[31] Zum Problem der alten Konjekturen vgl. Siegert, "Eine 'neue' Josephus-Handschrift", 3.4.6.

[32] Diese Ambiguität (ι statt ει; s.o. bei Anm. 10 und 14) kann, wie auch bisherige Beispiele schon, auf das Autograph zurückgehen. Irgendwann haben sich dann, vermutlich nicht erst im 10.Jh., gemäß unterschiedlicher Identifizierung des Verbs die Entwicklungslinien geteilt.

[33] Die Hörbarkeit des Optativs λέγοι (gegenüber λέγει und λέγῃ) beruht darauf. Die griechischen Grammatiker, z.B. Choeroboskos, zitieren, seit es Flexionstabellen gibt (die sind jedenfalls noch antik), die Formen des Konjunktivs mit vorangesetztem ἐάν—um sie hörbar zu machen. Die Optative hingegen zitieren sie auch in byzantinischer Zeit noch ohne Zusatz.

Beim Anblick der großen Bibelcodices *Vaticanus, Sinaiticus* und *Alexandrinus* hingegen scheint es, dass Frömmigkeit für eine bessere Qualifikation zum Abschreiben des heiligen Textes galt als die Kenntnis der Klassiker, ihres Formenreichtums und ihrer Rechtschreibung, ja auch das Vermögen zur Unterscheidung von Vokalfärbungen und -längen.

In der Septuaginta wie im Neuen Testament hat es auf dem Gebiet der Itazismen und der Isochronie dementsprechend früh schon Pannen gegeben. Man nehme nur Gen 49,6, wo in fast allen Handschriften ἐρίσαι (Optativ Aor. von ἐρίζω) zu lesen steht statt ἐρείσαι (von ἐρείδω), wie Rahlfs und auch die Große Ausgabe von Wevers zu schreiben nötig finden; an Varianten wird dort geboten: ερησαι, αιρεισαι, αιρεισε, αιρησαι, sekundär dann ερεις, ερεισεται, ερισεται, ερεισθαι, ερειση und schließlich αιρησεται. Aus solchem Durcheinander kommt die Auffassung biblischer Textkritiker, ι, ει und η seien indistinkte i-Laute, ε und αι indistinkte e-Laute gewesen, wobei erstere Behauptung dann auch noch auf υ und οι ausgedehnt wird.

Das mag für die meisten Abschreiber biblischer Texte stimmen und auch genug sein (vgl. jedoch nachstehend unter "Erwähnenswerte Itazismen"); für Josephus aber und seine Überlieferung trifft es nicht generell zu. Zwar ist die P-Überlieferung (die B großenteils einschließt) in dieser Hinsicht verdorben, nicht aber die des Codex R (Regius, in Paris, 14. Jh.).[34]

Zur graphischen Darbietung

Kommen wir vom Akustischen—der historischen Phonetik des Griechischen—nunmehr zum Optischen unserer eigenen Ausgabe.

Der Text

Um ein Höchstmaß an Klarheit zu erzielen, machten wir jede Konjektur, auch wenn sie nur einen Buchstaben betraf, durch Kursivdruck des betreffenden Wortes kenntlich. Der Vorteil von Nieses *minor,* dass man die Konjekturen sofort sieht, sollte uns nicht verloren gehen.[35]

---

[34] Zu ihr vgl. die letzte Anmerkung.

[35] Heimliches Vorbild waren in diesem und vielen anderen Details ferner die sehr benützerfreundlichen Ausgaben der Collection Budé, in diesem Falle mehr noch die lateinischen.

Zum Anzeigen einer Lücke, die wir auch konjektural nicht zu schließen vermochten, benutzten wir <. . .>, zum Anzeigen einer Stelle, wo wir ein von allen Handschriften gebotenes Wort als Wucherung ausgeschieden hatten, [. . .] - jeweils nur die leeren Klammern.[36]

Alle anderen kritischen Zeichen hielten wir vom Text fern - außer dass wir diejenigen Wörter, zu denen Textkritisches im Apparat zu sagen war, mit einer Hochzahl versahen. Auch dies ist die klarste aller Lösungen, und sie hat sich gerade für Josephus-Ausgaben (Michel/Bauernfeind; Nodet) eingebürgert. Sie ist möglich unter der Bedingung, dass man keinen "großen" Apparat versucht, sondern das textkritisch Mitzuteilende in Grenzen hält.

Der Apparat

Um alle Vorteile unserer Vorgängerausgaben beisammen zu lassen, legten wir den Apparat insgesamt fünfstöckig an, wobei nur auf wenigen Seiten alle Stockwerke zugleich gebraucht werden. Wir unterschieden:

- *Fontes:* Hinweis auf die von Josephus zitierten oder benutzten Texte;
- *Iosephus:* Hinweis auf interne Parallelen in seinem Werk;
- *Testim(onia) et recept(io):* Hinweis auf Zitate und Paraphrasen aus Josephus;
- positiver Apparat: zählt die Bezeugung auf;
- negativer oder Variantenapparat.

Der positive Apparat lautet meist: PBRAMW, mit gelegentlich hinzu-gesetzten Einschränkungen, wo Lücken in einer dieser Handschriften zu melden sind. Im negativen oder Variantenapparat wird kein Wort des Textes wiederholt; dazu hatten wir ja die Hochzahlen.

Das Zusammenspiel der beiden untersten Apparate ist so beschaffen, dass, wo keine negative Angabe gemacht wird, *mindestens eine* Handschrift des positiven Apparats das im Text Gebotene tatsächlich enthält, u.z. ist es mit abnehmender Wahrscheinlichkeit P, B, R, A oder die übrigen (M und W teilen sich fast nie). Diese Einschränkung muss gemacht werden im Hinblick auf die vielen Trivialvarianten—

---

[36] Textteile durch eckige Klammern streichen zu wollen, aber doch stehen zu lassen, hielten wir für eine nicht nachahmenswerte Inkonsequenz. S.o., Einleitung. Ein kleines Anfangsversehen ist unsere Tilgung von τε in *Vita* 12 (dort Anm. 19), wo wir ein <. . .> im Text hätten lassen sollen.

hier als "Abfall" oder "Müll" bezeichnet—, die wir nicht entschei-
dungsrelevant fanden. Wir geben also *nur hinreichende, keine
erschöpfenden* Auskünfte.

Das Fernhalten von textkritischem Müll

Bei der Auswahl des in den Variantenapparat Aufzunehmenden
verfuhren wir, wie schon gesagt, weitaus restriktiver als Niese. Nicht
zuletzt die Masse irrelevanter Varianten aus Codex B hat uns in dieser
Entscheidung bestätigt. Wir zielten sozusagen zwischen Nieses beide
Ausgaben.

Im biblischen Bereich war es das Nestle/Aland-NT, das uns als
Vorbild diente, und von den Septuaginta-Ausgaben eher die Kleine—
mit Differenzen in der gleich noch einmal zu berührenden
Itazismenfrage.

Unsere Ausgabe ist darum keine "Große"—als solche bleibt Niese
unersetzt—, aber doch eine "kritische". Sie erlaubt, diejenigen Diskussionen nachzuvollziehen, deren Material das Diskutieren lohnte. Denn
nur solche Lesarten, die wir ernstlich erwogen haben, haben wir auch
mitgeteilt.

Reichliche Mengen von textkritischem Abfall haben wir in einem
Revisionsbericht zur Einarbeitung des Josephus-Codex B abgeladen,[37]
ohne Anspruch auf Vollständigkeit. Wer will, mag sich Nieses Apparat
daraus um ein Drittel erweitern. Allein das Register zu diesen
Angaben umfasst drei Seiten.

Im übrigen gibt es längst typographisch-wirtschaftliche Gründe,
nicht mehr zwei Ausgaben neben- oder nacheinander anzufertigen:
Was früher eine Ersparnis war—man nahm dem Bleisatz der Großen
Ausgabe alles Entbehrliche, brach ihn neu um und druckte unter
zusätzlicher Papierersparnis eine weitere Auflage—, das wäre heute
eine Verlangsamung und Verteuerung: Schneller und billiger ist eine
Reproduktion des Ganzen veranstaltet, als ein Neusatz bewerkstelligt.

---

[37] Vgl. Anm. 16. Zu streichen (weil überholt) ist dort der 2. Absatz von Punkt
3.4.4. Wir haben uns im letzten Moment entschlossen, die Form παρεῖναι zu
vermeiden, die doch niemand von παρίημι ableiten würde—zumal das Objekt τὸν
καιρόν lautet—, sondern aus Codex B die *lectio facilior* παριέναι zu übernehmen,
wohl wissend, dass die Formen von εἰμί, εἶμι und ἵημι in den Handschriften wild
durcheinander gehen. Die Entscheidung liegt hier bei den Editoren, und die müssen
an die Verständlichkeit des Textes zu seiner Zeit denken.

Erwähnenswerte Itazismen

Es gibt Itazismen, so sagten wir (unter *Die Phonetik der Koine und die des Mittelgriechischen*), die mehr sind als nur eine Rechtschreibfrage, die vielmehr mit der Bestimmung einer Wortform, ja einer Wortwurzel zusammenhängen.

Kommen wir noch einmal zurück auf das Beispiel von Gen 49,6. Rahlfs scheint sein ἐρείσαι (statt ἐρίσαι) nicht für eine Konjektur zu halten, denn er macht in seiner Kleinen Ausgabe nicht einmal eine Apparatangabe. James Barr hat in *JSS* 19, 1974, 198–215 dagegen Einspruch erhoben. Inzwischen kann man in der Großen Ausgabe der Genesis die o.g. Varianten nachlesen: Und spätestens dabei müsste doch stutzig machen, dass nicht *ein* Schreiber noch an das Verb ἐρείδειν gedacht zu haben scheint. Selbst in einer Kleinen Ausgabe sollte man, so finden wir, nicht einfach die Rezeption des Textes bei denjenigen, die seine Sprache noch sprachen, ignorieren.

Nun ist der Gegensatz ἐρείσαι/ἐρίσαι, zugegeben, nur in der alten *Koine* noch hörbar gewesen, die einen Unterschied gemacht hätte in der Länge des /i/. (Sie verwendete ja auch noch den Optativ, wenn auch—in der Septuaginta—nur noch den des Aorists.) Was sollen wir aber halten von einem Fall wie Josephus, *Contra Apionem* 1:193, wo sich in der einzigen unabhängigen griechischen Handschrift ἐξέτεινον findet (als wäre es eine Form von τείνειν), wir uns aber kontext-gemäß verpflichtet sehen, ἐξέτινον (von τίνειν) zu schreiben. Hier ist nicht einmal ein metrischer Unterschied im Spiel. Haben wir hier nur die Orthographie korrigiert, oder nicht vielmehr einen anderen Wortstamm angesetzt als der Schreiber?

Nun, was der Schreiber sich dachte und all seine Vorgänger, werden wir nie genau wissen. Mehr als eine Rechtschreibfrage ist es aber doch.[38] Wir werden ἐξέτινον nicht als Konjektur kennzeichnen, wohl aber eine Apparatnotiz anfügen. Wir verfahren inzwischen nach folgenden Regeln:

- Im Falle der *Hörbarkeit eines Unterschiedes* liegt eine Variante vor. Ein Zeichen für langes i ist bei gebildeten Schreibern nicht äquivalent mit einem Zeichen für ein i von unbestimmter Länge.

---

[38] So sieht es auch J. Ziegler, *Textkritische Notizen zu den jüngeren griechischen Übersetzungen des Buches Isaias* (Göttingen: Vandenhoeck & Ruprecht, 1939), 101: Itazismen werden notiert, "wo die verschiedene Schreibweise einen anderen Sinn bedingt".

- Ein Sonderfall hiervon ist der Unterschied zwischen *i- und ü-Lauten*: In Texten gebildeter Autoren und/oder Schreiber ist er in der Regel eine Apparatnotiz wert.[39]
- Wo in der *Auffassung einer Wortform* oder gar eines *Wortstamms* die Schreiber schwankten, ist auf die Alternative hinzuweisen, sofern sie Sinn hat.
- Wo die moderne Ausgabe gegen alle Schreiber entscheidet, gilt dies umso mehr.

In allen derartigen Fällen haben wir, wie oben mehrfach gezeigt, wenigstens mit einer Hochzahl und einer Apparatnotiz darauf aufmerksam gemacht, dass wir unserer Herausgeberpflicht nachgekommen sind. Sie ist keine andere, als die Pflicht eines Vorlesers in der Antike schon gewesen wäre. Nur dass sie, seit wir die Texte wissenschaftlich lesen, nicht mehr stillschweigend geschieht, sondern sich der Überprüfung stellt.

---

[39] Viel Platz verliert man damit nicht: Aus der *Vita* sind mir nur βίβλον/βύβλον (365) und Σύλλας/Σίλλας, Σίλας (jetzt wechselt der Wortstamm!) vor Augen gekommen. Man könnte προσέλθη in 352 hinzuzählen, die Variante zu richtigerem, dennoch nur einmal (in Cod. R) bezeugtem προσέλθοι. Wir haben sie als Verflachung fallen lassen (vgl. *Vita*, Einleitung, S. 8 Anm. 28), weil keine Entscheidung damit verbunden war. Hier aber geht es um Fälle, wo etwas zu entscheiden war. Der R-Schreiber verrät übrigens eine gewisse Vorliebe für ü in *Vita* 69 κάπελλον, wo er κάπυλλον schreibt.

Quellen

[Dionysius Halicarnassensis] *Denys d'Halicarnasse: Opuscules rhetoriques* III, *La composition stylistique* (De compositione verborum), Hrsg. G. Aujac und M. Lebel; Paris, 1981 (Coll. Budé).

[Dionysius Thrax] *Dionysii Tracis Ars grammatica,* Hrsg. G. Uhlig; Grammatici Graeci I/1; Lipsiae, 1883 [1965, 1979].

Flavii Iosephi opera IV, Hrsg. B. Niese; Berlin, 1890 [editio major].

Flavii Iosephi opera IV, *Editio minor,* Hrsg. B. Niese; Berlin, 1890, 270–330.

Flavius Josephus: Aus meinem Leben <Vita>. Kritische Ausgabe, Übersetzung und Kommentar von Folker Siegert, Heinz Schreckenberg, Manuel Vogel und dem Josephus-Arbeitskreis des Institutum Judaicum Delitzschianum, Münster. Tübingen 2001.

Theodosii Alexandrini Canones, Georgii Choerobosci Scholia (usw.), rec. A. Hilgard, 2 Bde., Grammatici graeci, IV/1.2 ; Lipsiae, 1891, 1894.

La Vetus Latina Hispana, Bd. 5/1–3: *El Salterio,* Hrsg. T. Ayuso Marazuela; Madrid 1962 [5/1: Einleitung und Beigaben der lat. Codices; 5/2–3: Texte, einschließlich LXX nach Cod. B bzw. (in der Lücke) S].

Zur Edition apokrypher Texte: Am Beispiel des griechischen *Lebens Adams und Evas*

Johannes Tromp (Universität Leiden)

Im Jahre 1866 veröffentlichte Konstantin Tischendorf einen Band mit Textausgaben mehrerer alt- und neutestamentlicher Apokryphen.[1] Darunter befand sich auch der griechische Text der sogenannten *Apokalypse Moses*, oder, wie die Schrift heute zutreffender bezeichnet wird, des *Lebens Adams und Evas*.

In diesem Büchlein, das in Tischendorfs Ausgabe ungefähr 20 Druckseiten einnimmt, wird die biblische Geschichte des Sündenfalls Adams und Evas sowie ihrer Vertreibung aus dem Paradies nacherzählt.

Die reichlich mit apokryphen Legenden durchsetzte Erzählung führt den Leser zum Sterbebett Adams. Die Krankheit Adams veranlaßt seinen Sohn Seth zur Frage, was Krankheit sei. Adam antwortet mit einem kurzen Rückblick auf die Übertretung Evas, und legt dar, daß Gott die Menschheit deswegen mit siebzig Krankheiten bestraft hat. Darauf befiehlt er Seth, mit seiner Mutter zum Paradies zu reisen und Gott um etwas von dem Öl, das vom Lebensbaum fließt, zu bitten. Die Salbung mit jenem Öl würde seine Krankheit heilen. Die Reise Evas und Seths bleibt aber erfolglos und sie kehren mit leeren Händen zurück. Der verzweifelte Adam gebietet seiner Frau dann, die ganze Geschichte vom Fall und der Vertreibung nochmals ausführlich zu erzählen. Die darauf folgende Rede Evas stellt den Kern des ersten Hauptteils des Tischendorfschen Textes dar.

Nachdem Eva ihren traurigen Bericht erstattet hat, fordert ihr Mann sie auf wegzugehn, um für ihn zu beten. Ihr ausführliches Schuldbekenntnis wird vom Erzengel Michael unterbrochen, der ihr befiehlt zurückzukehren, um anzuschauen, wie Adams Seele seinen Leib verläßt. Die wunderbaren und mysteriösen Umstände, die den Tod Adams, die Fürbitte durch die Himmelswesen und schließlich die

---

[1] C. Tischendorf, *Apocalypses apocryphae Mosis, Esdrae, Pauli, Iohannis, item Mariae Dormitio, additis Evangeliorum et Actuum apocryphorum supplementis*, (Leipzig: Mendelssohn, 1866).

Begnadigung Adams begleiten, bilden den Kern des zweiten Hauptteils des griechischen *Lebens Adams und Evas*.

Die Schrift endet mit der Aufnahme Adams in den Himmel, der Beerdigung von Adam und Abel und einem kurzen Bericht über den Tod und die Beerdigung Evas.

Mit der Ausgabe Tischendorfs vollzog sich nach einer Abwesenheit von knapp zwei Jahrhunderten der Wiedereintritt dieser Schrift in die westeuropäische Kultur. Vorher war sie zum letzten Mal ca. 1475 ediert worden, als Colard Mansion von einem flämischen Freiherrn beauftragt wurde, sie aus dem Lateinischen ins Französische zu übersetzen.[2] Spuren des Inhalts dieses *Hagiographons* befinden sich noch in dem von dem niederländischen Dichters Joost van den Vondel stammenden Tragödienzyklus über Adam sowie in Miltons Epos *Paradise Lost*, beide aus dem 17. Jahrhundert. Dies sind jedoch nur noch die letzten Spuren einer Schrift, die einst zu den populärsten der Christenheit gehörte, und von Ägypten und Georgien bis nach Irland verbreitet gewesen ist.[3] Allein von dem lateinischen *Leben Adams und Evas* sind bis heute nicht weniger als 106 Handschriften bekannt, und zwar aus allen Teilen West- und Mitteleuropas.[4] Die Zahl der bekannten griechischen Handschriften ist mittlerweile auf 28 angewachsen, von denen 26 in einer diplomatischen Ausgabe von Marcel Nagel aus dem Jahre 1974 leicht zugänglich sind.[5]

Die handschriftliche Überlieferung des Lebens Adams und Evas

Die Unterschiede zwischen dem griechischen Text von Tischendorf einerseits und der lateinischen Version andererseits sind erheblich, und sie können nicht einfach aus ein oder zwei Übersetzungsvorgängen erklärt werden. Obwohl es sonnenklar ist, daß die Texte literarhistorisch in einem genealogischen Zusammenhang stehen, kann schon auf den ersten Blick festgestellt werden, daß mehrere, vielleicht sogar viele textliche und literarische Entwicklungsstufen den lateinischen und den griechischen Text voneinander trennen. Am meisten fällt auf, daß der Rückblick Evas in der lateinischen Version sehr viel kürzer als im

[2] M.P.J. Martens, *Lodewijk van Gruuthuse: Mecenas en Europees diplomaat ca. 1427–1492* (Brugge: Stichting Kunstboek, 1992), 141 (Abb.), 178b–181a.
[3] Vgl. M.E. Stone, *A History of the Literature of Adam and Eve* (Early Judaism and its Literature 3; Atlanta, GA: Scholars Press, 1992).
[4] J.P. Pettorelli, "La vie latine d'Adam et Ève: Analyse de la tradition manuscrite", *Apocrypha* 10 (1999): 195–296.
[5] M. Nagel, *La vie grecque d'Adam et d'Ève: Apocalypse de Moïse I–III* (Lille: Service de Reproduction des Thèses, Université de Lille, 1974).

griechischen Text ist. Das im griechischen *Leben* enthaltene Material erscheint, zusammen mit noch anderem Traditionsstoff, in der lateinischen Version in der Form einer gradlinigen, in der dritten Person abgefaßten Erzählung, die der Szene am Sterbebett Adams vorangestellt ist.

Es wäre aber übereilt, einfach anzunehmen, das lateinische *Leben* sei im Vergleich mit dem griechischen sekundär, nur weil im allgemeinen das lateinische Schriftstück eher vom griechischen abhängig ist als umgekehrt. Es ist ja durchaus denkbar, daß die lateinische Textform auf eine ältere griechische Vorlage zurückgeht und daß die lateinische Textform indirekt das Original der Schrift besser bewahrt hat als die heute verfügbaren griechischen Handschriften. Zum Vergleich könnte man auf die Überlieferung des Jeremiabuches in der LXX verweisen. Hier besteht ja durchaus die Möglichkeit, daß die griechische Textform der ursprünglichen Fassung näher steht als die hebräische, masoretische Überlieferung.[6] Obwohl der Datierung von Handschriften in einer textkritischen Diskussion keinerlei Bedeutung beigemessen werden sollte, kann es doch als Mahnung zur Vorsicht dienen, daß die älteste bekannte Handschrift des griechischen *Lebens Adams und Evas* aus dem 11. Jahrhundert stammt, der älteste Bericht über eine lateinische Fassung aber aus dem 8. Jahrhundert.

Das Problem erweist sich als noch erheblich komplizierter, wenn man die Frage stellt, *welcher* lateinische Text denn mit dem griechischen verglichen werden sollte. Die 106 Handschriften, die die lateinische Überlieferung bilden, vertreten etwa fünf oder sechs verschiedene mittelalterliche Bearbeitungen des Textes.[7] Diese sind zwar deutlich miteinander verwandt, aber zugleich derart unterschiedlich, daß man schon im Blick auf die lateinische Überlieferung durchaus von verschiedenen Rezensionen sprechen kann.[8]

Die griechische handschriftliche Überlieferung bietet ein durchaus vergleichbares Bild, wenn auch in scheinbar kleinerem Umfang. Die 26 griechische Manuskripte repräsentieren ebenfalls fünf oder sechs literarisch unterschiedliche Textformen. Hinzu kommt noch das Zeugnis einer Textform, die in armenischer und georgischer Sprache

---

[6] Vgl. E. Tov, *Textual Criticism of the Hebrew Bible* (Minneapolis: Fortress Press, 1992), 320–21.

[7] Pettorelli, "La vie latine".

[8] Tov, *Textual Criticism*, 160–61: "A witness reflecting a text-type or recension by definition should show a conscious effort to change an earlier text systematically in a certain direction. Textual recensions bear recognizable, textual characteristics, such as an expansionistic, abbreviating, harmonizing, Judaizing, or Christianizing tendency, or a combination of some of these characteristics."

überliefert worden ist, aber ebenfalls auf einen griechischen Text
zurückgeht.

Wer also die arglose Frage nach dem Verhältnis vom lateinischen
zum griechischen *Leben Adams und Evas* stellt, sieht sich sofort mit
einem Dutzend Schriften dieses Namens konfrontiert—und mit der
Gegenfrage: "Sagen Sie doch, welche Schriften meinen Sie?"

Diese verwickelte Lage stellt allerdings keine Besonderheit des
Lebens Adams und Evas dar. Sie ist im Gegenteil ganz charakteristisch
für alle apokryphe Literatur, präziser gesagt: für alle Literatur, die
weder kanonisch ist noch von einem bestimmten, mit Namen
bekannten Autor stammt.[9]

Die Überlieferung sowohl der biblisch-kanonischen Schriften,
deren Wortlaut als heilsrelevant angesehen wurde, als auch der
Schriften aus dem klassischen Altertum und der Alten Kirche, denen
auch eine besondere, mehr oder weniger maßgebliche Bedeutung beigemessen wurde, zeichnet sich durch eine verhältnismäßig homogene
und im Laufe der Zeit zunehmend stabilere Textgeschichte aus. Ob
durch diese Tatsache die Textkritik vereinfacht wird oder auch ihre
Ergebnisse zuverlässiger werden, lasse ich dahingestellt.

Die apokryphe Literatur, meistens beschäftigt mit der Frage nach
den Ursprüngen gegenwärtiger Zustände oder nach der Bedeutung
ursprünglicher Vorgänge für die fromme und moralische Erbauung der
Leser in ihrer gegenwärtigen Lage, steht vollends in einem lebendigen
sozialen Kontext und befindet sich in einer beständigen Wechsel-
wirkung mit diesem sozialen Kontext. Das erklärt die ungeheuere
textgeschichtliche Dynamik der sogenannten Apokryphenliteratur.

Es gibt Handschriften, die zeigen, daß natürlich auch wortgetreue
Kopien angefertigt wurden oder dies zumindest angestrebt war. Aber
die Eigenart der apokryphen Schriften als "evolved literature"[10] oder
als ein durch "variance" gekennzeichnetes Schrifttum[11] hat die Über-
treibung veranlaßt, daß z. B. jede Handschrift des *Lebens Adams und*

---

[9] F. Schmidt, "Présentation", in J.-C. Picard, *Le continent apocryphe: Essai sur les
littératures juive et chrétienne* (Instrumenta patristica 36; Turnhout: Brepols, 1999), xxiii;
zum Unterschied vgl. B. Cerquiglini, *Éloge de la variante: Histoire critique de la philologie*
(Paris: Editions du Seuil, 1989), 58–62.

[10] R. Kraft, "The Multiform Jewish Heritage of Early Christianity", in *Christianity,
Judaism and Other Greco-Roman Cults: Studies for Morton Smith at Sixty* III (Hrsg. J
Neusner; Leiden: Brill, 1975), 174–99, 185.

[11] Cerquiglini, *Éloge de la variante*, 62; vgl. Picard, *Le continent apocryphe*, 4: "cette
capacité des textes à se modifier au cours de la transmission"; *ibid.*, 284–87.

Evas eine eigene Rezension darstellt.[12] Wenn dies auch ein Stück weit
übertrieben ist, Tatsache ist, daß in dieser Literatur sehr leicht
zahlreiche Rezensionen entstehen: Das Abschreiben des Textes des
Büchleins steht im Dienste der Beantwortung aktueller Frage-
stellungen, das heißt also, im Dienste sich stets ändernder Antworten
auf sich stets verändernde Probleme. Kurz gesagt: diese Texte dienen
der Erbauung von Menschen, deren aktuelle Lage sich verändert; also
werden auch die Texte verändert.[13] Diese Feststellung hat Kon-
sequenzen für die Textkritik, zumal auf theoretischer Ebene.

Die kritische Edition von Apokryphen: die Frage nach dem "Original"

Die theoretische Frage betrifft das Ziel und die Voraussetzungen der
wissenschaftlichen Edition eines Textes. Was beabsichtigen wir
eigentlich, wenn wir eine kritische Ausgabe einer apokryphen Schrift
unternehmen?[14] Gemäß traditioneller Auffassung würde die Antwort
lauten: die Originalschrift durch gegenseitige Vergleichung der handschriftlichen Zeugen zu rekonstruieren, und zwar durch die Aus-
scheidung sekundärer Elemente, durch die das Original im Laufe der
Überlieferung in den unterschiedlichen Handschriften verändert
worden ist. Wenn es aber zum Wesen der apokryphen Literatur
gehört, daß sie ständig in Bewegung, in "variance" ist, was heißt dann:
Authentizität? Was heißt: sekundär?

Dazu kommt ein ganz praktisches Problem: die Varianz zwischen
den Zeugen ist meistens so groß, daß die gewöhnlichen Argumente *pro*
und *contra* Originalität fehlschlagen. Hier gibt es zum Beispiel kein *lectio
brevior potior*, denn kein Abschreiber fügt an einer Stelle etwas hinzu,
ohne an anderer Stelle etwas fortzulassen. Wenn man im Fall des
Lebens Adams und Evas immer die kürzere Lesung bevorzugen würde,
bliebe nur wenig von der ganzen Schrift übrig. Dazu kommt noch die
Tendenz mancher Abschreiber (und zwar beinahe nur zum Spaß), die
Worte in ihren Vorlagen durch Synonyme zu ersetzen.[15] Wie soll man

---

[12] Vgl. Cerquiglini, *Éloge de la variante*, 62; D.C. Parker, *The Living Text of the Gospels* (Cambridge: Cambridge University Press, 1997), 122.

[13] Vgl. noch H.W. Hollander, "The Words of Jesus: From Oral Traditions to Written Record in Paul and Q", *NovT* 42 (2000): 340–57, spez. 351–57.

[14] Zum folgenden Abschnitt vgl. Tov, *Textual Criticism*, 164–80.

[15] Vgl. die Charakterisierung der Handschrift B von Nagel, *La Vie grecque* I, 40: "volonté déterminée, et irritante pour celui qui s'intéresse aux leçons anciennes, de trouver à tout prix des tours et des tournures différant de ceux que fournissait l'écrit primitif"; wenn es richtig ist, was G. Mink ("Editing and Genealogical Studies: the New Testament", *Literary and Linguistic Computing* 15 (2000): 51–56, spez. 52; vgl.

dann entscheiden, ob das eine oder das andere Wort ursprünglicher ist? Und weiter: der eine Abschreiber war literarisch begabter oder nur besser gebildet als der andere; jener fand es nötig, den Stil der Schrift auf eine höhere Ebene zu bringen; ein anderer hat die Grammatik vereinfacht und die Schreibart vergröbert —und beides hat gleichzeitig, in verschiedenen Zweigen der Tradition, stattgefunden. Daher kann bei der Textkonstitution auch das Argument des Idioms des Autors kaum verwendet werden: Der Autor und sein Idiom sind vom Idiom der Kopisten seines Werkes völlig überlagert.

Die erste, theoretische Frage soll im folgenden beantwortet werden; die zweite, praktische Frage, gilt es, im Rahmen der Textedition selbst zu bearbeiten.

Hinsichtlich der theoretischen Frage ist eine grundsätzliche Feststellung wichtig: Den Anspruch, mit ihrer Arbeit das Original einer Schrift in zuverlässiger Weise wiederherzustellen, haben die Textkritiker schon längst aufgegeben.[16] Jeder, der in diesem Bereich beschäftigt ist, weiß, daß im besten Fall eine Annäherung an die früheste Textfassung der betreffenden Schrift erreicht werden kann; daß mit dieser rekonstruierten Textfassung auch das Original gefunden sei, wird von niemandem beansprucht. Zwischen der Erstfassung einer Schrift und der Abfassung des handschriftlichen Materials, über das der Textkritiker verfügen kann, liegt in den meisten Fällen ein Zeitraum von Jahrhunderten, in dem die Schrift von einer unbekannten Anzahl von Abschreibern kopiert worden ist.[17] Die Hoffnung, aus die Handschriften das präzise Original eruieren zu können, ist eitel und wird längst von keinem seriösen Textkritiker mehr gehegt.

Der manchmal noch zu hörende Vorwurf, daß die traditionelle Textkritik unmöglichen Zielen nachstrebe, ist also hinfällig. Der zuweilen geäußerte Vorschlag, wegen dieser angeblichen Ziellosigkeit die Textkritik überhaupt aufzugeben, beruht auf einem Mißverständnis, ich möchte sogar sagen, auf Ignoranz. Die tatsächliche Unmöglichkeit, bis zum Original vorzustoßen, hindert doch nicht daran, die Nützlichkeit einer Wiederherstellung des faktisch erreich-

---

ders., "Eine umfassende Genealogie der neutestamentlichen Überlieferung", *NTS* 39 (1993): 481–99, spez. 488), für die Abschreiber neutestamentlicher Schriften voraussetzt, daß sie nämlich in der Regel Genauigkeit und buchstäbliche Zuverlässigkeit anstrebten, ist dies wohl ein ganz wichtiger Unterschied zwischen kanonischer und apokrypher Literatur. Die Behauptung trifft natürlich nicht für die handschriftliche Überlieferung neutestamentlicher Schriften in der Periode zu, die ihrer Kanonisierung vorausging; vgl. dazu Picard, *Le continent apocryphe*, 4, 271–87.

[16] Parker, *The Living Text*, 2–3.
[17] Tov, *Textual Criticism*, 171.

baren ältesten Stadiums einer handschriftlichen Überlieferung anzu-
erkennen.

Wenn man etwas über einen bestimmten Teil der Geschichte, zum
Beispiel die Ideengeschichte, erfahren möchte, ist es keineswegs
unwichtig, festzustellen zu können, in welcher chronologischen
Reihenfolge die untersuchten Ideen zueinander stehen. Man kann sich
von einem Menschen und seiner Vorstellungswelt nur ein Bild
machen, wenn man feststellen kann, wie jener Mensch mit dem
umgeht, was bereits vor ihm existierte. Was die Ideengeschichte
anbetrifft: sie muß in großem Umfang mit schriftlichen, literarischen
Quellen arbeiten. Daher möchte der Ideenhistoriker wissen, was innerhalb der schriftlichen Überlieferung eines Werkes früher war und was
später.

Ich möchte an diesem Punkt kurz auf einen Begriff eingehen, von
dem (wie beim Begriff der Originalität) gern behauptet wird, das er
von den Textkritikern in überholter Weise verwendet wird. Ich meine
den Begriff der *Absicht des Autors* einer Schrift. Dabei beziehe ich mich
auf ein Beispiel, das dem übrigens vorzüglichen Einleitungsbuch D.C.
Parkers entnommen ist.[18]

1608 verfaßte William Shakespeare seine Tragödie *King Lear*.
Später wurde eine Fassung publiziert, deren Wortlaut erheblich von
dem früheren Text abwich. Die Änderungen wurden von Shakespeare
selber vorgenommen.[19] Welcher Text reflektiert nun die Absicht des
Autors besser? Welcher Text sollte einer Aufführung zugrunde gelegt
werden? Der Textkritiker muß hier sagen: Das ist das Problem der
Ausleger und der Schauspielgesellschaft, nicht das meinige. Die
Folgerung Parkers lautet: Den Originaltext gibt es nicht.[20] Aber
ebensogut kann man sagen: Es gibt dennoch früher und später; und
wenn ich wissen will, warum Shakespeare in der zweiten Fassung
hundert Verse gestrichen und andere hundert hinzugefügt hat (und
sowohl die Ausleger als auch die Ausführenden sollten doch interessiert
sein, dies zu wissen), dann muß ich zu allererst wissen, was früher war
und was später kam. Eine solche Alternative gibt es für den
Textkritiker aber nicht: Man kann sich vorstellen, daß es einen guten

---

[18] Parker, *The Living Text*, 4–5; vgl. schon Cerquiglini, *Éloge de la variante*, 63–64.

[19] In dieser Zeit war es ganz üblich, daß Schriftsteller noch während des Druck-
prozesses mit der Redaktion ihrer Werke beschäftigt waren; vgl. Cerquiglini, *Éloge de
la variante*, 20–24.

[20] Man könnte hinsichtlich der prämodernen Literatur auch sagen: "einen Autor
gab es in jener Zeit noch nicht"; vgl. Cerquiglini, *Éloge de la variante*, 24–29.

Sinn hat, *auch* die zweite Fassung herauszugeben, aber nie *anstelle* der Erstfassung.

Das Beispiel wird noch komplizierter, wenn man zusätzliche Faktoren wie Skizzen und Vorarbeiten eines Textes mit ins Spiel bringt. Derartige Komplikationen belasten übrigens vor allem die text-historischen Ausgaben neuzeitlicher Werke, brauchen uns aber jetzt nicht länger aufzuhalten.[21] In unserem Zusammenhang reicht es, nachdrücklich zu wiederholen, daß die Wiederherstellung des ältesten erreichbaren Stadiums einer Schrift im Dienste einer anständigen Pflege der Geschichtswissenschaft steht, die ja zwischen Vorher und Nachher zu unterscheiden hat. Ideologisch belastete Begriffe wie Originalität und Authentizität brauchen bei der textkritischen Arbeit keine Rolle zu spielen.

Zusammenfassend kann die theoretische Frage an die Textkritik folgendermaßen beantwortet werden: Authentizität bekümmert uns nicht, und wenn wir das Wort "Original" verwenden, dann nur der Kürze halber, wobei wir ohne Einschränkung bereit sind, es durch einen *terminus technicus* zu ersetzen, nämlich "Archetypus". Dieser Begriff bezeichnet jene Kopie des Originals, von der alle vorhandenen Handschriften abhängig sind.[22] Was uns durchaus interessieren sollte, ist die Geschichte—und die Notwendigkeit, unsere Überlegungen zur Geschichte auf möglichst festem Boden zu gründen, auch wenn wir uns bewußt sind, daß sogar der Archetypus in den meisten Fällen noch viele Jahrhunderte vom Original entfernt ist.

Die Realität des Archetypus

Soeben fiel das Wort "Archetypus". Das bringt uns auf die nächste, die praktische Frage: Wenn die Handschriften solch einen Wirrwarr von Texten und Textformen bieten, wie kann man dann hoffen, jemals daraus eine Textform in ihrem Wortlaut so rekonstruieren zu können, daß man getrost sagen kann: aus diesem Text, der handschriftlich gar nicht existiert, sind letzten Endes alle heute tatsächlich vorhandenen Texte hervorgegangen?

Es sei mir vergönnt, hier zuerst einen scheinbar theoretischen Punkt zu nennen, der m. E. aber vor allem ein ganz banales,

---

[21] Die spezifische Probleme, die die Herausgabe moderner Drucktexte belasten, können hier außer Betracht bleiben. Vgl. dazu zum Beispiel S. Graber, *Der Autortext in der historisch-kritischen Ausgabe: Ansätze zu einer Theorie der Textkritik* (Bern: Lang, 1998).

[22] Zum Unterschied zwischen *Urtext* und *Archetyp* Tov, *Textual Criticism*, 167.

praktisches Problem ist. Ich meine das Problem der Ohnmacht der Textkritik.

Überlegungen theoretischer Art, wie ich sie soeben skizziert habe, bringen eine zunehmende Anzahl von Gelehrten dazu, eine sog. "synoptische" Edition zu bevorzugen. Weil so etwas wie das Original gar nicht existiere und der Text einer Schrift als ein lebendiges Ganzes verstanden werden müsse, dem die "variance" geradezu inhärent sei, verzichtet man auf einen—auf vernünftigen Überlegungen beruhenden—Vorschlag hinsichtlich der historischen Priorität der einen Textform gegenüber der anderen. Man begnügt sich vielmehr damit, die verschiedenen Textformen, manchmal sogar die Texte der verschiedenen Handschriften, in mehreren Kolumnen nebeneinander abzudrucken. Was früher sei oder was später wird der Urteilskraft der Benutzer einer solchen Synopse überlassen. Oder schlimmer noch: es wird suggeriert, daß alle Textformen ungefähr gleich alt sind (meistens nämlich "sehr" alt) und daß deshalb über ihr Verhältnis zueinander nichts auszumachen sei.

Hierzu möchte ich erstens sagen, daß ein Historiker, der die Chronologie für weitgehend unwichtig erklärt, m. E. keinen Schuß Pulver wert ist. Zum zweiten wiederhole ich, daß Einsichten in die Eigenart nicht-kanonischer und anonymer Literatur die Frage der geschichtliche Entwicklung eines Textes nicht in den Hintergrund drängen und daher den Textkritiker keineswegs der Pflicht entheben, sich zu entscheiden, was früher war und was später. Um dies zu leisten, ist es aber unentbehrlich, ein Bild von derjenigen Gestalt des Textes zu gewinnen, aus der die heute vorhandenen Handschriften möglicherweise hervorgegangen sind.[23]

Es kann zwar vorkommen, daß es tatsächlich unmöglich ist, über die Priorität der einen Textform gegenüber der anderen eine Entscheidung zu treffen, so daß man dann doch zu einer Synopsis seine Zuflucht nehmen muß. Das bedeutet aber eine Niederlage für die Textkritik und einen schweren Schlag für das Studium der Geschichte.[24] Eine synoptische Edition ist das Letzte, nach dem man streben sollte; sie ist ein Notbehelf, der die Grenze der Möglichkeiten der Textkritik darstellt.

Zunächst sollte man sich auch nicht zu sehr von der Größe der Textverschiedenheiten erschrecken lassen. Oft stellt ein scheinbar winziger Unterschied den Kritiker vor größere Entscheidungsschwierigkeiten als eine ganz augenfällige Unstimmigkeit. Je mehr die

---

[23] Vgl. Parker, *The Living Text*, 211.
[24] Vgl. Tov, *Textual Criticism*, 174.

Handschriften sich ähneln, desto schwieriger wird es, sich z. B. zwischen den griechischen Ausdrücken für "er sagte": εἶπεν oder ἔλεγεν zu entscheiden.

Hinzu kommt, daß es *a priori* wahrscheinlich ist, daß das apokryphe Schrifttum nur wenig von Kontamination und Harmonisierung angegriffen worden ist—im Unterschied zur Überlieferung von kanonischen oder anderweitig maßgeblichen Texten, wo dies die beiden wichtigsten Ursachen für Textverderbnisse sind.

Kontamination[25] wird in dieser Literatur der Ausnahmefall sein.[26] Der freie, immer aktualisierende Umgang mit diesen textgeschichtlich höchst dynamischen Schriften scheint es eher auszuschließen, daß Kopisten sich genötigt sahen, zur Verfertigung einer Abschrift mehr als ein Manuskript heranzuziehen, um dadurch einen in ihren Augen zuverlässigeren neuen Text zu erstellen. Wörtliche Genauigkeit und Zuverlässigkeit waren in diesen Fällen eben nicht an erster Stelle beabsichtigt.[27]

Auch der Harmonisierungsprozeß, durch den Ausdrücke aus einer einflußreichen Schrift in den Text einer anderen, aber sinnverwandten Schrift eindringen,[28] ergibt meistens keine größeren Schwierigkeiten. Im Fall des *Lebens Adams und Evas* brauchen als Quelle für solche Textänderungen nur wenige Seiten aus der LXX berücksichtigt zu werden, nämlich Gen 3–4. Einfluß aus jenen Kapiteln ist im *Leben Adams und Evas* zwar spürbar, aber die Folgen dieses Einflusses lassen sich leicht entfernen: Wo es an einer Stelle zu wählen gilt zwischen Varianten, die entweder mit dem Wortlaut der LXX übereinstimmen oder nicht, hat die von der LXX abweichende Lesart den Vorzug. So liest man in *Leben Adams und Evas* 4:1, daß Eva schwanger wurde, ἐν γαστρὶ ἔσχεν, und einen Sohn gebar, ἐγέννησεν. In einigen voneinander unabhängigen Handschriften wird dasselbe durch die Wendung συλλαβοῦσα ἔτεκεν ausgedrückt; doch kann diese Lesart leicht auf den Einfluß von Gen 4,1 zurückgeführt und folglich ausgeschieden werden.

---

[25] P. Maas, *Textkritik* (4. Aufl.; Leipzig: Teubner, 1960), 8–9.

[26] Kontamination kommt zum Beispiel in der griechischen Textüberlieferung der *Testamente der zwölf Patriarchen* vor; siehe H.J. de Jonge, "Die Textüberlieferung der Testamente der zwölf Patriarchen", in *Studies on the Testaments of the Twelve Patriarchs: Text and Interpretation* (Hrsg. M. de Jonge; SVTP 3; Leiden: Brill, 1975), 45–62, spez. 56–59.

[27] Vgl. Picard, *Le continent apocryphe*, 63.

[28] Parker, *The Living Text*, 40–43.

In diesem Zusammenhang ist noch eines zu betonen: Obwohl die Handschriften des *Lebens Adams und Evas* von einer freien und dynamischen Textgeschichte zeugen, muß man dennoch daran festhalten, daß jede Handschrift eine Kopie einer anderen ist, das heißt, daß sie Zeuge ist, ein—wenn auch möglicherweise durch die Fantasie und Kreativität des Abschreibers zweifelhaft gewordener—Zeuge des Textes einer anderen, früheren Abschrift. Dies führt zwangsläufig zu der Folgerung, daß es einmal einen Archetypus gegeben haben muß, also eine Handschrift, von der letzten Endes alle vorhandenen Manuskripte abstammen.[29]

Neben diesem induktiven Beweis, daß es so etwas wie den Archetypus real gegeben hat, kann auch ein positiver Beweis geliefert werden, wenn nämlich alle vorhandenen Handschriften denselben signifikanten Fehler enthalten. Das ist ja nur erklärbar, wenn sie alle von einem Manuskript abstammen, in dem dieser Fehler schon vorhanden gewesen ist. Ein schönes Beispiel hierfür aus dem *Leben Adams und Evas* ist die Stelle 25:1, wo das Urteil Gottes über Eva beschrieben wird. Alle hier vorhandenen Handschriften, nur zwei ausgenommen, lesen ἔσει ἐν ματαίοις, "Du wirst ἐν ματαίοις sein", was etwa heißen würde: "Du wirst in Torheiten sein", was keineswegs mit dem Kontext in Einklang gebracht werden kann und auch sonst unsinnig ist. In einer Handschrift, deren Abschreiber alles Entbehrliche und Problematische fortgelassen hat, werden diese Worte ganz übergangen. Eine andere Handschrift, die aber aufgrund anderer Überlegungen genealogischer Art an dieser Stelle unmöglich die richtige Lesart bewahrt haben kann, liest ἔσει ἐν καμάτοις, also "Du wirst Geburtswehen haben", was in den Kontext gut paßt, aber als eine Konjektur dieses Abschreibers (oder eines seiner Vorgänger) angesehen werden muß (vermutlich dem Vorbild 24:3 nachgeahmt). In dem Archetypus stand also ἐν ματαίοις, was unbezweifelbar falsch ist, und dadurch den Beweis liefert, daß alle vorhandenen Handschriften von diesem einen Text abstammen. Für ματαίοις könnte man übrigens als

---

[29] Gegen M.E.B. Halford, "The Apocryphal *Vita Adae et Evae*: Some Comments on the Manuscript Tradition", *Neuphilologische Mitteilungen* 82 (1981): 417–27, 419, der im Fall des lateinischen *Lebens Adams und Evas* nicht von Texten und Textformen reden möchte, aber von "a group of elements or narrative units, many of which are found together regularly in set patterns." Die Vorstellung, daß einer Kernerzählung im Laufe der Zeiten und an verschiedenen Orte allerlei Traditionelles zugefügt worden ist, erklärt weder die offensichtliche literarische Zusammenhang aller vorhandenen Textzeugen noch das Phänomen der Auslassungen.

Konjektur μαλακίαις vorschlagen, was "Krankheiten", insbesondere des Bauches (cf. 2 Chron 24,25) bedeutet.

Daß dieses Manuskript nicht die erste Niederschrift des Werkes gewesen sein kann, also höchstens eine Kopie des Originals, ist hiermit natürlich auch bewiesen. Wichtig ist das aber kaum; es geht ja darum, das möglichst älteste Textstadium der Schrift wiederherzustellen.

Noch ein Drittes zeigt das soeben genannte Beispiel: Die Geschichte einer Textüberlieferung läßt sich nur anhand von Fehlern rekonstruieren. Nur ein Fehler weist den Weg von einer Kopie zu ihrer Vorlage. Das Prinzip, das dieser Regel zugrunde liegt, ist die Tatsache, daß, wenn zwei Leute je eine Abschrift einer Vorlage machen, sie beide Fehler machen werden, aber nicht leicht dieselben Fehler. Ich verwende den Begriff *Fehler* in einem spezifischen Sinn, nämlich als eine signifikante, unwiederholbare, vorzugsweise unabsichtliche[30] und von weiteren Kopisten nicht reparabele Änderung einer Vorlage in der Abschrift—also keine Rechtschreibfehler, keine durch *homoio-teleuton* verursachten Auslassungen, nicht solche Kleinigkeiten wie die Ersetzung von καί durch δέ usw.[31] Nur wenn jemand eine Abschrift einer in diesem Sinne fehlerhaften Vorlage verfertigt, kann er die Fehler, die der erste Abschreiber gemacht hat, übernehmen.[32] Diese Regel ist einfach, und wenn man sie konsequent und geduldig handhabt, wird sie bei der Feststellung der Abhängigkeitsverhältnisse zu einem relativ hohen Grad der Gewißheit der Ergebnisse führen.

Dazu noch ein Beispiel: In 2:2 wird berichtet, daß Eva geträumt hat, daß Kain das Blut Abels trank, und zwar ἀνελεημόνως, "auf erbarmungsloser Weise". Vier Handschriften bieten an Stelle von ἀνελεημόνως die unsinnige Buchstabenkombination τελει oder τελεις μονος. Daß dieser Fehler in vier Handschriften erscheint, kann

[30] Zum Unterschied zwischen absichtlichen und unabsichtlichen Änderungen beim Abschreiben eines Textes, siehe Parker, *The Living Text*, 37. Ich verwende das Wort Fehler nicht, weil ich jede sekundäre Entwicklung eines Textes für bedauernswert und fehlerhaft halte, sondern weil im Fall von Apokryphen nur wirkliche Fehler mit Gewißheit sekundär sind.

[31] Das heißt also, daß "only very few textual differences can serve as genealogical, relationship-revealing elements" (B.J.P. Salemans, "Cladistics or the Resurrection of the Method of Lachmann: On Building the Stemma of *Yvain*", in *Studies in Stemmatology* [Hrsg. P. van Reenen und M. van Mulken; Amsterdam: Benjamins, 1996], 3–70, 4; eine Diskussion der Kriterien auf den Seiten 6–22). Die Darstellung des Prinzips bei Cerquiglini, *Éloge de la variante*, 77, ist eine etwas maliziöse Karikatur.

[32] Vgl. H.J. de Jonge, "The Earliest Traceable Stage of the Textual Tradition of the Testaments of the Twelve Patriarchs", in M. de Jonge, *Studies on the Testaments of the Twelve Patriarchs*, 63–86, 80.

nur dadurch erklärt werden, daß alle vier Kopien einer einzigen
Handschrift sind, denn es ist praktisch unmöglich, daß der Fehler von
mehreren Abschreibern unabhängig voneinander gemacht worden
wäre. Damit ist gezeigt, daß diese vier Manuskripte als Zeugen einer
bestimmten Handschrift innerhalb der gesamten Überlieferung zu
betrachten sind,[33] deren Verhältnis zueinander sowie zu den anderen
Handschriften und deren Vorfahren dann natürlich noch näher zu
bestimmen ist.

Man sieht, daß die Regel wirksam ist. Ich wiederhole, daß sie
strengstens zu handhaben ist, denn mancher Textkritiker verfällt in den
Fehler, nun hastig die Regel umzukehren und zu folgern, daß auch alle
Handschriften, die ἀνελεημόνως enthalten, von einem einzigen
Exemplar abgeschrieben worden sind. So wirkt die Regel aber nicht.
Diese bestimmte Vorlage braucht ja keine andere zu sein als der
Archetypus selbst; ἀνελεημόνως ist einfach die *richtige* Lesart, und
richtige Lesarten besagen nichts über die genauen genealogischen
Verhältnisse der Handschriften untereinander. Ich komme darauf
nochmals zurück.

Die kürzeren und längeren Textformen des Lebens Adams und Evas

Leider können nicht alle Handschriften aufgrund solcher einfachen und
einleuchtenden Beispiele wie dem soeben dargestellten eingeordnet
werden. Wie schon gesagt, sind viele Argumente, die üblicherweise
zur Unterscheidung zwischen primär und sekundär dienen, im Fall von
apokrypher Literatur nicht brauchbar. Der Stil des Autors liefert keine
Argumente, denn der Autor ist hinter den verschiedenen Rezensionen
ungreifbar geworden; und das "Gesetz" des literarischen Wachstums
gilt nicht, denn es wird in jeder Handschrift sowohl ausgedehnt als
auch gekürzt.

Ich ziehe als Beispiel für das zuletzt genannte Phänomen die Unterschiede zwischen den zwei Hauptgruppen der handschriftlichen Überlieferung des *Lebens Adams und Evas* heran. Diese zwei Hauptgruppen

---

[33] Dieser Fehler scheint mir völlig ausreichend für eine eindeutige Entscheidung zu
sein. Nach den Kriterien Salemans wäre er allerdings nicht gültig, weil Salemans nur
solche Fehler als Leitfehler anerkennt, die dem Kontext gut passen ("Cladistics", 6–7),
und er unsinnige Lesarten ausschließt (30). Salemans will zurecht verhindern, daß
Lesarten, die von Abschreibern korrigiert werden können, als Leitlesarten behandelt
werden. Der von mir angeführte Fehler zeigt aber, daß Salemans' Regel hier über das
Ziel hinausschießt, denn man kann keinem Abschreiber zutrauen, den Unsinn τελεις
μονος in ἀνελεημόνως zu ändern, was dann zufällig mit der primären Lesart
übereinstimmen würde. Das Kriterium der Irreversibilität reicht aus.

werden nach dem herrschenden Konsens hauptsächlich von den Handschriften mit den Siglen DSV beziehungsweise ATLC vertreten.

In 13:3 wird berichtet, daß der Erzengel Michael auf die Bitte Seths um Lebensöl, mit dem die Krankheit des 930-jährigen Adams geheilt werden könnte, antwortet: "Das wirst du jetzt nicht bekommen." Nach den Manuskripten DSV kehrt Seth, zusammen mit Eva, mit dieser verdrießlichen Botschaft zu dem sterbenden Adam zurück. In ATLC dagegen lautet die Antwort vollständiger: "Das wirst du jetzt nicht bekommen, sondern am letzten der Tagen. Dann wird jedes Fleisch, das bis an jenem großen Tag von Adam herrühren wird, wieder auferstehen," (und noch etwas mehr). Die Verweigerung des Lebensöls ist in dieser Version mit dem tröstlichen Aussage verknüpft, daß diese Gabe für die eschatologische Zukunft verheißen wird; die längere Version nimmt damit das in 28:4 abermals Versprochene vorweg.

Welche Fassung ist nun primär? Die vorläufige Verweigerung oder das harte, absolute Urteil? Im Normalfall müßte die Antwort doch wohl lauten: Die ATLC-Version, also die längere Antwort, ist sowohl milder als auch länger. Die kurze Verweigerung ist also *durior* und *brevior* und daher *potior*. Es wäre daher wahrscheinlicher, daß ein Abschreiber den Trost, auf 28:4 vorausblickend, hinzugefügt hat, als daß ein Abschreiber die gute Nachricht Gottes gekürzt und damit in ein hartes, erbarmungsloses Urteil geändert hätte.

Doch läßt sich auch die Annahme einer sekundären Kürzung in DSV begründen: Die DSV-Gruppe hat auch an zahlreichen anderen Stellen die Tendenz, Sätze auszulassen, und die Auslassung 13:3 zerstört die strukturelle Übereinstimmung von 13:3 mit 28:4, wo das Versprechen der eschatologischen Unsterblichkeit ebenfalls (in 28:3) von einem "nicht-jetzt"-Satz eingeführt wird.[34]

Die Faustregel *lectio brevior potior* gründet sich auf die Vorstellung, daß Kopisten einen Text mit peinlicher Präzision abzuschreiben pflegten, mit der Absicht, den genauen Wortlaut für spätere Generationen vor Verlust zu behüten—manchmal haben sie vielleicht etwas hinzugefügt, das ihnen ebenfalls wichtig zu sein schien, aber vorsätzlich etwas fortzulassen wäre doch wohl ausgeschlossen.[35] Wie aber schon gesagt: diese Vorstellung trifft im Fall der apokryphen Literatur und ihrer freien, dynamischen handschriftlichen Über-

[34] M.E. Stone, "The Angelic Prediction in the Primary Adam Books", in G.A. Anderson et al., *Literature on Adam and Eve: Collected Essays* (SVTP 15, Leiden: Brill, 2000), 111–31, 128–30.

[35] Vgl. Parker, *The Living Text*, 40.

lieferung keineswegs zu. Ob also eine Geschichte mit bestimmten Sätzen besser oder eleganter oder logischer sei oder dies gerade ohne sie ist, dies ist damit auf eine Frage des persönlichen Geschmacks des modernen Auslegers reduziert. Das aber sollte doch so weit wie möglich vermieden werden.

Sehr viele Stellen im *Leben Adams und Evas* haben die bisherige Diskussion über die Priorität der Gruppen DSV bzw. ATLC vor vergleichbare Dilemmata gestellt. Die Ursache des hier häufig zu beobachtenden Patts liegt m. E. in der Vernachlässigung der Regel, daß nur Fehler Hinweise für die genealogische Zusammengehörigkeit von Handschriften sein können. Im Fall des vorliegenden Gegensatzes hat man bisweilen die Handschriften D, S und V zusammengestellt, weil sie alle die sog. "kurze" Textform bieten, und die Handschriften A, T, L und C, weil sie eine "längere" Textform bezeugen. Auf diese Weise wird es aber *per definitionem* mißlingen, jemals nachzuweisen, daß eine der beiden Gruppen gegenüber der anderen Priorität besitzt.

Ein direkter genealogischer Zusammenhang von Handschriften kann nur aufgrund von signifikanten, vorzugsweise unabsichtlichen *Fehlern* nachgewiesen werden. Im Vergleich zweier Textformen kann nur eine älter sein und nur eine jünger. Nur wenn eine Lesart, sei es die kürzere oder die längere, mit Sicherheit als sekundär zu betrachten ist, kann man zu dem Schluß gelangen, daß die Manuskripte, die sie enthalten, genealogisch enger miteinander als mit anderen Manuskripten zusammenhängen. Wenn man also zeigen könnte, daß die kürzere Textform primär ist, dann könnte man folgern, daß ATLC, also die längeren Handschriften, eine zusammenhängende Gruppe darstellen, weil sie alle denselben sekundären Zusatz enthalten. Man könnte dann aber nicht den Schluß ziehen, daß auch DSV zusammengehören, weil ihre Lesart die primäre ist, und nicht eine sekundäre Kürzung. Und *vice versa*.

Ob nun die kürzere oder die längere Textform primär ist, kann im apokryphen Schrifttum, wie ich erklärt habe, nicht unter Zuhilfenahme der üblichen Faustregeln entschieden werden. Das Dilemma wird deshalb für immer unentschieden bleiben, solange die gegenseitigen genealogischen Verhältnisse der Handschriften nicht genauer geklärt sind. Zur Klärung dieser Verhältnisse sollte gerade keine Rücksicht auf die Textformen genommen werden, denn sie sind eben das Problem, das es zu lösen gilt.

Auf Grund dieses harten Kriteriums läßt sich folgendes feststellen: Die Handschriften ATLC können als eine Gruppe bezeichnet werden, weil sie in 21:1 einen gemeinsamen Fehler aufweisen, was nur durch die Annahme eines gemeinsamen Vorfahres erklärt werden kann. Im *Leben Adams und Evas* wird ziemlich oft gerufen, und zwar "mit lauter Stimme". In 21:1 aber wird einmal "an dieser Stunde" gerufen: αὐτῇ τῇ ὥρᾳ. Die Handschriften der ATLC-Gruppe bieten auch hier die Lesart: φωνῇ μεγάλῃ, "mit lauter Stimme". Der Abschreiber des Textes, den ATLC bezeugen, muß hier in den gewöhnlichen Ausdruck zurückgefallen sein.

Es ist ebenfalls wahrscheinlich, daß D und S einen gemeinsamen Vorfahren haben. In 17:1 wird erzählt, daß der Satan Eva erschien ἐν εἴδει ἀγγέλου, "in der Gestalt eines Engels". Sowohl in D als in S ist das Wort ἀγγέλου ohne nachweisbaren Grund und augenscheinlich einfach aus Versehen ausgefallen.[36]

Die Texte dieser DS-Gruppe einerseits und der Handschrift V andererseits sind beinahe identisch, abgesehen davon, daß in V ziemlich viel ausgelassen worden ist. Um aber behaupten zu können, daß DS und V zusammen auf einen Vorfahren zurückgehen, müßte gezeigt werden, daß die DS-Gruppe und die Handschrift V einen gemeinsamen Fehler aufweisen. Ein sicheres oder auch nur wahrscheinliches Beispiel hierfür habe ich jedoch nicht gefunden.[37]

Die Frage spitzt sich also darauf zu, ob es Unterschiede gibt zwischen DS und V, die erklärbar sind, wenn V und ATLC einen gemeinsamen Vorfahren hätten—das würde die Priorität der kürzeren Textform beweisen. Ich habe seit Jahren viele Stunden mit dieser Suche verbracht, aber auch hierfür hat sich kein Hinweis, wie schwach auch immer, ergeben. Die Handschrift V enthält viele Fehler, aber keinen, der auf einen mit entweder DS oder ATLC gemeinsamen Vorfahren hindeutet.

Das aber führt zu dem unumgänglichen Schluß, daß die Handschrift V sich zu den Gruppen DS und ATLC als ein von beiden unabhängiger Zeuge verhält, und daß diese drei letztlich je eine Kopie des Archetypus vertreten. Die handschriftliche Überlieferung besteht

---

[36] Vgl. noch ἔγνω (aus 𝔊 Gen 4,1) 1:2 DS, mit der richtigen Lesart ἔλαβεν (παρ-V) NIJK H EFWX QZ C ATL R; λαβών M; *om.* B.

[37] Ich rede der Kürze halber nur von der Handschrift V, möchte aber nicht den Eindruck erwecken, daß die übrigen, hier nicht genannten Handschriften wertlos wären. Ich glaube, daß es wahrscheinlich gemacht werden kann, daß V direkt mit B zusammenhängt und daß diese zwei wiederum mit dem gemeinsamen Vorfahren der ganzen Gruppe KPG NIJK H EFWX QZ. Wo in diesem Beitrag von der Handschrift V die Rede ist, kann man sie auch durch die ganze Gruppe ersetzen. Die hervorstechende Eigenart der Handschrift V ist übrigens noch immer die der erheblichen Kürzungen. Ähnliches gilt für die direkte Zusammengehörigkeit von ATLC und RM.

also aus drei unabhängigen Zweigen, die drei besondere Abschriften des archetypischen Manuskriptes repräsentieren.

Ich erwähne nochmals, daß die Voraussetzung der Textkritik die ist, daß, wenn zwei Leute je eine Abschrift einer Vorlage machen, sie beide Fehler machen werden, aber nicht dieselben Fehler. Selbst wenn sie an derselben Stelle einen Fehler begehen würden, wäre das Resultat im Normalfall noch immer verschieden. Wenn drei Leute je eine Abschrift einer Vorlage machen, werden sie alle Fehler machen, aber wiederum nicht dieselben, ja, zwei von ihnen werden nicht denselben Fehler gegenüber dem dritten machen.[38] Dies scheint genau der Fall in der handschriftlichen Tradition des *Lebens Adams und Evas* zu sein: in jedem Zweig werden Fehler gemacht, manchmal werden in allen Zweigen an derselben Stelle Fehler gemacht, aber nie dieselben. Oft stehen zwei identische Lesarten einer anderen gegenüber; in solchen Fällen ist der Schluß sicher, daß die eine der beiden sekundär ist.

Die Entdeckung des dreizweigigen Charakters der handschriftlichen Überlieferung des griechischen *Lebens Adams und Evas* wird es möglich machen, den Archetypus dieser Schrift zu rekonstruieren und damit den Ausgangspunkt für eine plausible Textgeschichte dieser Schrift zu fixieren. Hinsichtlich der armenisch-georgischen und lateinischen Versionen wird man in ganz gleicher Weise vorgehen müssen, um vergleichbar zuverlässige Resultate zu erreichen. Erst dann wird es möglich sein, die am Anfang gestellte Frage nach dem Verhältnis des lateinischen zum griechischen *Leben Adams und Evas* zu beantworten.

---

[38] Maas, *Textkritik*, 7.

Textual Criticism of Late Rabbinic Midrashim: The Example of *Aggadat Bereshit*

Lieve Teugels

This paper deals with textual criticism of late rabbinic literature, especially Midrashim.[1] In the first part of my paper I give an overview of the *status quaestionis* of textual criticism of early and late rabbinic literature. The second part deals with one of the late Midrashim, *Aggadat Bereshit*.[2] After a short introduction to this relatively unknown work and its textual witnesses, I will compare selected passages in several manuscripts in comparison with the *editio princeps*. Two important, related, questions surface throughout the paper: a) to what extent is classical textual criticism applicable to *Aggadat Bereshit* and similar works?, and b) what kind of critical edition would best suit *Aggadat Bereshit*?

[1] For a general introduction to rabbinic literature, including midrash and a discussion of the various rabbinic works mentioned in this paper, I refer to G. Stemberger, *Introduction to the Talmud and Midrash* (2nd English ed.; Edinburgh: T&T Clark, 1996). "Midrash" is the generic name for rabbinic commentary on the Tanakh. "A" Midrash is a specific work of "midrash." Different chronological divisions are applied to rabbinic literature. In this paper I distinguish between "early" (200–400 CE: the *Mishna*, *Tosefta* and so-called tannaitic Midrashim: *Sifra*, *Sifre*, *Mekhilta*), "classical" (400–500 CE: the two *Talmudim*, and Midrashim such as *Genesis Rabbah*, *Lamentations Rabbah* (or *Rabbati*) and *Leviticus Rabbah*), and "late" rabbinic literature (500–1000 CE). These dates are approximate. The "later of the late" rabbinic works are also called "medieval" rabbinic works. Examples of Midrashim in that category are the *Tanchuma Midrashim* and *Aggadat Bereshit*.

[2] See my annotated English translation of this text: L.M. Teugels, *Aggadat Bereshit: Translated from the Hebrew with an Introduction and Annotations* (JCPS 4; Leiden: Brill, 2001).

Textual Criticism of early and later rabbinic works: the status quaestionis

The beginnings

Textual criticism of rabbinic literature started, as all academic study of Jewish texts, in the nineteenth century with the *Wissenschaft des Judentums*.[3] As was the case with most aspects of Jewish Studies, the pioneers of rabbinic textual criticism were influenced by the achievements of classical (i.e. ancient Greek and Latin) scholarship.[4] Several scholars devoted to the *Wissenschaft* engaged in the publication of critical editions of rabbinic works. The best-known edition of a classical Midrash published in the wake of this movement is Julius Theodor's *Bereshit Rabbah*, finished by Chanokh Albeck.[5] The editions of later and smaller Midrashim by A. Jellinek,[6] followed by Solomon Buber appeared already earlier. Buber, who was highly regarded for this in his days, published a number of editions of mostly late rabbinic Midrashim around the turn of the century, such as his *Midrash Tanchuma*, the Midrashim on Proverbs, Psalms and Lamentations, and *Aggadat Bereshit*.[7] With all respect for his formidable achievements in a time without microfilms, photocopies and e-mail, the critical value of his editions is today, however, not uncontested.

Diplomatic versus eclectic editions

The production of critical editions of rabbinic works was dominated from its inception by the question as to what kind of editions would best suit this literature: so-called diplomatic or eclectic editions. A diplomatic edition *strictu senso* publishes one text, usually a manuscript,

---

[3] See e.g. B. Dinur, "Wissenschaft des Judentums" in *Encyclopaedia Judaica* XVI (ed. C. Roth and G. Wigoder; Jerusalem: Keter Publishing House Ltd, 1971–1972), col. 570–84.

[4] For an overview of textual criticism, with bibliography, see e.g. E. J. Kenney, "Textual Criticism" in *Encyclopaedia Brittanica* (15th ed.; Chicago, 1987) Macropaedia, 20: 676–85.

[5] J. Theodor and Ch. Albeck, eds., *Bereshit Rabba mit kritischem Apparat und Kommentar* (3 vols.; Jerusalem: Wahrmann, 1965; reprint of Berlin, 1912–1936).

[6] A. Jellinek, *Bet ha-Midrasch: Sammlung kleiner Midrashim und vermischter Abhandlungen aus der älteren jüdischen Literatur* (6 vols.; Leipzig, 1853–1857).

[7] S. Buber, ed., *Midrash Tanchuma* (2 vols.; Vilna: Romm, 1885); Idem, *Midrash Tehilim* (Vilna: Romm, 1891); Idem, *Midrash Mishle* (Vilna: Romm, 1893); Idem, *Midrash Ekha Rabbati: Sammlung agadischer Auslegungen der Klagelieder* (Vilna: Romm, 1899); Idem, *Aggadat Bereshit* (Krakow: Josef Fischer, 1902).

entirely as it is, including scribal mistakes. Emendations can be given in the apparatus. An eclectic edition of a rabbinic text is in fact the creation of the editor who, on the basis of different witnesses, presents what he thinks the "correct" text should have been. An example of an eclectic edition is Louis Finkelstein's edition of *Sifre*.[8] The quality of an eclectic edition highly depends on the skills of the editor to emend texts and be able to reconstruct the language and style that is used in the text. Finkelstein undoubtedly had this skill. More than 40 years later, probably partly as a result of changing ideas—his own and in general—about the merits of eclectic editions, Finkelstein published a diplomatic edition of the *Sifra*, with an entire volume dedicated to variants from other textual witnesses.[9]

A different case is Lieberman's edition of the *Tosefta*: the first volumes that he published were very diplomatic, whereas in the later volumes he emends much more, probably realizing that it does not make sense to publish obviously flawed texts.[10] Most current critical editions of rabbinic works are "adapted" diplomatic editions, that is, they are based on one manuscript, and emend this base text sparingly, rather giving variants from other manuscripts in the notes. Examples are Theodor and Albeck's *Bereshit Rabba* and, more recent, Avigdor Shinan's edition of the first part of *Shemot Rabba*.[11]

Textual criticism and rabbinic literature

The traditional paradigms of textual criticism of classical and biblical literature do not apply to most rabbinic works.[12] First, textual criticism

---

[8] L. Finkelstein, *Siphre ad Deuteronomium* (Berlin: Jüdischer Kulturbund, 1939; repr. New York, 1969).

[9] L. Finkelstein, *Sifra on Leviticus according to Vatican Ms Assemani 66* (Hebr.) (5 vols.; New York: The Jewish Theological Seminary of America, 1983–1991). The variants are in vol. 3.

[10] S. Lieberman, *The Tosefta* (New York: The Jewish Theological Seminary of America, 1955–1988). He treats the tractate *Sota* in yet another way, presenting it partly synoptically (see further).

[11] See note 5 and A. Shinan, *Midrash Shemot Rabbah, Chapters I–XIV: A Critical Edition Based on a Jerusalem Manuscript, with Variants, Commentary and Introduction* (Tel Aviv: Dvir Publishing House, 1984).

[12] Cf. Ph. S. Alexander, "Textual Criticism and Rabbinic Literature: the Case of the Targum of Song of Songs," in Ph. S. Alexander and A. Samely, *Artefact and Text: The Re-Creation of Jewish Literature in Medieval Hebrew Manuscripts* (BJRL 75/3, Manchester: John Rylands University Library of Manchester, 1993), 159–73, esp. 161; M. Beit-Arié, "Transmission of Texts by Scribes and Copyists: Unconscious and Critical Inferences," in the same volume, 33–51, esp. 51.

works best on authored works. Second, in textual criticism as it is usually conceived, different sorts of (mechanical) errors are used to determine the relation between the witnesses and consequently to make a stemma that should eventually lead to the reconstruction of a text as close as possible to the original.[13] Both conditions are very questionable as to many rabbinic texts.

As to the first point, almost all rabbinic works are collective enterprises, accumulations of traditional materials, compiled, arranged and edited by subsequent authors-editors. As to the second, the co-existence of oral and written tradition in rabbinic literature opposes the idea of an "original text,"[14] that is, where it regards early and classical rabbinic works.[15] Describing the oral-cultural context of Galilean Torah scholarship in the second up to the fifth century, Martin Jaffee states the fact that the transition from oral to written textual transmission was not such a major breach as it is often thought to be.[16] Whereas writing down rabbinic traditions was, at least from the third century CE on, more common than the term "oral Torah" might show,[17] the written transmission retained the flexibility of oral transmission. Written texts were not so much publications as ancillaries for study[18] and public

---

[13] About stemmatology, applied to classical literature, see P. Maas, *Textual Criticism* (Oxford: Clarendon Press, 1958).

[14] See Stemberger, *Introduction*, 41–42 about the consequences of the co-existence of oral and written tradition for textual criticism.

[15] Cf. note 1.

[16] M. Jaffee, "The Oral-Cultural Context of the Talmud Yerushalmi: Greco-Roman Rhetorical Paideia, Discipleship and the Concept of Oral Torah" in *The Talmud Yerushalmi and Greco-Roman Culture* I (ed. P. Schäfer; TSAJ 71; Tübingen: Mohr Siebeck, 1998). See also M. Jaffee, *Torah in the Mouth: Writing and Oral Tradition in Palestinian Judaism 200 BCE–400 CE* (New York: Oxford University Press, 2000). See further on the interaction of oral and written transmission of Jewish texts, the collection edited by Y. Elman and I. Gershoni, *Transmitting Jewish Traditions: Orality, Textuality, and Cultural Diffusion* (New Haven: Yale University Press, 2000). This collection is arranged chronologically. It contains a reprint of the previously mentioned article by Jaffee (27–73), a study of Beit-Arié about the Jewish Middle Ages: "Publication and Reproduction of Literary Texts in Medieval Jewish Civilisation: Jewish Scribality and Its Impact on Texts Transmitted," (225–47: this is an updated version of his article that is mentioned in note 12); and the study by Paul Mandel about the intermediate period that is mentioned in note 20.

[17] As the oldest manuscripts of rabbinic texts date from the ninth century, there are no hard proofs for written transmission before that time. The practice of writing down rabbinic tradition from its inception (even BCE) is, however, assumed by many scholars. Cf. Jaffee, *Torah in the Mouth*, 5, 124 and passim. About Oral and Written tradition in rabbinic Judaism, see also Stemberger, *Introduction*, 31–44.

[18] In a personal, oral, Sage-student relationship.

performance. Conversely, oral traditions were reshaped each time they were written down.

Also after, say, the fifth century, when entire rabbinic works must have been known in a more or less fixed, written form, the reproduction of some rabbinic works retained a flexibility that reminds of oral transmission. Depending on the time and character of the work, different solutions for this phenomenon have been offered. Some works that were already fixed in writing seem to have undergone changes due to further oral transmission, especially in Babylonia where learning remained mainly an oral enterprise.[19] This may have been the cause of the development of various versions in manuscripts of the same work.[20] Others, especially very late rabbinic works (after the ninth century) may have been transmitted exclusively in written form but were still treated by learned scribes as traditions that could be freely adapted.[21]

Classical and biblical textual criticism is based on the assumption that a copyist, despite some "peculiar errors,"[22] had as a basic goal that he wanted to transmit the same text. It is not assumed that a transmitter, copyist or editor wanted to gloss extensively, correct, emend, reshuffle, or even entirely rewrite (parts of) a text.[23] This is, however, exactly what happened on a large scale with rabbinic texts up to and including the Middle Ages. All this results in an entirely different picture of textual transmission than that which classical and biblical scholars are accustomed to. In this volume that mainly deals with biblical textual criticism it might be an eye-opener to quote the words of Jaffee that "the relative 'fixity' of written texts in comparison to their oral versions is often overstated, as if the canonical orthography of many

---

[19] Cf. Stemberger, *Introduction*, 43.

[20] See P. Mandel, "Between Byzantium and Islam. The Transmission of a Jewish Book in the Byzantine and Early Islamic Periods," in Elman and Gershoni, *Transmitting Jewish Traditions*, 74–106. Mandel makes an interesting comparison between the transmission of Islamic texts in the early Islamic period and that of Jewish texts in Babylonia: both co-existing groups worked with written texts that were distributed mainly orally. In Jewish Palestine, to the contrary, study practices resembled the Byzantine Christian way of study that relied heavily on written transmission. As an example Mandel treats the two versions/recensions of *Lamentations Rabbati*: these two versions originated when the work was brought from Palestina, were it was edited in one form, to Babylonia, were it underwent "secondary" oral transmission (esp. 93).

[21] Textual transmission of Jewish texts in the high Middle Ages will be treated further in this article.

[22] Cf. Maas, *Textual Criticism*, 4 and passim.

[23] Exceptions such as Christian interpolations in classical texts notwithstanding.

Scriptural texts exhausted all possible models of writing."[24] Besides these factors that are inherent to rabbinic literature, there is also an external factor that complicates textual criticism of rabbinic literature: Whole families of European manuscripts have been lost as a result of the Inquisition, which makes it impossible to make stemmas of many rabbinic works.

The debate between Schäfer and Milikowsky

The most oft-quoted discussion about the value of textual criticism for rabbinic literature, is that between Peter Schäfer and Chaim Milikowsky in the *Journal of Jewish Studies* of 1986–1989.[25] To make the complicated discussion (too) simple: Schäfer argued that terms such as "text," "work" and "redaction" are very uncertain categories when used for rabbinic literature. The textual tradition of many rabbinic works is very fluid and each manuscript version of the text should be valued and studied on its own; something that is usually not achieved in the common critical editions. Rather than focusing eagerly on reconstructing the *Urtext*, textual criticism should focus on the history of the texts and their reception. "Only when this step (i.e. description of the dynamic manuscript tradition) has been taken shall we possibly also be able to make more reliable statements about individual works of rabbinic literature and their boundaries."[26] While the latter statement must sound reasonable to most scholars, in that it admits the possibility of "individual works," his statement about the *Urtext* ("which in most cases has never existed"),[27] inevitably called for reaction. This reaction

---

[24] Jaffee, "The Oral-Cultural Context," 28.

[25] P. Schäfer, "Research into Rabbinic Literature: An Attempt to Define the Status Questionis," *JJS* 37 (1986): 139–52; Ch. Milikowsky, "The Status Quaestionis of Research in Rabbinic Literature," *JJS* 39 (1988): 201–11; P. Schäfer, "Once Again the Status Quaestionis of Research in Rabbinic Literature: An Answer to Chaim Milikowsky," *JJS* 40 (1989): 89–94. The discussion focuses on the second half of Schäfer's first paper (145–52). Recently, Milikowsky published a book review of Rivka Ulmer's synoptic edition of *Pesikta Rabbati* (see note 36), in which he reconfirms his ideas on the matter. Cf. Ch. Milikowsky, "Further on Editing Rabbinic Texts," *JQR* 90 (1999): 137–49. In a personal communication he told me that another article of his, in Hebrew, on the same subject is about to appear in a volume in memory of Tirzah Lifshutz.

[26] Schäfer, "Research," 151.

[27] Schäfer, "Research," 152. Milikowsky derived from this statement that Schäfer "seems to be convinced that there is no single 'work' (. . .)," but this contradicts the afore-mentioned statement of Schäfer that we shall "possibly also be able to make more reliable statements about individual works of rabbinic literature and their boundaries."

came in the form of an answer by Milikowsky who thought that most of Schäfer's ideas in the aforementioned article were exaggerated: Not all recensional variations mean different redactions, let alone altogether different works. Moreover, Milikowsky states, it is not because an original text cannot be reconstructed as yet that it never existed.[28] But Schäfer meant exactly that, as he repeated in his subsequent answer to Milikowsky: "the category *Urtext* cannot be applied to rabbinic literature. That this is the case arises from the latter's nature. This does not mean that rabbinic texts did not exist in space and time as definable entities, but rather that no single redactional version of a text is the source of all other redactional versions of the same text."[29]

Copying rabbinic texts in the Middle Ages[30]

In a study about the transmission of texts by scribes in the high Middle Ages, Malachi Beit-Arié takes an even more extreme stance on the impossibility of classical textual criticism of rabbinic literature.[31] As an expert in medieval manuscripts, he mentions two important characteristics of medieval copying procedures. First, it was common practice to copy (parts of) texts at different stages of their production: copies were distributed before the entire work was finished. And after the work was finished, the authors, or others, continued to add to it and make corrections, as would nowadays be done in a "second revised edition"; only, at that time, it was not called so. Second, there is the difference between Jewish and Christian scribal practice in the Middle Ages: in contrast to the institutional copying of Latin texts in monasteries, universities and ateliers, Jewish scribes often copied texts for their own personal use, thus exercising considerable editorial freedom in reproducing text. Most manuscripts of the classics survive in medieval copies produced in monasteries; while rabbinic texts, even

This is only one example that indicates that much of this discussion is about the exact meaning of words ("work," "recension," "redaction" etc.).

[28] Milikowsky, "The Status Quaestionis," 204 and note 12.

[29] Schäfer, "Once again," 90.

[30] This topic is treated in the various essays in the collection of conference papers edited by Alexander and Samely, *Artefact and Text: The Re-Creation of Jewish Literature in Medieval Hebrew Manuscripts* (see note 12). See, apart from the articles by Alexander and Beit-Arié that were already mentioned, especially the Introduction and the paper of I. Ta-Shma, "The 'Open' Book in Medieval Hebrew Literature: The Problem of Authorized Editions," 17–24. Several of the studies in Elman and Gershoni, *Transmitting Jewish Traditions*, also deal with the medieval period, such as a later version of the study of Beit-Arié (see note 16).

[31] M. Beit-Arié, "Transmission."

if originating earlier, all but survive in medieval manuscripts produced in Jewish circles. Beit-Arié writes that "most of our Hebrew manuscripts present texts not only corrupted by the accumulation of involuntary copying errors, but also distorted by editorial or even redactional reconstruction, by contamination from different exemplars and versions, and by the deliberate integration of related texts." This brought him to the conclusion that we must "refrain from establishing authentic texts, or even critical editions, and rather resort to the safe synoptic presentation of the transmitted texts, while proposing our critical analysis and reconstruction in the form of notes."[32]

Alternative editions

The concrete offshoot of such ideas about the incongruity of most rabbinic works with the pattern of the classical critical edition, and the alternative to it, are the synoptic editions of rabbinic and other Hebrew works by several scholars. Peter Schäfer made such editions of the Palestinian Talmud and the *Hekhalot* literature.[33] The first is a classical rabbinic work and the second is a collection of works that may have ancient roots but that are generally not reckoned to rabbinic literature.[34] Other examples of synoptic editions of classical rabbinic texts are Solomon Schechter's edition of the two versions of *Avot de Rabbi Nathan*, which already dates from the nineteenth century, Lieberman's edition of the tractate *Sota* in his edition of the *Tosefta*, and Abraham Goldberg's critical commentaries to tractates Shabbath and Eruvin of the *Mishna*.[35] As to later rabbinic texts, Rivka Ulmer's

---

[32] Beit-Arié, "Transmission," 50–51.

[33] P. Schäfer and H.J. Becker, eds., *Synopse zum Talmud Yerushalmi* (Tübingen: Mohr, 1991–. . .); P. Schäfer, ed., *Synopse zur Hekhalot-Literatur* (TSAJ 2; Tübingen: Mohr, 1981).

[34] See Stemberger, *Introduction*, 346–47; Schäfer, "Research," 149. See also Milikowsky, "The Status Quaestionis," 202, who, correctly, notes that no conclusions about rabbinic literature can be based on the example of the Hekhalot texts, because of the difference between the two corpora.

[35] S. Schechter, *Aboth de Rabbi Nathan: Edited from Manuscripts with an Introduction, Notes and Appendices* (Vienna: Ch.D. Lippe, 1887, corr. repr. Hildesheim 1979); Lieberman, *The Tosefta*. Tractate *Sota* is in volume 3: *Nashim*, 151–244; A. Goldberg, *Commentary to the Mishna: Shabbat* (Jerusalem, 1976); Idem, *The Mishna Treatise Eruvin* (Jerusalem: The Magnes Press, 1986). See also S. Friedman, *Talmud Arukh: BT Bava Metsia VI. Critical Edition with Comprehensive Commentary* (2 vols.; Jerusalem, 1990 [commentary] and New York: The Jewish Theological Seminary, 1996 [text]), which, besides a diplomatic edition of one Ms., also gives a line-under-line synoptic presentation of all the Mss.

edition of *Pesikta Rabbati* should be mentioned.[36] But, as Lewis Barth found out while working on *Pirke de Rabbi Eliezer*, printed synoptic editions have their limits: they are not suitable for texts with a large amount of variants in many manuscripts.[37] A solution to this problem, offering more possibilities than any form of printed edition, are his and the other electronic editions that are being prepared for various works.[38] Despite their practical value, scholars such as Chaim Milikowsky and Philip Alexander think that synoptic editions, and even "critical" editions that are based on only one manuscript or family of manuscripts, merely present the material in a convenient way for other scholars to do the real critical job, but are not themselves critical editions.[39]

[36] R. Ulmer, *Pesikta Rabbati: A Synoptic Edition of Pesikta Rabbati based upon all extant Manuscripts and the Editio Princeps* (2 vols.; Atlanta, GA: Scholars Press, 1997–1999). See also the various publications about individual chapters of Pesikta Rabbati in the Frankfurter Judaistische Studien, among which, by the same author: B.A.A. Kern, "Tröstet, tröstet mein Volk! Zwei rabbinische Homilien zu Jesaja 40,1 (PesR 30 und PesR 29/30)" (Frankfurter Judaische Studien 7; Frankfurt am Main: Selbstverlag der Gesellschaft zur Förderung Judaistischer Studien, 1986), 69–73, and B. Kern-Ulmer, "Some Redactional Problems in Pesiqta Rabbati," in *The Annual of Rabbinic Judaism* 1 (ed. A.J. Avery-Peck et al.; Leiden: Brill, 1998), 71–81.

[37] Cf. L.M. Barth, "Is Every Medieval Hebrew Manuscript a New Composition? The Case of *Pirke Rabbi Eliezer*," in *Agendas for the Study of Midrash in the Twenty-first Century* (ed. M.-L. Raphael; The College of William and Mary, Williamsburg (Virginia), 1999), 43–62, esp. 45–46.

[38] Besides Barth's article mentioned in the previous note, see his web-site www.usc.edu/dept/huc-la/pre-project. About the electronic databases of the Saul Lieberman Institute for Talmudic Research, especially the computerized bank of the text of the Babylonian Talmud, see S. Friedman, "New Bibliographical and Textual Tools for Talmudic Research," *Proceedings of the Ninth World Congress of Jewish Studies* (Jerusalem: The World Union of Jewish Studies, 1988), Division C: Jewish Thought and Literature, 31–37.

[39] Alexander, "Textual Criticism and Rabbinic Literature," 165 and passim, in particular about R.H. Melamed's edition of the Targum to Canticles in the *JQR* NS 10 (1920); 11 (1921) and 12 (1922); Milikowky, "Further on Editing Rabbinic Texts," passim.

The Tanchuma Midrashim[40]

Even the most critical scholars admit that there may be works that cannot be molded into critical editions as they are commonly understood without wronging the diversity of the textual witnesses.[41] Milikowsky mentions *Midrash Tanchuma* as an example of a late-rabbinic work that was rewritten by every scribe and re-edited by every medieval scholar, who did not see it as a closed book.[42] He writes that "it would be wrong-headed to search for the original *Midrash Tanchuma.*" He hereby implicitly criticized Solomon Buber who called his edition of the *Tanchuma*, later called *Tanchuma Buber*, the "early and old" (i.e. original) *Tanchuma*;[43] and several other scholars who thought that they had identified the original *Tanchuma* in some manuscript. Since Buber's publication, *Tanchuma Buber* and the "ordinary" *Tanchuma* are now considered to be two different recensions of *Midrash Tanchuma*.[44] However, not all questions around *Midrash Tanchuma* are settled as yet. Apart from the two recensions of the work mentioned so far, there are other works, some extant and some not extant, that seem to be related to this work and that are usually collectively called the "Tanchuma Midrashim." The extant

[40] About the collections called "Tanchuma Midrashim," see Stemberger, *Introduction*, 302–11. These Midrashim are usually dated around the ninth century.

[41] Alexander, "Textual Criticism and Rabbinic Literature," 163: "In some rabbinic texts the attempt to recover a lost original may indeed be futile, or misconceived, but it would be wrong to assume from the outset that this is always the case." Ch. Milikowsky gives the example of *Ekha Rabbah* (or *Rabbati*) that exists in two versions. Because of the extensive differences, he states that "no one would claim that they are the same work (...) There are simply two entities known as *Ekha Rabba*, which had a complex joint history to a certain point" ("The Status Quaestionis," 203 note 7). Paul Mandel, however, writing about *Ekha Rabbati*, and agreeing with Milikowsky about the "complex joint history" of the two versions, claims that the two versions "constitute exactly the same work (. . .) the forests are identical but the trees differ by varying amounts" ("Between Byzantium and Islam," 80). Again, the question rises as to the use of the terms "work" and "recension" (cf. note 27). Mandel explains the differences between the two versions by the fluid, partly oral, transmission of the work (cf. note 20).

[42] Milikowsky, "The Status Quaestionis," 210.

[43] See on the title page of his *Midrash Tanchuma*.

[44] See e.g. Stemberger, *Introduction*, 303. The two recensions only differ substantially for the books of Genesis and Exodus. The ordinary Midrash Tanchuma is often called "the printed" Tanchuma, sometimes "standard edition." There is no critical edition of the whole standard edition. A critical edition of two *parashiot* has been made as a *JTSA* dissertation by Alan D. Kensky, *A Critical Edition of Midrash Tanchuma Shmot (standard edition) through Beshallach, Based on Manuscripts and Early Editions with an Introduction and Commentary* (New York, 1990).

works that are usually reckoned to this category are: the ordinary *Midrash Tanḥuma, Tanḥuma Buber, Deuteronomy Rabbah,* parts of *Exodus Rabbah* and *Numbers Rabbah,* and *Pesiqta Rabbati* (not all scholars include the latter work). The non-extant or only partially extant works are "Tanchuma" or "Yelamdenu"[45] fragments published by various authors.[46] The few scholars that have written about *Aggadat Bereshit,* including Buber, agree that this work is related to the "Tanchuma Midrashim," whatever that may imply precisely.[47] Therefore, it seems likely that *Aggadat Bereshit* should be approached in the context of the Tanchuma Midrashim, even though I would think that *Aggadat Bereshit* was from the start designed as an individual work (see the Conclusions to this paper).[48]

Conclusions

When tackling questions of textual criticism and critical editions, each rabbinic work should be considered on its own. In general, the ideals of classical and biblical textual criticism need some adaptation when applied to rabbinic texts. Sometimes alternative forms of editions might

---

[45] This name is taken from the halakhic introduction "Yelamdenu rabbenu" that appear in these works. See Stemberger, *Introduction,* 304 and, more extensively, F. Böhl, *Aufbau und literarische Formen des aggadischen Teils im Jelamdenu-Midrasch* (Wiesbaden: Steiner, 1977).

[46] A. Neubauer, "Le Midrasch Tanhuma et Extraits du Yelamdenu et de Petits Midrashim," *REJ* 13 (1886): 224–38; 14 (1887): 92–114; L. Grünhut, *Sefer ha-Likkutim: Sammlung älteren Midrashim und wissenschaftlicher Abhandlungen* (6 vols.; London, 1898–1903 (repr. Jerusalem, 1967), esp. vol. 2, 16–28 (letter by A. Epstein); vol. 4, 5 and 6 ("Midrash Yelamdenu"); S.A. Wertheimer, *Batei Midrashot* I (Jerusalem: Katav-jad we-sefer, 1950), revised and enlarged edition by A.J. Wertheimer), 163–75; L. Ginzberg, *Geniza Studies in memory of Dr. Solomon Schechter* (גנזי שעכטער) I. *Midrash and Haggadah* (New York: The Jewish Theological Seminary of America, 1928), texts 3, 4, 5, 6, 7, 11 and 13–16; J. Mann, *The Bible as Read and Preached in the Old Synagogue* II (New York: Ktav Publishing House, 1966–1971), (Hebrew section) קל-קסו, and possibly some of the other texts published in the Hebrew section; E. Urbach, שרידי תנחומא-ילמדנו, *Qovetz al Yad: Minora Manuscripta Hebraica* 6 (1966): 1–54; M. Bregman, *The Tanhuma-Yelammedenu Literature: Studies in the Evolutions of the Versions* (Ph. D. diss. Philosophy), Jerusalem [Hebr.], 1991, appendix A.

[47] Buber finds that it is especially closely related to his Tanchuma Buber, see Buber, *Aggadat Bereshit,* xx–xxv and passim. See also J. Mann, *The Bible as Read and Preached in the Old Synagogue* I (New York: Ktav Publishing House, 1966–1971), 57–58 and 220–21; Bregman, "The Tanhuma-Yelammedenu Literature," viii; Teugels, "New Perspectives on the Origins of *Aggadat Bereshit*," 351–53.

[48] *Aggadat Bereshit* nowhere mentions Rabbi Tanchum(a) and has no halakhic introductions of the "Yelamdenu" type, two characteristics of Tanchuma Midrashim.

make more sense than the diplomatic or eclectic editions we are used to. But even in such cases, the methods of textual criticism should not be discarded. To the contrary, stemmatic and genealogical analysis can often be applied; if not for the entire work, then for parts of the text.[49]

It seems reasonable to distinguish between early and classical rabbinic Midrashim on the one hand, and late rabbinic or medieval Midrashim on the other.[50] The latter works, that were not just transmitted, but originated in the Middle Ages, seem to have been dealt with as "open books" even more than their early and classical predecessors. The so-called *Tanchuma Midrashim* are a good example of this. Nevertheless, each work should be assessed on its own merits: some late Midrashim may lend themselves to classical critical editions[51] while this may be an unlikely form to present other late works. Biblical, classical and even many Judaic scholars may judge too easily that anything apart from a "real" critical edition is not scientific. But only someone who has taken a close look at all the witnesses of a particular work can judge what is the optimal presentation for that particular work.

Before we can discuss the textual transmission of *Aggadat Bereshit*, and tackle the difficult question of the most suitable form to critically edit this Midrash, we first need to present the work and its textual witnesses.

[49] Cf. Barth, "Is Every Medieval Hebrew Manuscript a New Composition," 53–54. I would tend to stretch the term "critical" edition to include all editions that are the result of critical research and that present the text in a scientifically justified form. Milikowsky, however, advocates a strict distinction between "critical" and "scholarly" editions, the latter including the synoptic and other editions that have appeared lately. This might make sense in view of terminological clarity: a "critical edition" is what is traditionally known to be such. However, I can imagine mixed forms of partly synoptic editions, with a critical apparatus with variants from similar versions (same family, or same recension) for each column. And the possibilities of electronic editions make all kinds of mixed forms possible.

[50] See note 1.

[51] Not a Midrash but a similar work, the Targum of Song of Songs that Alexander is discussing in his article "Textual Criticism and Rabbinic Literature: the Case of the Targum of Song of Songs," (cf. note 39) is, as many rabbinic works, difficult to date. It appears that it contains much ancient material but probably did not receive a fixed form before the eight century (Cf. C. Alfonso-Fonteia, *El Targum al Cantar de los Cantares (Edition Critica),* dissertation Universidad Complutense de Madrid, 1987, 29–35). As Alexander demonstrates in his article, this Targum lends itself to classical textual criticism, even as far as the reconstruction of an original text.

Aggadat Bereshit

Aggadat Bereshit (henceforth AB) is a homiletical Midrash on the biblical book of Genesis, with related commentaries on prophetic passages and Psalms, written in Hebrew.[52] Even though it has not yet been dated with certainty, AB is usually set in the tenth century, which makes it a late rabbinic Midrash.[53] Its place of origin is still unknown. Suggested provenances for AB are Palestine,[54] the Byzantine Empire (outside Palestine),[55] and Southern Italy.[56] Some of the polemical (anti-Christian or anti-gentile) statements included in the work seem to point to Christian Europe, but no definite answers to this question can as yet be given.[57]

The edition of AB that is most widely used to date is the semi-critical edition by Solomon Buber;[58] but there are about ten earlier editions that, apart from the first, basically follow the second edition.[59] The *editio princeps* of AB can be found in the work *Shtei Yadot* by Menachem di Lonzano, Venice 1618.[60] The manuscript on which the *editio princeps* was based has been lost. The second edition was published in Vilna in the year 1802 by Abraham, the son of Eliahu, the Gaon of Vilna. Buber based himself on the two first editions. Moreover, he discovered an additional manuscript of AB in the Bodleian Library: Ms. Opp. Add.8vo.35, better known as Ms. Oxford 2340. He quotes lengthy variants from this manuscript in the notes to

---

[52] See Stemberger, *Introduction*, 311–12; and the Introduction to Teugels, *Aggadat Bereshit* .

[53] See note 1. For the dating of AB see D. Herr, "Aggadat Bereshit," in *EncJud* II, col. 366; Stemberger, *Introduction*, 312.

[54] Cf. A. Büchler, "The Reading of the Law and Prophets in a Triennial Cycle," in *Contributions to the Scientific Study of Jewish Liturgy* (ed. J. J. Petuchowski; New York: Ktav Publishing House, 1970), 181–302.

[55] J. Mann, *The Bible* I, 90–91.

[56] Cf. L. Teugels, "New Perspectives on the Origins of Aggadat Bereshit: The Witness of a Geniza Fragment," in *Jewish Studies at the Turn of the 20th Century. Proceedings of the 6th EAJS Congress Toledo 1998*, Vol. I: *Biblical, Rabbinical and Medieval Studies* (ed. J. Targarona Borras and A. Saenz-Badillos; Leiden: Brill, 1999), 349–57.

[57] See L. Teugels, "The Background of the Anti-Christian Polemics in Aggadat Bereshit," *JSJ* 30 (1999): 178–208.

[58] S. Buber, *Aggadat Bereshit*. A new critical edition is being prepared by Ezra Kehalani at the Hebrew University in Jerusalem.

[59] A description of these editions can be found in Buber, *Aggadat Bereshit*, xxxiv–xxxvi. See also the Introduction to my *Aggadat Bereshit*, xiii, note 12 (with some additions to Buber's list).

[60] This book is divided in two parts: *Yad 'Ani* and *Yad haMelekh*. The first part contains several works. *Yad ha-Melekh* only contains *Aggadat Bereshit* (pages 150a–176b).

his edition. It contains many different readings and it has also an additional chapter (ch. 42). This explains why Buber's edition has an additional chapter in comparison with the previous editions. Three other manuscript witnesses of AB have been identified so far.[61] Including the previously mentioned versions, the textual witnesses of AB identified to date are the following:

(1) The *editio princeps* (1618)
(2) Ms. Oxford 2340, the manuscript which Buber included in his apparatus. Apart from the additional chapter 42 that has already been mentioned, this Ms. also includes an additional chapter in the beginning of the book that is not found in any of the other versions of AB. Ms. Oxf. 2340 has been dated in M. Beit-Arié's supplement to the Neubauer catalogue to the late fifteenth century and it is said to have originated from Spain or Northern Africa. Many of the interpretations in this Ms. are transmitted in the name of Elijah, which must be related to the fact that it mistakenly calls the work *Seder Eliahu Rabba*.
(3) Interestingly, the version of AB found in Ms. Oxf. 2340 is also attested in *Reshit Hokhmah* (1579) by Elijah ben Moses of Vidas, which includes chapters 40 and 41 of AB.[62] Vidas refers to AB as *Tanna d'be Eliahu*. The second edition of AB quotes *Reshit Hokhmah* in chapter 40 (see the next section under *AB 40 A*). As such, *Reshit Hokhmah* can be eliminated as a witness since it contains the same text as Ms. Oxf. 2340. But is important as the source for the divergence of the second and following editions from the first edition in ch. 40.[63] Further, in view of the establishment of possible families in the textual witnesses of AB, it may be relevant that Vidas, living in Safed, knew AB in the version of Ms. Oxf. 2340.[64]
(4) Ms. T-S Misc. 36.121, a fragment from the Cairo Geniza covering large parts of chs. 67–68 and 79–80. This is probably the oldest extant version of AB. So far, it has neither been dated with certainty nor described in any of the works on the Geniza collections.[65] The

---

[61] Thanks to Marc Bregman and Benjamin Richler who helped me find most of the MSS, some of which were not yet known to contain fragments of AB.

[62] Elijah ben Moses de Vidas, *Reshit Hokhmah* (first ed. Venice, 1579).

[63] About the passage from AB in *Reshit Hokhmah*, see Buber, *Midrash Tanchuma*, 123–24 and (with new insights) Buber, *Aggadat Bereshit*, 79–82, notes, and in his Introduction, xiii–xv. See my *Aggadat Bereshit*, note 466 to chapter 40.

[64] See note 88.

[65] In a personal communication, Prof. M. Beit-Arié has suggested that the Ms. may be as old as the tenth Century. See L.M. Teugels, "Fragment's Unusual Features,"

manuscript has one outstanding feature, namely in all but one instance, it has the name *ha-elohim* for God, where the printed editions and Buber's manuscript have *ha-qadosh barukh-hu*. This feature is also found in some early witnesses of the *Tanchuma Midrashim*.[66] The entire transcribed text of this Ms. is included in the second appendix to my translation of *Aggadat Bereshit*.

(5) Ms. Oxf. Mich 410, an abbreviated version of AB, presenting chapters 1–64 in a different order. This Ms. is dated to the mid fifteenth century by Beit-Arié, and is said to have originated in Spain.[67]

(6) Ms. L 899a, ff. 41r–45v (Jewish Theological Seminary of America), covering chs. 2–14 and 20–22 of AB. It is found in a book with different items copied by Shmuel Vital, the son of Chaim Vital (Safed, 1542–Damascus, 1620) from his father's collection in 1675.

Geniza Fragments. The Newsletter of Cambridge University's Taylor-Schechter Geniza Research Unit 44 (2002): 4.

[66] See Teugels, "New Perspectives on the Origins of Aggadat Bereshit."

[67] Neubauer/Beit-Arié catalogue 937.

Textual criticism of Aggadat Bereshit: a comparative study of four passages

The differences between the two major versions of AB, the first printed edition and Ms. Oxf. 2340, are not mainly scribal errors, but, rather, entirely different sentences, different biblical quotations, even altogether different midrashic interpretations. The following presentation of four selected passages from AB will demonstrate the differences between these two (and other) versions. Thereafter, some tentative conclusions as to the way textual criticism can be applied to this work and the possibilities of a critical edition will be formulated.

AB 21A[68]

The first passage to be discussed illustrates the type of differences between Ms. Oxf. 2340 and the first printed edition of AB. We are fortunate that Ms. L. 899a also covers this passage.[69] The text of this textual witness coincides with Ms. Oxf. 2340. Since this Ms. is younger than Ms. Oxf. 2340, it has no value as a textual witness for this text.[70] As the reader will see, even in translation, the differences between the two versions do not regard the content so much as the formulation, the choice of words, phrases and quotations. However, these textual elements are exactly what textual criticism focuses on.

[68] For the references to the chapters in AB, I follow Buber's edition (and my translation). All the translations in this paper are mine.

[69] Thanks to Rabbi Paula Goldberg who carefully transcribed the tiny handwriting of this Ms. for me.

[70] However, it is interesting for us to see that this Ms. has the same text as Ms. Oxf. 2340, unlike the *editio princeps*. This means that Chaim Vital, from whose books his son Shmuel Vital copied the Ms., owned a copy of AB in the version of Ms. Oxf. 2340, and not (or besides) the printed edition, which was already available in his time. See note 88 about the possibility of two recensions of AB.

Editio Princeps (= E.P.) 　　　　　*Ms. Oxf. 2340 (and Ms. L 899a)*

a[71]	a
A Psalm of David. The LORD says to my lord, 'Sit at my right hand' (Ps 110:1). This is what Scripture says: *Calling a bird of prey from the east* (Isa 46:11). Blessed be the name of the Holy One. How he loves the righteous and raises them to dignity! How he raised Abraham and made him his counselor, the one who gave him advice, as it is stated: *Calling a bird of prey from the east, the man for my advice from a far country* (Isa 46:11).	*A Psalm of David. The LORD says to my lord, etc.* (Ps 110:1). This is what Scripture says: *Calling a bird of prey from the east, the man for my advice from a far country* (Isa 46:11). Blessed be the name of the Holy One, because he loves the righteous and raises them to dignity! Because so we find that he raised Abraham to dignity and made him counselor, and he took counsel with him, as it is stated: *Calling a bird of prey from the east* (Isa 46:11).
b	b
He said to him: Come and sit at my right hand, that you can be my advisor, because you are faithful, as I wrote: *I will look with favor on the faithful in the land, so that they may sit with me* (Ps 101:6); and: *sit at my right hand* (Ps 110:1).	It is written: *Who has aroused a righteous from the east?* (Isa 41:2) That is Abraham; because he was faithful, he set him with him, in his division, as is stated: *I will look with favor on the faithful in the land, so that they may sit with me* (Ps 101:6).
c	c
Is it possible that the Holy One takes counsel from flesh and blood? It is written: *The counsel of the LORD stands forever* (Ps 33:11) and: *Great in counsel and mighty in deed; whose eyes are open to all the ways of mortals* (Jer 32:19). He created the whole world without taking counsel, as is stated: *Who has measured the waters in the hollow of his hand?* (Isa 40:12). And what is written [thereafter]? *Who has directed the spirit of the LORD etc.* (Ibid. v.13)	And is it possible that the Holy One, of whom it is written: *The counsel of the LORD stands forever* (Ps 33:11), takes advice from flesh and blood, of whom it is written: *All human is stupid and without knowledge* (Jer 10:14)? He created the whole world and did not take counsel from anyone. As it is written about him: *Great in counsel and mighty in deed* (Jer 32:19). And it is stated: *Who has measured the waters in the hollow of his hand?* (Isa 40:12)

[71] These divisions of the text are just meant to present the material in a convenient way for this presentation.

The whole world I created. And *whom did he consult for his enlightenment?* (Ibid. v.14). With whom did I take counsel? Abraham I call my counselor.

And it is written afterwards: *Who has directed the spirit of the LORD etc.* (Ibid. v.13) *Whom did he consult for his enlightenment?* (Ibid. v.14). From whom did he ever take counsel? The Holy One answered and said: I called Abraham my counselor before he was born in the world.

d

Why? In the way of the world, a king of flesh and blood gives a present to his friends. Were the king to change his mind and burn the field [that he gave as a present] without his friend's knowing, would he not say: The king is not faithful, but false! He gave me a present and changed his mind about it and burned it, without my knowing it!? But the Holy One said: I gave the earth as a present to Abraham, as it is stated: *Rise up, walk through the length and the breadth of the land, for I will give it to you* (Gen 13:17); when I want to uproot the five cities, and I do not take counsel with Abraham, he will say: He changed his mind about the present that he gave me! I will take counsel with him, as is stated: *Shall I hide from Abraham what I am about to do?* (Gen 18:17). Therefore he set him at his right side, that he could take his counsel. Thus it is stated: *The LORD says to my lord, 'Sit at my right hand'* (Ps 110:1).

d

The Holy One said: There is no human who gives a field or a vineyard to his friend as a present and burns it without his advice. So I, about whom it is written: *A faithful God, without deceit* (Deut 32:4), and: *The faithful God who maintains covenant loyalty with those who love him* (Deut 7:9), would it be reasonable that I would have given those lands to Abraham and that I would change my mind and burn them without his permission? Whence do we know that he gave them to him as a present? It is stated: *Rise up, walk through the length and the breadth of the land, for I will give it to you.* And now that I ordained to overturn these cities, it would not be reasonable that I would lay my hand on them without his advice and permission. Therefore it is stated: *Shall I hide from Abraham what I am about to do?* Therefore he set him next to him, as is stated: *I will look with favor on the faithful in the land, so that they may sit with me,* to make it known that I took counsel from him. Therefore David says about him: *The LORD says to my lord, 'Sit at my right hand.'*

The textual differences between these two versions consist of:
1. variations in the number of the biblical quotations
2. the order in which quotations and comments are presented
3. the presentation of the comparison of the field that was given as a present
4. variations in the choice of words and verbal forms

I will survey these four points now:
(1) The printed edition contains thirteen quotations from the Tanakh, repetitions included, while the Ms. has seventeen. The additional four quotations in the Ms. are: Isa 41:2, Jer 10:14, Deut 32:4 and Deut 7:9.
(2) To take a sample of text for detailed study, let us look at the beginning of section c.

> Is it possible that the Holy One takes counsel from flesh and blood? It is written: *The counsel of the LORD stands forever* (Ps 33:11) and: *Great in counsel and mighty in deed; whose eyes are open to all the ways of mortals* (Jer 32:19). He created the whole world without taking counsel, as is stated: *Who has measured the waters in the hollow of his hand?* (Isa 40:12).

The Ms. has a different order here, and an additional biblical quotation: Jer 10:14:

> And is it possible that the Holy One, of whom it is written: *The counsel of the LORD stands forever* (Ps 33:11), takes advice from flesh and blood, of whom it is written: *All human is stupid and without knowledge* (Jer 10:14)? He created the whole world and did not take counsel from anyone. As it is written about him: *Great in counsel and mighty in deed* (Jer 32:19). And it is stated: *Who has measured the waters in the hollow of his hand?* (Isa 40:12)

The different order does not result in much difference in the meaning of both versions. However, in view of textual criticism, the different order of the elements in the passage is important. The presentation of such differences in a critical apparatus would take up much space.

(3) The differences between the two versions of the *mashal*[72] in part d are more substantial. In fact, the version of the Ms. is not a *mashal* but rather a comparison that does not distinguish formally between *mashal* and *nimshal*. Most elements of the comparison: the field, the difference between God and man, the unfairness of taking back a given present etc., return in both versions. Still, they are substantially different texts.

(4) So far we have only looked at the translation but to get a more refined view of the differences between the versions, the Hebrew text needs to be examined. I will only look at a couple of phrases that are worded differently in both versions:

E.P.: (. . .) שעשאו סנקלטין שלו שיהא נוטל עצה שנאמר

אמר לו בוא ושב לימיני שתהא בעל עצתי למה שאת נאמן

(and made him his counselor, the one who gave him advice, as it is stated (. . .)

He said to him: Come and sit at my right hand, that you can be my advisor, because you are faithful)

Ms.: (. . .) ועשאו סנקליטין והיה מיעץ עמו שנאמר

זה אברהם בשביל שהיה נאמן הושיבו אצלו ובמחיצתו

(and made him counselor, and he took counsel with him, as it is stated (. . .)

That is Abraham; because he was faithful, he set him with him, in his division)

E.P.: ואם מבקש אני להפוך חמשת הכרכים ואיני נוטל עצה הימנו

(when I want to uproot the five cities, and I do not take counsel with him)

Ms.: ואני גזרתי על אותן הכרכים להפכן אינו דין שאשלח בם ידי בלא עצתו ורשותו

(And now that I ordained to overturn these cities, it would not be reasonable that I would lay my hand on them without his advice and permission)

---

[72] The *mashal* is the form of parable that is found in rabbinic literature. It consists of two parts: the *mashal* proper, and the *nimshal*, i.e. the application of the *mashal*. A *mashal* deals often with the relations between a king and his subject. In the *nimshal*, the situation related about the king is then compared to the relation between God and a human, as a rule a biblical figure that is being treated in the *midrash* at hand. About the rabbinic *mashal*, see e.g. I. Ziegler, *Die Königsgleichnisse des Midrasch* (Breslau: Schlesische Verlags-Anstalt, 1903); C. Thoma and S. Lauer, *Die Gleichnisse der Rabbinen* (Bern: Peter Lang, 1986); D. Stern, *Parables in Midrash: Narrative Exegesis and Rabbinic Literature* (Cambridge: Harvard University Press, 1991).

In these passages, the language of the Ms. appears to be more refined than that of the printed edition. In the first example, the Ms. opts for the more difficult conjugated forms מייעץ and הושיבו instead of the simpler שיהא נוטל עצה and אמר לו בוא ושב לימיני in the printed edition. In the second example, ואני גזרתי על אותן הכרכים להפכן (Ms.) sounds more sophisticated than חמשת הכרכים (E.P.), as בלא ואם מבקש אני להפוך עצתו ורשותו (Ms.) is "higher" language than ואיני נוטל עצה הימנו (E.P.). The simple, "childish" (Buber)[73] language is a characteristic of the printed edition of *Aggadat Bereshit*. Ms. Oxf. 2340 seems to have a richer language, not only in this passage but also in general.

Looking at this kind of differences, the question rises which text (of this passage) is more original, if any? The version of the Ms. is more elaborated, more elegant at some points, adding a relevant quotation here and smoothing an abrupt transition there. As to the presentation of the *mashal*, the *editio princeps* has the purer form, distinguishing neatly between *mashal* and *nimshal*. The Ms. looks, rather, like a paraphrase of this. Therefore my impression from this passage would be that, despite the fact that the Ms. antedates the *editio princeps* with more than a century, its version is secondary to the version of the *editio princeps*. We will see whether the following passages confirm or contradict this hypothesis.

AB 31C

The next passage is one of those in AB that is considered to contain anti-Christian polemics.[74] The polemic is latent in the *editio princeps*, and obvious in the Ms., as it mentions the cross. Let us look at the passages, study the differences and try to say something about the originality or secundariness of one version versus the other.

---

[73] See Buber, *Aggadat Bereshit*, xi (סימן ילדות).
[74] See note 57.

Editio Princeps   *Ms. Oxf. 2340*

R. Abin said in the name of R. Hilkia: Foolish is the heart of the **liars** who say that the Holy One has a son. Now concerning the son of Abraham: when He saw that he came to slaughter him, He could not see him in pain, but immediately cried: *Do not lay your hand on the boy* (Ibid. v.12). Had He had a son, would He have abandoned him, and would He not have overturned the world and turned it into chaos? Therefore Solomon says: *There is one and there is no second, he does not have a son or brother* (Eccl 4:8). And because of his love for Israel, He calls them 'his sons', as is stated: *Israel is my firstborn son* (Ex 4:22).	R. Abin said in the name of R. Hilkia: There are those among the **Nations of the World** who say that the Holy One has a son. And what about the son of Abraham? When he came to the hour of the **Akedah**, He cried out and said: *Do not lay your hand on the boy* (Gen 22:12). And if He had a son, would He have left him to his **murderer on his cross**, and would He not have overturned the world because of him? And concerning him, Solomon says: *There is one and there is no second, he does not have a son* (Eccl 4:8). **And you do not find for the Holy One [a son] but Israel**, as is stated: *Israel is my firstborn son* (Ex 4:22), and it is stated: *Let my son go that he may worship me* (Ex 4:23), **and it is stated: *You are children of the Lord your God* (Deut 14:1)**.

I will examine the differences indicated by bold type:

- "liars" (שקרנים) versus "Nations of the World" (אומות העולם). The epithet "Nations of the World" that is used in the Ms. is quite common in Midrashim, including the printed edition of AB, to refer to the non-Jewish world. שקרנים, on the other hand is a term that is not regularly nor specifically used for non-Jews or Christians. "Nations of the World" does not camouflage whom the midrash is directing at (non-Jewish nations, not necessarily Christians). "Liars," on the other hand, could even imply Jews.

- The mentioning of the death on a cross in the Ms. can only refer to Jesus.

- The statement "And you do not find for the Holy One [a son] but Israel" in the Ms. is, especially when seen in context, polemically anti-Christian. The addition of an extra proof-text (Deut 14:1) enhances the polemical effect of the statement.

Conclusion: Ms. Oxf. 2340 is clearly more obviously anti-Christian without any effort to hide this tendency. The *editio princeps* is probably also meant to be anti-Christian but presents matters in an indirect way, which would allow for an alternative interpretation, if necessary.

As to the "level" of the language, there is not so much difference between the two versions. The use of the technical term "Akedah" in the Ms. need not indicate anything special. The main question therefore remains. What would be more likely: that the original text was clearly anti-Christian and the transmitter softened this for some reason; or that the transmitter would have made a text more obviously anti-Christian? I would think that the first possibility makes more sense, given the history of censorship (especially of printed editions). This result might contradict our impression as to the "originality" of the version of the printed edition in the previous passage. Another possibility that should not be excluded is that the *editio princeps* adapted its (unknown) base manuscript at this point, for the reason of possible censorship that was already mentioned.

AB 40 A

For this passage, we are lucky to have an additional manuscript witness, i.e. Ms. Oxf. Mich 410. This Ms. is fragmentary and abbreviates many passages. However, the present passage is there, almost unabridged. Important for us is that it has, some small differences notwithstanding, the same text as Ms. Oxf. 2340. Ms. Oxf. Mich 410 is said to be a mid fifteenth century Ms. coming from Spain. Ms. Oxf. 2340 also originated in Spain (or North Africa) in the late fifteenth century. The coincidence of the two Mss. in this passage, where the text differs considerably from the printed edition, might be an indication that both belong to the same text type or family.[75] The text translated below is that of Ms. Oxf. 2340.

---

[75] See further, note 88.

Abraham endowed his son with five things. Like our Masters taught: A father endows his son with five things: **Beauty**.	Abraham endowed his son with five things. Like the Sages taught: A father endows his son with five things: (1) Beauty, appearance, wisdom, strength and wealth.[78] These he gave to Isaac, and to Jacob, and Jacob gave them to Joseph. He resembled Joseph[79] in **beauty and appearance**, as is stated: *Now Joseph was handsome and good-looking* (Gen 39:6); and in **wisdom**, as is stated: *Here comes that (halazeh) master of dreams* (Gen 37:19). See, beauty and appearance and wisdom. And about Isaac it is written: *Who is that (halazeh) man* (Gen 24:65). Like 'that' which is said about Joseph refers to beauty and appearance and wisdom, so 'that' which is said about Isaac refers to beauty and appearance and wisdom. And like Joseph stood in **strength** against all his brothers, so Isaac stood in strength against the inhabitants of Gerar, as is stated: *The herdsman of Gerar quarreled with Isaac's herdsman, saying etc.* (Gen 26:20). *And they said: 'We now see plainly that the Lord is with you (. . .) and we thought: Let there be a sworn treaty between our two parties'* (Ibid. v. 28). And like Joseph was **wealthy**, so also Isaac was wealthy, as is stated: *The man became rich (. . .) he had possessions of flocks and herds, and a great household* (Gen 26:13).
Whence do we know that Isaac was beautiful like Joseph? It is written about Joseph: *Now Joseph was handsome and good-looking* (Gen 39:6). When he went to his brothers, what did they say? *Here comes that (halazeh) master of dreams* (Gen 37:19). And it is said about Isaac: *Who is that (halazeh) man?* (Gen 24:65). Like 'that' which is said about Joseph means that he was beautiful, so also 'that' which is said about Isaac, means that he was beautiful.	
Strength. Whence do we know that Isaac was mighty and strong? See how many pits he dug! Thus it is stated: *Isaac dug again the wells of water that had been dug in the days of his father Abraham* (Gen 26:18); *And Isaac's servants dug in the valley* (Ibid. v.19); *Then they dug another well* (Ibid. v. 21). See what a strength he had!	
Wealth. Whence do we know? It is written: *The man became rich (. . .) he had possessions of flocks and herds, and a great household* (Ibid. v. 13–14).	

[76]*Now the days of Isaac were one hundred eighty years* (Gen 35:28). Abraham lived one hundred and seventy five years, and he one hundred eighty. Why? The Holy One said to him: You were endowed with these five things, see, I give you five years more than Abraham: *When Isaac was old* (Gen 27:1).[77] Therefore it is said: *Let your work be manifest to your servants, and your glorious power to their children.*	Abraham lived one hundred and seventy five years, and Isaac one hundred eighty. The Holy One said to him: You were endowed with these five things, see, I give you five years more than your father. Therefore it is said: *Let your work be manifest to your servants, and your glorious power to their children.*

The biblical verse that is the trigger of this midrash is Gen 27:1. In this midrash, an old rabbinic tradition is alluded to, namely *Mishnah Eduyot* 2:9. In that *mishnah*, five things with which a father endows his son are enumerated: "beauty, strength, wealth, wisdom and years." It is to this *mishnah* that the introduction "Like our Masters thought" in the *editio princeps* refers. However, after the reference to five things, this edition only develops four things, one of which just implicitly: wisdom is left out; and "years" is implicit in the last paragraph but it is not introduced by the question: "Years: Whence do we know?" as are the other features.[80] *Tanchuma Buber Toledot* 7 which has almost exactly the same text as the *editio princeps* of AB, includes an interpretation of

---

[76] The second and following editions, and Buber, add here the words: "Whence do we know about years?", but that is not found in the *editio princeps*. Midrash *Tanchuma Buber Toledot* reads: "Years: He was one hundred and eighty and his father was one hundred and seventy five." (Cf. S. Buber, *Midrash Tanchuma* I [Vilna, 1885; reprint Jerusalem, 1964], 129). Also here the full question "Whence do we know about . . . ?", which introduces the other four features, is absent. The emendation with the words "Whence do we know about years?" is an evident one in view of the foregoing features that were introduced which such a question, and may have been introduced by the editor of the second edition of his own accord.

[77] This quotation is left out in the second and following editions and by Buber, but it is present in the *editio princeps*. However, it does not seem to make much sense in its context.

[78] Ms. Oxf. Mich 410 has "wealth and strength," in this order. The introduction "Like the Sages taught" is absent in this Ms.

[79] The words "he resembled Joseph" are absent from *Reshit Chokhmah* and hence from the second and following editions (see further). Buber includes them, apparently from Ms. Oxf. 2340, which contains them.

[80] See note 76.

"wisdom."[81] As *Tanchuma Buber* appears to be the source for many passages in AB,[82] it is most probably also the source for this passage (that is, in the *editio princeps*). The author or a later copyist of AB must have accidentally left out the interpretation of "wisdom," which is only one short sentence in TanB.

Unlike the printed edition, the Mss. introduce the midrash with a list of five features that a father endows to his son, but these are not the same as mentioned in *Mishnah Eduyot*. In fact, "appearance" is more or less the same as beauty; "years" is left out of the list. In the following midrash, all five aspects are treated, be it not in a very orderly fashion. At the end a remnant of the feature "years" that is mentioned in the mishnah but not in the list in these Mss. of AB, seems to be present in the comparison between the ages of Isaac and Abraham when they died.

The second edition of AB and all the subsequent editions, including Buber, have a conflated text that contains both versions. After the words: "A father endows his son with five things: Beauty," the editor of the second edition, R. Abraham of Vilna, inserts the text as it is found in the right column, up to and including the quotation from Gen 26:13. Thereafter he gives the entire text as it continues in the left column, starting with the words: "Whence do we know that Isaac was beautiful like Joseph?" This results in many doublets. R. Abraham of Vilna explains were he found the material that is not present in the first edition, namely in the work *Reshit Ḥokhmah* (see above), which contains two chapters from AB in the version of Ms. Oxf. 2340. For us, the conflated variant, even though interesting, is not important as a textual witness because its components can be easily tracked down to the *editio princeps* and Ms. Oxf. 2340.

---

[81] Cf. S. Buber, *Midrash Tanchuma*, 129: "Whence do we know about wisdom? Where he said to his father: *Here are the fire and the wood* (Gen 22:7)."

[82] According to Buber it is specifically "his" recension of *Midrash Tanchuma*, i.e. *Tanchuma Buber* that has many close parallels to AB and that probably served as its source (cf. note 47). The relation between both versions of AB, TanB and the "ordinary" *Midrash Tanchuma* needs to be studied further, as this may also have implications for textual criticism of AB. The possibilities are manifold: one might think that a close parallel to TanB is a sign of the originality of a version of AB. However, it is also possible, as is quite common in textual transmission of rabbinic texts, that a text was "corrected" according to a parallel in a well-known rabbinic source. Mandel gives some examples of this in his study on LamR (cf. note 20). As to the samples of AB that we survey in this paper, only this passage has a parallel in TanB.

Let us enumerate the main differences between the two versions:

1. The Mss. mention the features "appearance" and "wisdom," both in the list and in the midrash, thus obtaining five features. "Years" is not included in the five endowed features.

2. The Mss. contain the transitory phrase: "These he gave to Jacob, and Jacob gave them to Joseph."

3. The *editio princeps*, after making the comparison between Isaac and Joseph as to their beauty, only deals with Isaac for the two subsequent features that it treats: strength and wealth. Also in TanB, the comparison between Isaac and Joseph is only made with regard to "beauty." In the Mss., as opposed to the *editio princeps*, the comparison between Isaac and Joseph is made for beauty, appearance, wisdom and strength.

4. Both versions have different prooftexts as to the feature "strength": The printed edition quotes Gen 26:18, 19 and 21 (as does TanB); and the Mss. quote Gen 26:20 and 28. The result is a different idea of strength: the *editio princeps* refers to physical strength, whereas the Mss., rather, deal with Isaac's spiritual victory over the Gerarites.

5. As to the feature "years," neither of both versions compares Isaac with Joseph, but rather with Abraham. As the introduction "Whence do we know about years" is left out in the *editio princeps* it is not obvious that this is one of the five features in that version. The feature "years" is not contained in the list in the Mss. And even though something about the ages of Abraham and Isaac is said at the end, this is, in this version, clearly not part of the five features that a son inherits from his father, as five things were already developed before.

Despite the differences, the two versions have many things in common: they contain more or less the same biblical prooftexts, which is an important factor in comparing Midrashim. The fact that the *editio princeps* can be tracked down to *Tanchuma Buber* may be an indication for its originality and antiquity.[83] The differences between the Mss. and the printed edition, on the other hand, all but can be explained as attempts (not all very successful) in the Mss. to correct and supplement the *editio princeps*. Ad 1.: the Mss. introduce a list, which may have been inspired by the corrupt text in the printed edition that announces five features but then only develops three or four. The list in the Mss., however, does not agree with the *mishnah* it apparently quotes. Ad 2.: Joseph is not Isaac's son but grandson. Still, the *editio princeps* illustrates the statement "A father endows his son etc." with a comparison

---

[83] See, however, note 82.

between Isaac and Joseph. The additional phrase in the Mss., mentioning Jacob, softens this brusque transition. Ad. 3. Apparently in an attempt to make the text more logical, the Mss. set the comparison between Isaac and Joseph, that terminated in the printed edition after the first feature (beauty), further. Ad 5. It is remarkable that the Mss. did not "fix" the introduction to the feature "years" but rather added a new, superfluous feature, i.e. "appearance," to the list. Finally, the fact that the beginnings and the ends of both variants agree, would confirms that one of them, and I think this is the version of the Mss., corrected the middle part. Therefore I would conclude that the *editio princeps* contains the most original version of the two.

AB 80 A

The following passages from AB 80 A[84] are extant in three versions: the Geniza fragment T–S Misc. 36.121, Ms. Oxf. 2340 and the *editio princeps*. The differences between the versions are smaller here than in the previously discussed passages. We will therefore try to establish possible dependences between them and even reconstruct the text underlying the three versions. One should, however, keep in mind that these are two very small passages and that no further conclusions as to the relations of the witnesses as wholes can be drawn from this exercise.

[84] See Buber, *Aggadat Bereshit*, 153, l. 5ff.

Geniza fragment[85]	Ms. Oxf. 2340	translation of Ms. Oxf.	Editio princeps ~	translation of E.P
(1) .... (כחוט השני) שפתתיך	כחוט השני שפתותיך ומהו ומדברך נאוה	*Your lips are like a crimson thread and what is and your speech is lovely:*	כחוט השני שפתותיך. ומדברך נאוה	*Your lips are like a crimson thread and your speech is lovely:* (Song 4:3)
.................??????????מ יוספים??? אנחנו ל(שמוע).................... (כי נא)ה היה הדבר ??...........	כשאמרתם למשה אם יוספים אנחנו לשמוע את קול יי וכי נאה היה הדבר ובעונתו אמרתם אותו	When you said to Moses: *If we hear the voice of the LORD our God any longer.* And because that word was lovely and you spoke it at the right time, therefore I said to Moses: *They are right etc.*	כשאמרתם למשה אם יוספים אנחנו וגו׳.	When you said to Moses: *If we hear the voice of the LORD our God any longer etc.* (Deut 5:25).
(לפיכך אמרת)י למשה הטיבו (כל אשר דבר)ו??.............??	לפי׳ אמרתי למשה הטיבו וגו׳		לפיכך אמרתי למשה הטיבו[86] אשר דברו	Therefore I said to Moses: *They are right in that they have spoken* (Ibid. v. 28).

[85] Underlined letters are uncertain readings. Words between brackets are my emendations. Dots stand for wholes in the parchment and question marks stand for unreadable letters. The transcription of the entire fragment can be found in the second appendix to my translation of *Aggadat Bereshit*, 259–60: Fragment 2 recto, 1. 35–36 and verso 1. 7–8.

[86] Buber adds here כל, as it is in the biblical verse, but that word is not present in *Shtei Yadot*.

(2) אפילו אין בידנו אלא הודייה שאנו מודין לך דיינו כי עשית פלא	אפ׳ אין בידינו שאנו מודים לך דיינו כי עשית פלא	Even when we do not have anything but that we thank you, it may be sufficient for us, *for you have done wonderful things*	אלו אין בידינו אלא הודייה, שאנו מודים לך, כי עשית פלא	Even when we do not have anything but the thanksgiving, with which we thank you, it may be sufficient for us, *for you have done wonderful things* (Ibid. cont.).
פלאי<u>ם</u> מעשיך <u>מתנותיך</u> גד(ולו)ת <u>שאת</u> מדקדק עם עמך	פלאי פלאים מעשיך מתסתך גדולות שאת מדקדק עמך	Wonderful wonderful are your deeds great ??? that you exact judgment from them.	פלאים מעשי מתחת ידיך גדלת ואת מדקדק עמם.	Wonderful the deeds from under your hands (?); you make great (?), and you exact judgment from them.
כל כך לתן להן שכר	כ״כ למה כדי ליתן להם שכר	All this why? In order to reward them.	כל כך למה, כדי לתן להן שכר	All this why? In order to reward them.

Passage (1): The Geniza fragment and Ms. Oxford agree against *editio princeps* as both add the phrase: "And that word was lovely; you spoke it at the right time." Due to a lacuna, it is only partly present in the fragment but the words that are there are sufficient to infer that the whole phrase must have been there. There is no indication in the text that would explain a typical mechanical omission of the whole phrase in the printed edition (such as *homoioteleuton*).

Passage (2): The three versions are different at four points.

1. The Geniza fragment and the *editio princeps* agree in their rendering of the phrase הודייה שאנו מודים לך (the thanksgiving with which we thank you). Ms. Oxf. 2340 reads, shorter, שאנו מודים לך (that we thank you). Both are correct Hebrew but it seems likely that the longer version is the original.

2. פלאים מעשיך in the printed edition and the Geniza fragment makes sense, as does פלאי פלאים מעשיך in Ms. Oxf. Again, I would think that the longer version is original, but this is in no way certain.

3. The Geniza fragment has the soundest version as it reads: מתנותך גדולות שאת מדקדק עם עמך [wonderful are your deeds], great presents, because you exact judgment from your people). As it stands, the word מתסתך in Ms. Oxf. is nonsense, but it can be explained as a miscopying of מתנותיך in the Geniza fragment. The combination מעשי מתחת ידך in the *editio princeps* is ungrammatical. מתחת ידיך as such is sound but it does not fit into the rest of the phrase. It can be explained as a miscopying of מתנותיך.

4. מדקדק עם עמך (you exact judgment from your people), as found in the Geniza text is sound Hebrew. מדקדק עמם (you exact judgment from them) as found in the *editio princeps* is equally correct. מדקדק עמך (you examine your people minutely) as found in Ms. Oxf. 2340, if not impossible, has a different meaning as the preposition עם is missing.[87] This does not make sense in the context and rather looks like an error.

As a tentative conclusion I would say that, given the antiquity of the Geniza fragment as an artifact, its "complete" reading in the first passage, and its most sound reading in the second, that this is the most original version of the three. Both other versions could be dependent on this version. In the first passage, Ms. Oxf. agrees with the Geniza text as opposed to the printed edition (both contain the addition). In the second, both other versions can be explained to be dependent on the Geniza version. Based on a combination of Ms. Oxf. 2340 and the Geniza Fragment, a reconstructed text would read more or less as follows:

[87] Cf. M. Jastrow, *A Dictionary of the Targumim, the Talmud Bavli and Yerushalmi, and the Midrashic Literature* (2 vols.; London: Luzac, 1886–1903; reprint New York: Pardes Publishing House, 1950), 318.

(1)

כחוט השני שפתותיך ומהו ומדברך נאוה כשאמרתם למשה אם יוספים אנחנו
לשמוע את קול יי וכי נאה היה הדבר ובעונתו אמרתם אותו

(2)

אפילו אין בידנו אלא הודייה שאנו מודין לך דיינו כי עשית פלא.
פלאי פלאים מעשיך מתנותיך גדולות שאת מדקדק עם עמך

Conclusions: what kind of edition would suit AB?

This investigation of four passages from *Aggadat Bereshit* led to the following results as to the relation between its two main textual witnesses. The first and the third passages seem to indicate that the *editio princeps* contains the more original version, the Ms. version having corrected and supplemented the version that is found in the printed edition. The second passage, containing the anti-Christian polemic, is more difficult to evaluate, as it is possible that the *editio princeps* would have adapted the text of its underlying manuscript because of the censor. However, in any of these three passages, no hard proof could be given for the dependence of either version on the other. The results remain hypothetical. The study of the text from chapter 80, for which we have an important additional witness, the Geniza fragment, allowed us to reconstruct an "original text." Based on the differences between the two versions in this passage, it is not likely that the *editio princeps* would be dependent on Ms. Oxf. 2340. Rather, both other witnesses could be tracked down to the Geniza text, Ms. Oxf. 2340 preserving a better text than the printed edition.

Despite the differences between the versions, the similarities should not be overlooked. These are clearly two versions *of one work*, and the fact that they go back to the same original should not be doubted. The well-considered composition of the work—an aspect of AB that we have not discussed much in this paper—shows that this work was intended to be such: a work and not a loosely connected collection of homilies or pieces of biblical interpretation. However, we do not have enough indications to identify one of the two major versions as closer to the original as the other; and I think it is impossible to get much farther down in the history of the transmission of the work than the two versions we have before us. As far as I have studied the additional Mss., they all coincide with Ms. Oxf. 2340, against the *editio princeps* (see Ms. L. 899a, Ms. Oxf. Mich 410 and the Geniza fragment supra). Together with the amount and the type of the differences between the two versions, this is an indication that there might be two text types or recensions to this work.[88]

There is not much we can say as yet about the time when these two text types split. In line with what we wrote in the first part of this paper about medieval copyists/editors approaching texts so freely that they in fact rewrote it, and the possibility of contaminated textual transmission, a real genealogical or stemmatological approach is impossible.[89] However, it might be possible to divide the witnesses into two families, corresponding to the two major versions of AB, and to define dependencies within these families. The printed edition seems to stand alone within its family. Some hypothetical stemmas can be drawn to illustrate this. (1) It is possible that both variants go back to one and the same *exemplar*. This may be the Geniza text but this is not certain, as the fragments that are preserved from the Geniza manuscript are too small to derive anything decisive as to the position of the witness as a whole. It is feasible that the Ms. underlying the first print had a different text than the *editio princeps* itself, the editor of the *editio princeps* being responsible for some mechanical errors (e.g. in the passage from ch. 80) and conscious ideological corrections (in AB 31).

---

[88] So already Buber, *Aggadat Bereshit*, vi about Ms. Oxf. 2340: והוא כמעט מהדורא שניה. The use of the term "recensions" need not contradict what I said before about "one work" and an "original text." Despite its probably borrowing much material from (one of the) *Tanchuma Midrashim* (cf. supra), AB is an individual work and not just a collection of Tanchuma or Yelamdenu material. I could imagine the development of the text of AB in the same way as that of *Lamentations Rabbati* described by Paul Mandel (see note 20), be it that I think that the transmission of AB, which is a much later work, was exclusively written. The situation would then be that the work started of as one, and, due to geographical dispersion of manuscripts, was adapted several times by "creative" scribes, the result being two (or more) text types. The versions of AB that are extant come from Venice (printed edition), Spain or North Africa (Ms. Oxf. 2340 and Ms. Oxf. Mich 410), and Damascus (Ms. L 899a copied by Samuel Vital). The provenance of the Geniza fragment is unknown but most of the Geniza material comes form East Mediterranean or Oriental countries. Its script might however point to a (South-)Italian origin. Closer examination of the Mss. is necessary to determine whether we can distinguish between a Western and an Eastern recension. It should, however, be taken into account that people were quite mobile in the fifteenth and sixteenth century: Vidas' *Reshit Hokhmah*, written in Safed, was, e.g., printed in Venice. This means that both versions of AB were present in Venice at around the same time: the passage of Ms. Oxf. 2340 that is present in *Reshit Hokhmah* (1579) and the *editio princeps* (1618).

[89] For a "modified stemmatic approach" to *Midrash Mishle*, a late Midrash that does not lend itself to a rigid stemmatic approach, see B. L. Visotzky, *Midrash Mishle: A Critical Edition based on Manuscripts and Early Printed Editions* (Ph. D. diss.; New York: The Jewish Theological Seminary of America, 1982), 78–90.

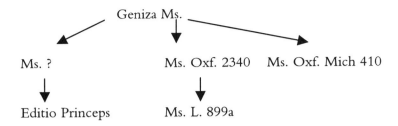

(2) There are many possibilities of contaminations. An example of this would be the following: As an artifact, Ms. Oxf. 2340 is much older than the first printed edition. The Ms. underlying the latter is not extant. It is imaginable that the scribe responsible for Ms. Oxf. 2340 had a copy of the Ms. from which the printed edition was copied, as well as the Geniza fragment or a Ms. with a similar text

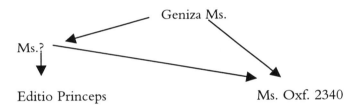

In any event, when dealing with the two more or less complete versions of the work, Ms. Oxf. 2340 and the *editio princeps*, we are left with two texts that differ considerably. Word-to-word comparison of these two versions would not make any sense. However, the methods of textual criticism can be applied to specific parts of the text and used to eliminate gross transmission errors such as mechanical scribal mistakes, which *also* occur in this text. In view of all the above, the most justified way to present the two versions of this work is in part synoptically. For the passages that are presented synoptically, both versions should get an individual apparatus where emendations and reconstructions for that version can be given, among other things based upon comparison with the other version. Where large parts of the text are more or less identical (which is not very often—one need only to look at the amount of place Ms. Oxf. 2340 takes up in Buber's apparatus), the columns can come down to one text, presented according to one of the versions, with small variants of the other version in the apparatus. The other, all incomplete, textual witnesses of

AB should be investigated further to see whether they can indeed be lined up under one of the two "families" represented by the *editio princeps* and Ms. Oxf. 2340. Extrapolating the sample-studies that I already have made of these manuscripts, I think this will be possible. An electronic publication would be feasible, but given the small amount of textual witnesses, the relative unimportance of the work, and the fact that electronic editions are still in the experimental stage, it would as yet not offer many advantages over a printed edition. But this might change in the future if electronic critical editions would become more common.[90]

[90] Thanks to Prof. Burton Visotzky of *The Jewish Theological Seminary of America* in New York City for discussing these topics with me and for his helpful suggest.

Bibliography

Aland, B. "Entstehung, Charakter und Herkunft des sog. westlichen Textes untersucht an der Apostel-geschichte," *ETL* 62 (1986): 5–65.

---, "Die editio critica maior des Neuen Testaments: Ihre Anlage, ihre Aufgabe, die neu entwickelten Methoden der Textkritik," *JBTR* 7 (2000): 7–23.

Aland, B. et al. (Hrsg.), *Novum Testamentum Graece*, Stuttgart: Deutsche Bibelgesellschaft, 1993, 27. Auflage.

Aland, B. et al. (Hrsg.), *The Greek New Testament*, Stuttgart: Deutsche Bibelgesellschaft, 1993, 4th edition.

Aland, B. et al. (Hrsg.), *Novum Testamentum Graecum. Editio Critica Maior* IV. Die Katholischen Briefe, Teil 1: Text, Teil 2: Begleitende Materialien, Stuttgart: Deutsche Bibelgesellschaft, 1997–2000.

Aland, K. and B. Aland, *Der Text des Neuen Testaments: Einführung in die wissenschaftlichen Ausgaben sowie in Theorie und Praxis der modernen Textkritik*, Stuttgart: Deutsche Bibelgesellschaft, 1982.

Aland, K. (Hrsg.), *Synopsis Quattuor Evangeliorum*, Stuttgart: Deutsche Bibelgesellschaft, 1985.

Aland, K. (Hrsg.), *Text und Textwert der griechischen Handschriften des Neuen Testaments*, Arbeiten zur neutestamentlichen Textforschung 9, 10a, 10b, 11; Berlin: De Gruyter, 1987.

Alexander, Ph. S. and A. Samely, *Artefact and Text: The Re-Creation of Jewish Literature in Medieval Hebrew Manuscripts*, BJRL 75, Number 3, Manchester: John Rylands University Library of Manchester, 1993.

Alfonso-Fonteia, C. *El Targum al Cantar de los Cantares (Edition Critica)*, Ph.D. diss. Universidad Complutense de Madrid, 1987.

Amassari, A. *Bezae Codex Cantabrigiensis. Copia essata del manuscritto onciale greco-latino del qauttro Vangeli e degli Atti degli Apostoli scritto all'initio del V secolo e presentato da Theodoro Beza all'Università di Cambridge nel 1581*, Città del Vaticano, 1996. *Il vangelo di Matteo nella colona latina del teggiatura, le lezione e le citazione bibliche*, 1996; *Il vangelo di Marco . . ., Il vangelo di Luca . . ., Il vangelo di Giovani . . .*, Città del Vaticano, 1996.

Baarda, T. "Abba, Vader," *Kerk & Theologie* 48 (1997): 3–8.

Baljon, J.M.S. *De tekst der brieven van Paulus aan de Romeinen, de Corinthiërs en de Galatiërs als voorwerp van de conjecturaalkritiek beschouwd*, Utrecht: Kemink & Zoon, 1885.

Barth, L.M. "Is Every Medieval Hebrew Manuscript a New Composition? The Case of *Pirke Rabbi Eliezer*," in M.-L Raphael (ed.), *Agendas for the Study of Midrash in the Twenty-first Century*, The College of William and Mary, Williamsburg (Virginia), 1999, 43–62.

Bauer, J.B. *Die Polykarpbriefe*, Kommentar zu den Apostolischen Vätern 5; Göttingen: Vandenhoeck & Ruprecht, 1995.

Bentley, J.H. *Humanists and Holy Writ. New Testament Scholarship in the Renaissance*, Princeton: Princeton University Press, 1983.

Bentley, R. "Proposals for Printing a New Edition," reprinted in Arthur Ayres Ellis (ed.), *Bentleii Critica Sacra: Notes on the Greek and Latin Text of the New Testament, Extracted from the Bentley Mss. in Trinity College Library*, Cambridge: Deighton, 1862, xvii–xix.

Bethge, H.-G. "Der Text des ersten Petrusbriefes im Crosby-Schøyen-Codex (Ms. 193 Schøyen Collection)," *ZNW* 84 (1993): 255–67.

Bihlmeyer, K. *Die Apostolischen Väter: Neubearbeitung der Funkschen Ausgabe*, Erster Teil, Tübingen: Mohr, 1924, 2. Aufl. 1956; Neuausgabe: A. Lindemann und H. Paulsen (Hrsg.), *Die Apostolischen Väter: Griechisch-deutsche Parallelausgabe auf der Grundlage der Ausgaben von Franz Xaver Funk, K. Bihlmeyer und M. Whittaker*, Tübingen: Mohr, 1992 (deutsche Übersetzung des Barn: D.-A. Koch).

Blanck, H. *Das Buch in der Antike*, München: Beck, 1992.

Böhl, F. *Aufbau und literarische Formen des aggadischen Teils im Jelamdenu-Midrasch*, Wiesbaden: Steiner, 1977.

Boismard, M.-É. "The Text of Acts: A Problem of Literary Criticism?" in E.J. Epp and G.D. Fee, *New Testament Textual Criticism: Its Significance for Exegesis*, FS B.M. Metzger; Oxford: The Clarendon Press, 1981, 147–57.

Boismard, M.-É. and A. Lamouille, *Le Texte occidental des Actes des apôtres: Reconstitution et réhabilitation.* 2 vols., Paris: Editions Recherche sur les civilisations, 1984.

---, "Le Texte Occidental des Actes des Apôtres: A Propos de Actes 27,1–13," *ETL* 63 (1987): 48–58.

---, *Les Actes des deux Apôtres. I. Introduction - Textes. II. Le sens des récits. III. Analyses littéraires*, Etudes Bibliques 12–14; Paris: Librairie Lecoffre, 1990.

---, *Le Texte occidental des Actes des Apôtres*, Édition nouvelle entièrement refondue, *Etudes Bibliques* Nouvelle Série 40; Paris, 2000.

Bousset, W. *Kyrios Christos: Geschichte des Christusglaubens von den Anfängen des Christentums bis Irenäus*, Forschungen zur Religion und Literatur des Alten und Neuen Testaments NF 4; Göttingen: Vandenhoeck & Ruprecht, 1913, 2nd ed. 1921.

Bowyer, W. *Critical Conjectures and Observations on the New Testament, Collected from Various Authors, as Well in Regard to Words as Pointing: With the Reasons on Which Both are Founded*, London: Nichols, 3d. ed. 1782, 4th ed. 1812.

Bregman, M. *The Tanhuma-Yelammedenu Literature: Studies in the Evolutions of the Versions*, Ph.D. diss., Jerusalem (Hebr.), 1991.

Browning, R. *Medieval and Modern Greek,* Cambridge: Cambridge University Press, 1969, first edition 1983.

Bryennios, Ph. Τοῦ ἐν ἁγίοις πατρός ἡμῶν Κλήμεντος Ἐπισκόπου Ῥώμης αἱ δύο πρὸς Κορινθίους ἐπιστολαί, Konstantinopel, 1875.

---, Διδαχὴ τῶν δώδεκα ἀποστόλων ἐκ τοῦ ἱεροσολυμιτικοῦ χειρογράφου νῦν πρῶτον ἐκδιδομένη, Konstantinopel: Typois S.I. Boutyra, 1883.

Buber, S. (ed.), *Midrash Tanchuma*, 2 vols.; Vilna: Witwe und Gebrüder Romm, 1885.

---, *Midrash Tehilim*, Vilna: Romm, 1891.

---, *Midrash Mishle*, Vilna: Romm, 1893.

---, *Midrash Ekha Rabbati. Sammlung agadischer Auslegungen der Klagelieder*, Vilna: Romm, 1899.

---, *Aggadat Bereshit*, Krakow: Josef Fischer, 1902.

Büchler, A. "The Reading of the Law and Prophets in a Triennial Cycle," in J. J. Petuchowski (ed.), *Contributions to the Scientific Study of Jewish Liturgy*, New York: Ktav Publishing House, 1970, 181-302.

Cavallo, G. "Buch" in *Der neue Pauly: Enzyklopädie der Antike*, Band 2, H. Cancik and H. Schneider (Hrsg.), Stuttgart: Metzler, 1997, 809-16.

Cerquiglini, B. *Éloge de la variante: Histoire critique de la philologie*, Paris: Editions du Seuil, 1989.

Colwell, E.C. *Studies in Methodology in Textual Criticism*, Leiden: Brill, 1969.

Crum, W.E. *A Coptic Dictionary*, Oxford: Clarendon Press, 1939.

Darlow, T.H. and H.F.Moule, *Historical Catalogue of the Printed Editions of Holy Scripture in the Library of the British and Foreign Bible Society,* part I: English; part II: Polyglots and languages other than English, 3 vols.; New York: Kraus, Reprint 1963, original edition London: British and Foreign Bible Society, 1903–1911.

Delebecque, É. *Les Deux Actes des Apôtres, Etudes Bibliques* Nouvelle Série 6; Paris: Gabalda, 1986.

Delobel, J. "Le "décret apostolique" (Act 15,20.29; 21,15) et les préceptes aux Noachides," in J. Chopineau (ed.), *Noé, l'homme universel*, Publications de l' Institutum Iudaicum 3; Brussels: Institutum Iudaicum, 1978, 156–201.

---, "Focus on the 'Western Text' in Recent Studies," *ETL* 73 (1997): 401–10.

---, "The 'Apostolic Decree' on Recent Research on the 'Western' Text of Acts," in A.A. Alexeev (ed.), *EPITOAYTO*, FS P. Pokorny; Trebenice: Mlyn, 1998, 67–81.

---, "The Text of Luke-Acts: A Confrontation of Recent Theories," in J. Verheyden (ed.), *The Unity of Luke Acts*, Bibliotheca ephemeridum theologicarum lovaniensium 142; Leuven: Leuven University Press, 1999, 83–107.

Delobel, J. and B. Aland (eds.), *New Testament Textual Criticism, Exegesis and Church History: A Discussion of Methods*, Contributions to Biblical Exegesis and Theology 7; Kampen: Kok Pharos, 1994.

Denaux, A. (ed.), *New Testament Textual Criticism and Exegesis. Festschrift J. Delobel*, Bibliotheca ephemeridum theologicarum lovaniensium 161; Leuven: Leuven University Press, 2002.

Desiderius Erasmus, *Annotations on Romans*, Collected Works of Erasmus 56; Toronto: University of Toronto Press, 1994.

Dibelius, F. "Zwei Worte Jesu II. Der kleinere ist im Himmelreich größer als Johannes (Mt 11,11)," *ZNW* 11 (1910): 190–92.

Dinur, B. "Wissenschaft des Judentums" in *Encyclopaedia Judaica*, Vol. XVI, C. Roth and G. Wigoder (eds.), Jerusalem: Keter Publishing House Ltd, 1971-1972, col. 570–84.

Ehrman, B. *The Orthodox Corruption of Scripture. The Effect of Early Christological Cantroversies on the Text of the New Testament*, New York: Oxford University Press, 1993.

Elliott, J.K. "The United Bible Societies Greek New Testament: An Evaluation," *NovT* 15 (1973): 278–300.

---, "The Third Edition of the United Bible Societies' Greek New Testament," *NovT* 20 (1978): 242–77.

---, "The Use of Brackets in the Text of the United Bible Societies' Greek New Testament," *Biblica* 60 (1979): 575–77.

Elman, Y. and I. Gershoni, *Transmitting Jewish Traditions: Orality, Textuality, and Cultural Diffusion*, New Haven: Yale University Press, 2000.

Epp, E.J. *The Theological Tendency of Codex Bezae Cantabrigiensis in Acts*, Society for New Testament Studies Monograph Series 3; Cambridge: Cambridge University Press, 1966.

Finkelstein, L. *Siphre ad Deuteronomium*, Berlin: Jüdischer Kulturbund, 1939, repr. New York, 1969.

---, *Sifra on Leviticus according to Vatican Ms Assemani 66* (Hebr.), 5 vols.; New York: The Jewish Theological Seminary of America, 1983–1991.

Fitzmyer, J.A. *Romans*, Anchor Bible 33; New York: Doubleday, 1993.

Foakes Jackson, F.J. et al. (eds.), *The Beginnings of Christianity*, Part I, *The Acts of the Apostles*. Vol. III-IV; London: Macmillan, 1926–1933.

Friedman, S. "New Bibliographical and Textual Tools for Talmudic Research," *Proceedings of the Ninth World Congress of Jewish Studies*, Jerusalem: The World Union of Jewish Studies, 1988.

---, *Talmud Arukh. BT Bava Metsia VI. Critical Edition wit Comprehensive Commentary*, 2 vols.; Jerusalem, 1990 (commentary) and New York: The Jewish Theological Seminary, 1996 (text).

Funk, F.X. "Der Codex Vaticanus gr. 859 und seine Descendenten," *TQ* 62 (1880): 629–37.

Geer, T.C. Jr., "The Presence and Significance of Lucanisms in the 'Western Text' of Acts," *JSNT* 39 (1990): 59–76.

Ginzberg, L. *Geniza Studies in memory of Dr. Solomon Schechter, I. Midrash and Haggadah*, New York: The Jewish Theological Seminary of America, 1928.

Goehring, J.E. (ed.), *The Crosby-Schøyen-Codex MS 193 in the Schøyen-Collection*, Corpus scriptorum christianorum orientalium 521, Subsidia Tomus 85; Louvain: Peeters, 1990.

Goldberg, A. *Commentary to the Mishna. Shabbat*, Jerusalem, 1976.

---, *The Mishna Treatise Eruvin*, Jerusalem: The Magnes Press, 1986.

Graber, S. *Der Autortext in der historisch-kritischen Ausgabe. Ansätze zu einer Theorie der Textkritik*, Bern: Lang, 1998.

Gross, C.D. *A Grammar of Josephus' "Vita"*, Diss. Duke University 1988.

Grünhut, L. *Sefer ha-Likkutim: Sammlung älteren Midrashim und wissenschaftlicher Abhandlungen*, 6 vols.; London, 1898–1903 (repr. Jerusalem, 1967).

Halford, M.E.B. "The Apocryphal *Vita Adae et Evae*: Some Comments on the Manuscript Tradition," *Neuphilologische Mitteilungen* 82 (1981): 417–27.

Hansen, G.C. "Textkritisches zu Josephus," in F. Siegert und J. Kalms (Hrsg.), *Internationales Josephus-Kolloquium Münster 1997. Vorträge aus dem Institutum Judaicum Delitzschianum,* Münsteraner Judaistische Studien 2; Münster 1998, 144–58.

---, "Anmerkungen zum Sprachgebrauch des Josephus," in J. Kalms und F. Siegert (Hrsg.), *Internationales Josephus-Kolloquium Brüssel 1998.* Münsteraner Judaistische Studien 4; Münster 1999, 39–52.

Heer, J.M. *Die versio latina des Barnabasbriefes und ihr Verhältnis zur altlateinischen Bibel,* Freiburg im Breisgau: Herder, 1908.

Herr, D. "Aggadat Bereshit," in *Encyclopaedia Judaica,* Vol. II, C. Roth and G. Wigoder (eds.), Jerusalem: Keter Publishing House Ltd, 1971–1972, col. 366.

Hollander, H.W. "The Words of Jesus: From Oral Traditions to Written Record in Paul and Q," *NovT* 42 (2000): 340–57.

Horner, G. *The Coptic Version of the New Testament in the Southern Dialect,* vol. IV, Osnabrück: Zeller, 1969, Reprint.

Jaffee, M. *Torah in the Mouth. Writing and Oral Tradition in Palestinian Judaism 200 BCE–400 CE,* New York: Oxford University Press, 2000.

Jastrow, M. *A Dictionary of the Targumim, the Talmud Bavli and Yerushalmi, and the Midrashic Literature,* 2 vols.; London: Luzac, 1886–1903, reprint New York: Pardes Publishing House, 1950.

Jellinek, A. *Bet ha-Midrasch: Sammlung kleiner Midrashim und vermischter Abhandlungen aus der älteren jüdischen Literatur,* 6 vols.; Leipzig, 1853–1857.

Jonge, H.J. de, "Die Textüberlieferung der Testamente der zwölf Patriarchen," in M. de Jonge (ed.), *Studies on the Testaments of the Twelve Patriarchs. Text and Interpretation,* Studia in Veteris Testamenti pseudepigraphica 3; Leiden: Brill, 1975, 45–62.

---, "The Earliest Traceable Stage of the Textual Tradition of the Testaments of the Twelve Patriarchs," in M. de Jonge (ed.), *Studies on the Testaments of the Twelve Patriarchs. Text and Interpretation,* Studia in Veteris Testamenti pseudepigraphica 3; Leiden: Brill, 1975, 63–86.

Kenney, E. J. "Textual Criticism" in *Encyclopaedia Brittanica,* 15th ed.; Chicago 1987: Macropaedia Vol. 20, 676–85.

Kensky, A.D. *A Critical Edition of Midrash Tanchuma Shmot (standard edition) through Beshallach, Based on Manuscripts and Early Editions with an Introduction and Commentary*, Ph.D. diss. *JTSA*, New York, 1990.

Kern, B. "Tröstet, tröstet mein Volk! Zwei rabbinische Homilien zu Jesaja 40,1 (PesR 30 und PesR 29/30)", Frankfurter Judaische Studien 7; Frankfurt am Main: Selbstverlag der Gesellschaft zur Förderung Judaistischer Studien, 1986, 69–73.

Kern-Ulmer, B. "Some Redactional Problems in Pesiqta Rabbati," in A.J. Avery-Peck et al. (eds.), *The Annual of Rabbinic Judaism* 1, Leiden: Brill, 1998, 71–81.

Koe, S.S. de, *De conjecturaal-critiek en het Evangelie naar Johannes*, Utrecht: Kemink, 1883.

Kraft, R. "The Multiform Jewish Heritage of Early Christianity," in J. Neusner (ed.), *Christianity, Judaism and Other Greco-Roman Cults. Studies for Morton Smith at Sixty*, Vol. III; Leiden: Brill, 1975, 174–99.

Lake, H. und K. Lake (Hrsg.), *Codex Sinaiticus Petropolitanus. The New Testament, the Epistle of Barnabas and the Shepherd of Hermas*, Oxford: Clarendon Press, 1911.

Lieberman, S. *The Tosefta*, New York: The Jewish Theological Seminary of America, 1955–1988.

Lonzano, Menachem di, *Shtei Yadot*, Venice, 1618.

Lührmann, D. *Das Markusevangelium*, Handbuch zum Neuen Testament 3, Tübingen: Mohr Siebeck, 1987.

Maas, P. *Textual Criticism*, Oxford: Clarendon Press, 1958.

---, *Textkritik*, Leipzig: Teubner, 4th ed. 1960.

Mandel, P. "Between Byzantium and Islam. The Transmission of a Jewish Book in the Byzantine and Early Islamic Periods," in Y. Elman and I. Gershoni, *Transmitting Jewish Traditions. Orality, Textuality, and Cultural Diffusion*, New Haven: Yale University Press, 2000, 74–106.

Manen, W.C. van, *Conjecturaal-kritiek toegepast op den tekst van de Schriften des Nieuwen Testaments*, Haarlem: Bohn, 1880.

Mann, J. *The Bible as Read and Preached in the Old Synagogue*, Vol. 1–2, New York: Ktav Publishing House, 1966–1971.

Martens, M.P.J. *Lodewijk van Gruuthuse: Mecenas en Europees diplomaat ca. 1427–1492*, Brugge: Stichting Kunstboek, 1992.

Martini, C. "La tradition textuelle des Actes des Apôtres et les tendances de l'Église ancienne," in J. Kremer (ed.), *Les Actes des Apôtres: Traditions, rédaction, théologie*, Bibliotheca ephemeridum theologicarum lovaniensium 48; Leuven: Leuven University Press, 1979, 21–35.

Metzger, B.M. *A Textual Commentary on the Greek New Testament*, Stuttgart: Deutsche Bibelgesellschaft; London: United Bible Societies, first ed. 1971, corrected ed. 1975, 2nd ed. 1994.

Milikowsky, Ch. "The Status Quaestionis of Research in Rabbinic Literature," *JJS* 39 (1988): 201–11.

---, "Further on Editing Rabbinic Texts," *JQR* 90 (1999): 137–49.

Milne, H.J.M. und T.C. Skeat, *Scribes and Correctors of the Codex Sinaiticus. With plates and figures*, London, 1938.

Mink, G. "Eine umfassende Genealogie der neutestamentlichen Überlieferung," *NTS* 39 (1993): 481–99.

---, "Editing and Genealogical Studies: the New Testament," *Literary and Linguistic Computing* 15 (2000): 51–56.

---, "Problems of Highly Contaminated Traditions: the New Testament. Stemmata of Variants as a Source of a Genealogy for Witnesses." in P. van Reenen et al. (eds.), *Studies in Stemmatology II. Kinds of Variants*, forthcoming.

Naber, S.A. "ΔΕΥΤΕΡΟΝ ΑΥΘΙΣ," *Mnemosyne*. Bibliotheca Philologica Batava. Nova series 6 (1878): 357–72.

Nagel, M. *La Vie grecque d'Adam et d'Ève. Apocalypse de Moïse I–III*, Lille: Service de Reproduction des Thèses, Université de Lille, 1974.

Neubauer, A. "Le Midrasch Tanhuma et Extraits du Yelamdenu et de Petits Midrashim," *REJ* 13 (1886): 224–38; 14 (1887): 92–114.

Norden, E. *Die antike Kunstprosa vom VI. Jh. v. Chr. bis in die Zeit der Renaissance*, 2 Bände; Stuttgart: Teubner, 7. Auflage 1974; 1. Auflage Leipzig: Teubner, 1898.

Parker, D.C. *The Living Text of the Gospels*, Cambridge: Cambridge University Press, 1997.

Parker, D.C. and C.-B. Amphoux (eds.), *Codex Bezae: Studies from the Lunel Colloquium, June 1994*, New Testament Tools and Studies 22; Leiden: Brill, 1996.

Pettorelli, J.-P. "La Vie latine d'Adam et Ève. Analyse de la tradition manuscrite," *Apocrypha* 10 (1999): 195–296.

Picard, J.-C. *Le continent apocryphe: Essai sur les littératures juive et chrétienne*, Instrumenta patristica 36; Turnhout: Brepols, 1999.

Plisch, U.-K. "Die Apostelin Junia: Das exegetische Problem in Röm 16.7 im Licht von Nestle-Aland[27] und der sahidischen Überlieferung," *NTS* 42 (1996): 477–78.

Porter, S.E. (ed.), *Handbook on Exegesis of the New Testament*, Leiden:

Brill, 1997.

Prigent, P. und R.A. Kraft, *Épître de Barnabé*, Sources chrétiennes 172; Paris: Les Editions du Cerf, 1971.

Prostmeier, F.R. *Der Barnabasbrief*, Kommentar zu den Apostolischen Vätern 8; Göttingen: Vandenhoeck & Ruprecht, 1999.

Reeve, A. (ed.), *Erasmus' Annotations on the New Testament: The Gospels: Facsimile of the Final Latin Text (1535) With All Earlier Variants (1516, 1519, 1522 and 1527)*, London: Duckworth, 1986.

---, *Erasmus' Annotations on the New Testament: Acts, Romans, I and II Corinthians: Facsimile of the Final Latin Text With All Earlier Variants*, Studies in the History of Christian Thought 42; Leiden: Brill, 1990.

---, *Erasmus' Annotations on the New Testament: Galatians to the Apocalypse: Facsimile of the Final Latin Text With All Earlier Variants*, Studies in the History of Christian Thought 52; Leiden: Brill, 1993.

Reuss, E. *Bibliotheca Novi Testamenti Graeci cuius editiones ab initio typographiae ad nostram aetatem impressas quotquot reperiri potuerunt*, Brunswick: Schwetschke, 1872.

Rius-Camps, J. "Las variantes de la Recensión Occidental de los Hechos de los Apostóles. *I (Hch 1,1–3)*," *FilNeo* 6 (1993): 59–68; *II (Hch 1,4–14)*, 6 (1993): 219–229; *III (Hch 1,25–26)*, 7 (1994): 53–64; *IV (Hch 2,1–13)*, 7 (1994): 197–207; *V (Hch 2,14–40)*, 8 (1995): 63–78; *VI (Hch 2,41–47)*: 199–208; *VII (Hch3,1–26)*, 9 (1996): 61–76; *VIII (Hch 4,1–22)*, 201–216.

Royse, J.R. *Scribal Habits in Early Greek New Testament Papyri*, Ann Arbor: University Microfilms International, 1982.

Salemans, B.J.P. "Cladistics or the Resurrection of the Method of Lachmann. On Building the Stemma of *Yvain*," in P. van Reenen and M. van Mulken (eds.), *Studies in Stemmatology*, Amsterdam: Benjamins, 1996, 3–70.

Sande Bakhuyzen, W.H. van de, *Over de toepassing van de conjecturaalkritiek op den tekst des Nieuwen Testaments*, Haarlem: Bohn, 1880.

Schäfer, P. (ed.), *Synopse zur Hekhalot-Literatur*, Texte und Studien zum antiken Judentum 2; Tübingen: Mohr, 1981.

---, "Research into Rabbinic Literature: An Attempt to Define the Status Questionis," *JJS* 37 (1986): 139–52.

---, "Once Again the Status Quaestionis of Research in Rabbinic Literature: An Answer to Chaim Milikowsky," *JJS* 40 (1989): 89–94.

--- (ed.), *The Talmud Yerushalmi and Greco-Roman Culture*, vol. I, Texte und Studien zum antiken Judentum 71; Tübingen: Mohr Siebeck, 1998.

Schäfer, P. and H.J. Becker (eds.), *Synopse zum Talmud Yerushalmi*, Tübingen: Mohr, 1991–. . .

Schechter, S. *Aboth de Rabbi Nathan: Edited from Manuscripts with an Introduction, Notes and Appendices*, Vienna: Ch.D. Lippe, 1887, corr. repr. Hildesheim 1979.

Schenke, H.-M. "Der Barnabasbrief im Berliner 'Koptischen Buch' (Pap. Berolinensis 20915)," *Enchoria* 25 (1999): 53–75.

Schmidt, P.L. "Lector," in *Der neue Pauly: Enzyklopädie der Antike*, Band 6, H. Cancik and H. Schneider (Hrsg.), Stuttgart: Metzler, 1999, 1217–18.

Schnelle, U. *Einleitung in das Neuen Testament*, Göttingen: Vandenhoeck & Ruprecht, 1994, 3. Aufl. 1999.

Schofield, E.M. *The Papyrus Fragments of the Greek New Testament*, Louisville, Kentucky, 1936.

Schüssler, K. *Die katholischen Briefe in der koptischen (sahidischen) Version*, Corpus scriptorum christianorum orientalium 528, Scriptores Coptici Tomus 45; Louvain: Peeters, 1991.

Scrivener, F.H.A. *Bezae Codex Cantabrigiensis, being an exact copy, in ordinary type, of the celebrated uncial Graeco-Latin manuscript of the four Gospels and Acts of the Apostles, written early in the sixth century, and presented to the University of Cambridge by Theodore Beza, a.d. 1581. Edited with a Critical Introduction, Annotations, and Facsimiles*, Cambridge: Deighton, Bell, and Co., 1864.

---, *A Plain Introduction to the Criticism of the New Testament for the Use of Biblical Students*, 2 vols.; London: Bell, 4th ed. 1894, edited by Edward Miller.

Shinan, A. *Midrash Shemot Rabbah, Chapters I–XIV. A Critical Edition Based on a Jerusalem Manuscript, with Variants, Commentary and Introduction*, Tel Aviv: Dvir Publishing House, 1984.

Siegert, F. "Die akustische Probe der Lesarten," in F. Siegert und J. Kalms (Hrsg.), *Internationales Josephus-Kolloquium Brüssel 1998*, Münsteraner Judaistische Studien 4; Münster 1999, 161–70.

---, "Grundsätze zur Transkription semitischer Namen bei Josephus," in F. Siegert und J. Kalms (Hrsg.), *Internationales Josephus-Kolloquium Brüssel 1998*, Münsteraner Judaistische Studien 4; Münster 1999, 171–85.

---, *Zwischen Hebräischer Bibel und Altem Testament. Eine Einführung in die Septuaginta*, Münsteraner Judaistische Studien 9; Münster 2001.

---, "Eine 'neue' Josephus-Handschrift. Kritischer Bericht über den Bologneser Codex Graecus 3568," in J. Kalms (Hrsg.),

Internationales Josephus-Kolloquium Amsterdam 2000, Münsteraner Judaistische Studien 10; Münster 2001, 31–63.

---, *Flavius Josephus: Aus meinem Leben <Vita>*. Kritische Ausgabe, Übersetzung und Kommentar von F. Siegert, H. Schreckenberg, M. Vogel und dem Josephus-Arbeitskreis des Institutum Judaicum Delitzschianum Münster, Tübingen: Mohr Siebeck, 2001.

---, *Register zur Einführung in die Septuaginta*, Münsteraner Judaistische Studien 13; Münster 2002.

Stemberger, G. *Introduction to the Talmud and Midrash*, second English edition, Edinburgh: T&T Clark, 1996.

Stern, D. *Parables in Midrash. Narrative Exegesis and Rabbinic Literature*, Cambridge: Harvard University Press, 1991.

Stone, M.E. *A History of the Literature of Adam and Eve*, Early Judaism and its Literature 3; Atlanta, GA: Scholars Press, 1992.

---, "The Angelic Prediction in the Primary Adam Books," in G.A. Anderson et al., *Literature on Adam and Eve. Collected Essays*, Studia in Veteris Testamenti pseudepigraphica 15; Leiden: Brill, 2000, 111–31.

Strange, W.A. "The Sons of Sceva and the Text of Acts 19:14," *JTS* 38 (1987): 97–106.

---, "The Text of Acts 19.1," *NTS* 38 (1992): 145–48.

---, *The Problem of the Text of Acts*, Society for New Testament Studies Monograph Series 71; Cambridge: Cambridge University Press, 1992.

Tavardon, P. *Le texte alexandrin et le texte occidental des Actes des Apôtres. Doublets et variantes de structure*, Cahiers de la Revue Biblique 37; Paris: Gabalda, 1997.

---, *Sens et enjeux d'un conflit textual. Le texte occidental et le texte alexandrin des Actes des Apôtres*, Cahiers de la Revue biblique 44; Paris: Gabalda, 1999.

Teugels, L.M. "New Perspectives on the Origins of Aggadat Bereshit. The Witness of a Geniza Fragment," in J. Targarona Borras and A. Saenz-Badillos (eds.), *Jewish Studies at the Turn of the 20th Century. Proceedings of the 6th EAJS Congress Toledo 1998, Vol. I: Biblical, Rabbinical and Medieval Studies*, Leiden: Brill, 1999, 349–57.

---, "The Background of the Anti-Christian Polemics in Aggadat Bereshit," *JSJ* 30 (1999): 178–208.

---, *Aggadat Bereshit. Translated from the Hebrew with an Introduction and Annotations*, Jewish and Christian Perspectives Series 4; Leiden: Brill, 2001.

---, "Fragment's Unusual Features," *Geniza Fragments. The Newsletter of Cambridge University's Taylor-Schechter Geniza Research Unit* 44 (2002): 4.

Theodor, J. and Ch. Albeck (eds.), *Bereshit Rabba mit kritischem Apparat und Kommentar,* 3 vols.; Jerusalem: Wahrmann, 1965, reprint of Berlin 1912–1936.

Thiele, W. "Ausgewählte Beispiele zur Charakterisierung des 'Westlichen' Textes der Apostelgeschichte," *ZNW* 56 (1965): 51–63.

Thoma, C. and S. Lauer, *Die Gleichnisse der Rabbinen,* Bern: Peter Lang, 1986.

Thompson, H. *The Coptic Version of the Acts of the Apostles and the Pauline Epistles,* Cambridge: The University Press, 1932.

Tischendorf, C. *Novum Testamentum Sinaiticum sive Novum Testamentum cum Epistula Barnabae et fragmentis Pastoris ex codice Sinaitico,* Leipzig: Brockhaus, 1863.

---, *Apocalypses apocryphae Mosis, Esdrae, Pauli, Iohannis, item Mariae Dormitio, additis Evangeliorum et Actuum apocryphorum supplementis,* Leipzig: Mendelssohn, 1866.

Tov, E. *Textual Criticism of the Hebrew Bible,* Minneapolis: Fortress Press, 1992.

Ulmer, R. *Pesikta Rabbati. A Synoptic Edition of Pesikta Rabbati based upon all extant Manuscripts and the Editio Princeps,* 2 vols.; Atlanta, GA: Scholars Press, 1997–1999.

Urbach, E. שרידי תנחומא-ילמדנו, *Qovetz al Yad: Minora Manuscripta Hebraica* 6 (1966): 1–54.

Vidas, Elijah ben Moses de, *Reshit Hokhmah,* first ed. Venice, 1579.

Visotzky, B. L. *Midrash Mishle. A Critical Edition based on Manuscripts and Early Printed Editions,* Ph.D. diss., New York: The Jewish Theological Seminary of America, 1982.

Wachtel, K. *Der Byzantinische Text der Katholischen Briefe: Eine Untersuchung zur Entstehung der Koine des Neuen Testaments,* Arbeiten zur neutestamentlichen Textforschung 24; Berlin: De Gruyter, 1995.

Wengst, K. *Didache (Apostellehre); Barnabasbrief; Zweiter Klemensbrief; Schrift an Diognet,* Schriften des Urchristentums 2; Darmstadt: Wissenschaftliche Buchgesellschaft, 1984.

Weren, W. *Windows on Jesus: Methods in Gospel Exegesis,* London: SCM Press, 1999. Italian translation: *Finestre su Gesù: Metodologia dell' esegesi dei Vangeli,* Strumenti Biblica 8; Torino: Claudiana, 2001.

Wertheimer, S.A. *Batei Midrashot*. Vol. 1, Jerusalem: Katav-jad we-sefer, 1950, revised and enlarged edition by A.J. Wertheimer.

Westendorf, W. *Koptisches Handwörterbuch*, Heidelberg: Winter, 1965–1977.

Wettstein, J.J. *Novum Testamentum Graecum*, 2 vols.; Amsterdam: Officina Dommeriana, 1751–1752.

Wilckens, U. *Der Brief an die Römer*, Evangelisch-katholischer Kommentar zum Neuen Testament VI/3; Neukirchen-Vluyn: Neukirchener Verlag, 2nd ed. 1989.

Windisch, H. *Der Barnabasbrief*, Handbuch zum Neuen Testament, Ergänzungs-Band, Die Apostolischen Väter 3; Tübingen: Mohr, 1920.

Ziegler, I. *Die Königsgleichnisse des Midrasch*, Breslau: Schlesische Verlags-Anstalt, 1903.

Ziegler, J. *Sylloge: Gesammelte Aufsätze zur Septuaginta,* Mitteilungen des Septuaginta-Unternehmens 10; Göttingen 1971.

---, *Textkritische Notizen zu den jüngeren griechischen Übersetzungen des Buches Isaias*, Göttingen: Vandenhoeck & Ruprecht, 1939.

Indices

Index of Authors

Index of Ancient Sources

NEW TESTAMENT

JOHN

1:25	25
1:29–34	34
1:31–34	33
1:34	36
1:35	25
1:37	25
1:38	25–26
1:40	25, 33
1:42	33
1:49	33
3:34	22, 36
4:9	98
5:27	24
5:28	24
5:36	24
6:9	21
6:10	21
6:11	21
6:17	21
6:19	21
6:21	21
6:22	21
7:30	32
7:32	32
7:44	32
8:20	32
10:5	27
10:6	27
10:7	27, 31
10:8	30–31, 36
10:10	27
10:11	31
10:12	32
10:15	28, 31
10:16	28
10:17	31
10:18	31–32
10:20	30
10:22	28–29
10:34–35	28

10:38	27, 29
10:39	28, 31
10:40	31
10:41	30
10:42	30, 32, 36
11:1	27, 30
11:2	27
11:4	28
11:5	27
11:6	31
11:7	28
11:9	28, 30
11:19	27, 30
11:20	30
11:21	27, 30
11:25	28
11:27	33
11:28	30
11:29	27, 29
11:30	27, 30–31
11:32	29–30
11:45	30–31
11:47	30, 32
11:49	30
11:51	28, 30
11:52	32
11:54	29–30, 32, 36
11:57	28
15:25	20
15:26	20
16:18	25
16:19	25
16:21	20
16:22	20, 26
16:23–24	25
16:23	20, 26
16:25	20
16:26	25–26
16:27	25–26
16:28	20
16:29	25

16:31	20	13:1	90
16:32	20, 32	13:4	79
17:11	34, 36	14:27	81
18:33	22	15:1–5	73–83
18:36	22	15:1	73–75, 82, 93
18:37	22	15:2	75, 77–78, 82, 85, 93
18:38	22		
18:39	22–23	15:3	76, 78, 80
19:1	23	15:4	79–81, 86
19:2–3	22	15:5	74, 77, 82, 86, 93
19:4	23	15:6–7	84–85
19:5	22	15:6	84
19:6	23	15:7	85–86, 89
19:7	23, 33	15:12–13	86
19:29	116, 133	15:12	81, 84, 86, 93
20:19	25	15:13	86
20:25	25	15:22–23	87–88
20:31	34	15:22	84, 87
21:18	35–36	15:23	87–88, 93
		15:24	74
ACTS		15:29	85
1:23	87	15:30–41	88–93
2:22	80	15:30	88
2:47	111	15:32	85, 88
3:1	88	15:33	80, 89
4:18	86	15:34	89, 93
4:36	106	15:37	90–93
6:9	115–116, 122 125–126	15:38	91–92
		15:40	89
7:8	74	15:41	86, 92–93
7:31	91	16:4	93
7:60	91	16:11	88
8:26	116, 120–121, 125	16:12	133
		17:1	79
10:33	91	17:6	91
10:41	88	17:15	93
10:48	89	17:19	88
11:2	94	18:2	77
11:17	85	19:1	85, 94
12:15	76	19:14	77, 90
12:25	92	20:3	85